Hans Schiltbergers Reisebuch

Johannes Schiltberger, Valentin Langmantel

BIBLIOLIFE

HANS SCHILTBERGERS

REISEBUCH

NACH DER NÜRNBERGER HANDSCHRIFT HERAUSGEGEBEN

VON

DR VALENTIN LANGMANTEL

GEDRUCKT FÜR DEN LITTERARISCHEN VEREIN IN STUTTGART
NACH BESCHLUSS DES AUSSCHUSSES VOM OCTOBER 1883
TÜBINGEN 1885.

Vorwort.

Im nachstehenden text ist die Nürnberger handschrift
nach den bei dem litterarischen verein befolgten grundsätzen
widergegeben, wobei außerdem noch w in der diphthongver-
bindung durch u ersetzt ist und ferner im anlaut b und w
entsprechend der heutigen lautlehre gegenseitig vertauscht wur-
den, z. b. weder für beder, bereit für wereit; bei· eigennamen
wurde jedoch in letzterem falle die schreibweise der hand-
schrift beibehalten, z. b. Weyasit, Wagdad. Hinsichtlich der
anwendung oder weglassung des umlautes war die heutige
sprechweise maßgebend. Widerholungen derselben wörter und
andere offenkundige schreibfehler wurden corrigiert, z. b. tot statt
rot meer, hellespandt statt helffandt, desgleichen wurden die
verbesserungen der zweiten hand berücksichtigt, z. b. Siben-
purgen statt Siltenpurgen; in allen diesen fällen ist jedoch
die ursprüngliche schreibung in den lesarten mitgeteilt. Die
in [ ] beigefügten ergänzungen konnten meist aus den andern
handschriften entnommen werden. In der Nürnberger hand-
schrift fehlen fast bei allen kapiteln die überschriften, sowie
die initialen; die ausfüllung der letzteren ergab sich von selbst,
erstere wurden in der heutigen sprache neu gebildet. Die den
überschriften, bisweilen auch inmitten der kapitel am rand
in ( ) beigefügten zahlen bezeichnen die kapitelnumern der
ausgabe von Neumann.

1

[Einleitung.]

Ich Hanns Schiltperger pin von meiner heymatt außgezogen, von der stat genandt München, die da leyt in Payren, do man zalt von Crist gepurt M° CCCLXXXX IIII jar; und das ist gescheen, do chönig Sigmundt zu Ungeren in die haydenschafft zoch; und do
5 zoch ich auß der obgenanten stat gerennesweyß mit; und pin wider zu land chomen, do man zalt von Crist gepurt M CCCC XXV II, auß der haydenschafft.

Und das ich in der zeitt erfaren han in der haydenschafft, das stet hernach geschribenn; ich mag es aber nicht alles vorschreyben,
10 das ich erfaren han, wann ich alles nicht indechtig pin; wann ich in der zeitt, und ich in der heydenschafft pin gewesen, mocht ich es nicht alles grüntlich erfaren in den landen und in den stetten, do ich gewesen pin, darumb das ich ain gefanger man was und mein selber nicht was. So hab ich kürtzlich die land und die
15 hauptstett und die wasser gesetzt, die ich dann in der zeitt erfaren han als es hernach geschrieben stet, so han ich die landt und die stette genandt noch der sprach der lande.

1. Von dem grossen zug den chönig Sigmundt [1] in die Thür-
ckay thet ist hernach ze merckenn.

Anno domini M° CCCLXXXX IIII schickt chönigk Sigmundt zu
Ungern auß in die christennhait umb hilff, wann im die hayden
5 grossen schaden teten in dem land zu Ungern; do kam ein groß
volck im zu hilff auß allen landen. Da nam er das volck zu im
und zoch zu dem eyßnen thor, das do scheydt Ungerlandt und Pulgrey
und die Walachei; und do fur er über die Thonau in die Pulgrey
und do zoch er für ein stadt genant Pudein, die ein hauptstat ist
10 in der Pulgrey; und do kam der herre des lands und. der stat [2]
und ergab sich in des chönigs genade, da besatzt der chönig die
stadt mit dreyhundert mannen gutter ritter und knecht. Und do
zoch er für ein andere stat [3] und do waren vil Türcken in und do
lag er V tag vor; und in der stat waren vil Türcken, die wolten
15 die stadt [nicht] geben; do treyb das statvolck die Türcken mitt
gewalt auß der stat und ergaben sich dem chönig und der Türcken
wardt vil erschlagen und die anderen gefangen; die selben stadt
besatzt der chönig auch wol mitt zwayhundert mannen. Do zog
er für ain andre stadt die haist Schiltau [4], die man nennet in heyde-

1 Siegmund, der spätere römische kaiser, war seit 1386 könig von
Ungarn. 2 Der gebieter von Widdin und Westbulgarien war Johannes
Sracimir; er nannte sich zar, wie der beherrscher des bulgarischen haupt-
landes(Tirnovo), sein stiefbruder Johannes Schischman. (Jiretschek s. 321.)
3 Rahowa oder (bulgar.) Orechowo. (Jiretschek s. 355.) 4 Die versuche
für den doppelnamen von Nikopolis, Schiltau, der in den deutschen
chroniken uns in verschiedenerlei form begegnet, eine erklärung zu
geben, haben bis jetzt noch kein befriedigendes resultat geliefert. Die
vermutung Bruuns, daß hier eine falsche lesart von »Schistow«, welche
durch die form »Schiltow« bei cod. D leicht vermittelt wird, vorliege,
wird von Kanitz als unmöglich nachgewiesen (Kanitz II s. 187); die an-
nahme Aschbachs, daß der name von dem des flusses Schyll gebildet
worden sei, wird durch Brauner zurückgewiesen.

nischer sprach Nicopoli [1]; da lag er XVI tag vor zu wasser und
zu landt. Do kam der türkisch chönig genandt Weyasit mitt
zwaienhundert thausent man der stat zu hilff; do das chönig Sig-
mund hörett, do zog er im entgegen mit seinem volck, das man
5 schatzt auf LX thausent man, auff ein meyll wegs von der stadt.
Do kam der hertzog von der Walachey der genandt was Mercer-
weywod und begert an den chönigk das er in schauen ließ die
veind; das wardt er gewerdt. Da nam er thausent man seines
volcks und beschaut die veindt; dar nach kam er zu dem chönig
10 und sagt im, wie er die veint beschautt hett und wie sie hetten
XX panir und unter yglichem panir weren X thausent man und
yglichs panir läg besunder mit seinem volck. Und do das der
chönig hört, do wolt er ordenung haben gemacht, wie man gestriten
solt haben; da patt der hertzog auß der Walachey, das er im das
15 erstent anreytten ließ thun; das wolt im der chönig erlaubt haben;
do das erhört der hertzog von Burguny [2], der wolt im der eren
nicht günnen noch nymands anders, darumb das er ver lantz [3] war
zogén mit grossem volck, das man schatzt auff VI thausent man
und hett groß gut verzert; darumb wolt er das erst anreytten thun
20 und schickt zu dem chönig, das er in das erst anreytten ließ thun,
darumb das er verre was here gezogen. Do pot im der chönig
und pat in, das er den Ungern das erst anreytten ließ, wann sie
auch vor mitt den Türcken hetten gefochten und paß westen der
Türcken gevert, dann die anderen; des wolt er auch den Ungern
25 nicht günnen und nam sein volgk zu im und raytt die veindt an
und reytt durch zwen hauffen und da er an den tritten kam, da
keret er sich umb und wolt wider hinter sich sein; do hetten in
die veindt umbgeben und sein volck war mer dann halbs von rossen
kommen, wann in [4] die Türcken nur die pferd schussen; do mocht
30 er nymmer darvon und wardt gefangen.

*

1 Die meisten erklärer verstehen unter Nikopoli die noch heute
diesen namen führende stadt an der Donau; Jiretschek sucht es jedoch
in dem heutigen Nikjub, unweit der vereinigung der Rusica mit der
Jantra (Jiretschek s. 355; Kanitz II cap. 4. 8.) 2 Eigentlich war es der sohn
des herzogs (Philipp) von Burgund, der graf Johann von Nevers, be-
kannt unter dem namen Jean sans peur (geb. 1371), derselbe, der später
auf der Yonnebrücke bei Monterau ermordet wurde. 3 fern (des)
landes. 4 ihnen.

1*

Und do der chönig hört, das der hertzog von Burguny hett
die veind angeritten, do nam er das ander volgk zu im und raytt
mitt XII thauset [man die] fußgengel an, die [die] Türcken vor
an hin hetten geschickt und die wurden all von im erschlagen und
5 zertrett. Und in dem streytt wardt mein herre Linhart Reych-
harttinger [1] von seinem pferd geschossen; das ersach ich, Hans
Schiltperger, sein renner und raytt zu im hinein in das here und
pracht in auff mein pfert und ich kam auff ain anders pferdt, das
war ains Türcken gewesen, und raytt wider zu den andern renneren.
10 Und do die fußgengell wurden erschlagen, do zoch der chönig auff
einen anderen hauffen und die waren geritten; und do das der
türckisch könig sach, das der chönig auff in zoch, do wolt er die
flucht haben geben. Das erhört der hertzog auß der Sirifey, der
genant was despot [2], der cham dem thürckischen könig zu hilff mit
15 XV thausent mannen guttes volckes unnd die andern panirherren
mitt gantzer macht; und der despot zoch mit seinem volgk auff
des chönigs panir und er legt es nyder. Do das der chönig sach,
das sein panir unter was gangen und das er nymmer mocht pleyben,
do gab er die flucht; do kam der von Cili [3] und der Hanns burgraff
20 von Nüremberg [4] und namen den chönig und fürten in auß dem
here und prachten in auff ein galein und do fur er hin gen Con-
stantinopel [5]. Und do das die ritter und knecht sachen, das der
chönig die flucht hett geben, da fluhen sie auch; und ir vil fluhen
zu der Thonau und kamen vil auff die schiffer und ir vil weren
25 geren auff die schiff gewest; da warden die schif so vol, das sie
nymandt dorauff wolten lassen und sie schlugen auch vil die hendt
auff den schiffern ab, wann sie dorauff wolten und ertrancken dann

*

1 Ein adelsgeschlecht dieses namens ist weder bei Hundt noch im
sog. zedlerschen wörterbuch aufgeführt, wohl existieren aber noch gleich
benannte ortschaften (weiler) bei Trostberg und bei Passau, nach amt-
licher orthographie allerdings in »Reicherting« umgeformt; außerdem
führt eine anzahl zerstreut liegender häuser bei Hallwang (unweit
Salzburg) diesen namen (Reicharting). 2 Stephan Lazarevitsch, despot
von Serbien. 3 Graf Hermann II von Cilli. 4 Burggraf Johann III
von Nürnberg (Brauner s. 10). 5 Siegmund und sein kleines gefolge
fanden zufällig zwei leere barken, auf denen sie das walachische ufer
erreichen konnten; von da gelangte der könig unter vielen gefahren
an die Donaumündungen, wo er von der venetianischen flotte aufge-
nommen und nach Konstantinopel gebracht wurde (Brauner s. 48).

im wasser. So vielen sich auch vil zu todt an den pergen, do sie
eylten zu der Thonau; und mein herre Linhart Reichharttinger und
Werner Pintzenauer [1], Ulrich Küchler [2] und ain Clamensteiner [3], die
vier Payrherren wurden erschlagen in dem vechten und ander vil
5 gutter ritter und knecht, die nicht mochten erlangen das wasser,
das sie. wären chomen auff die schiffer. Ain tayl wart erschlagen
und der maynst tayl ward gefangen und ich wardt auch gefangen;
es wardt auch gefangen der hertzog von Burguny und herre Hans
Putzukards [4] und auch ein herre was genant Centumaranto [5], das
10 waren zwen herren von Franckreych; und der groß graff von
Ungeren [6] und ander vil mächtiger herren, ritter unnd knecht, die
auch gefangen wurden.

2. [Bajasid lässt einen teil der gefangenen töten und die übrigen nach Gallipoli führen.]

15 Unnd do der chönig Weyasit den streytt hett behabt, do schlug
er sich nyder an die stadt, do chönig Sigmund was gelegen mit
seinem zeuch und dornach an die stadt, do der streit war ge-
schehen und geschauet sein volck, das im erschlagen was worden;
und do er sach, das im also groß volck erschlagen was worden,
20 do wardt er vor grossem layd zeheren; do schwur er, [er] wolt
das plut ungerochen nit lassen; do pot er seinem volck bey leyb
und gutt, was gefanges volkes wer, das solten sie an dem anderen

1 Pienzenau; altes bair. geschlecht, jetzt ausgestorben; ehedem
wahrscheinlich in dem gleichnamigen ort bei Miesbach ansässig. (Hundt II.
s. 226.)   2 Küchler, ehedem erbmarschalle von Salzburg und bei
Hallein im Küchlerthal ansässig. [(Hundt I. s. 255)   3 Klammen-
stein (jetzt Klammstein) »ein alts zerbrochens verfallens öds schloß,
ligt für die chlam hinein gegen der Gastein auff einem freyen runden
pergel.« (Hundt I. s. 253.) Die trümmer dieser burg sind gegenwärtig
jedoch völlig verschwunden. (Bädeker, Süddeutschland s. 338). Ob-
schon Hundt nur die verdorbene lesart der incunabeln »ein Clainer-
stainer« vor sich hatte, emendierte er sie ganz richtig in »Clammen-
stainer«).   4 Jean Boucicaut, marschall von Frankreich (Hammer).
5 Centumaranto, wahrscheinlich entstellt aus Chateau-Morand (Bruun).
6 Magnus comes war in Ungarn gleichbedeutend mit palatin. Als
solcher wird bei Brauner (s. 48) der ban Nikolaus Gara (Garai),
bei Kertbeny hingegen Dietrich Bebek bezeichnet, welche beide mag-
naten sich übrigens mit dem könig aus der schlacht retteten.

tag für in pringen. Darnach an dem anderen tag fürt ein yglicher,
wie vil er dann gefangen hett, für den chönig gebunden an seylen;
da wart ich auch für gefürt selb tritt an ainem sayl von dem, der
uns gefangen hett. Da man die gefangen für den chönig pracht,
5 do nam er den hertzog von Burguny zu im, darumb, das er säch
die rach, die er thun wolt von seines volcks wegen, das im was
erschlagen worden. Do der hertzog von Burguny seinen zoren sach,
da patt er in, das er im fristett an dem leben, welche er gehabtt
wolt haben; des wardt er gewert vonn dem chönig; da nam er
10 zu im XII herrenn auß seinem lande und nam zu im herren Stephan
Smicher [1] und herren Hansen von Bodman [2]. Da schueff er, das
ein yglicher sein gefangen tötet und welcher sein gefangen nit
töten wolt, do hett der chönig andere geschafft an ir gestadt, die
das thun solten; und do namen man mein gesellen und schlug in
15 die köpf ab; und do es an mich ging, da ersach mich des chönigs
sun und der schueff das man mich leben ließ und do furt man mich
zu den anderen knaben, wann man nymandts tötet unter XX jaren;
do was ich kaum XVI jar alt; und do sach ich herren Hannsen
Greyffen [3], [der] des lands von Payren was, fürfüren selb vierdt an
20 ainem sayl; und do er sach die grossen rach die do geschach, schrey
er auff mit heller stym und tröstet die ritter und knecht, die da
stunden zum tod, und sprach: „Gehabt euch wol, alle ritter und
knecht, wann unser plut heutt vergossen wirdt von cristenliches
glauben wegen, wann wir, ob Gott will, himellkind sind vor Gott.“
25 Und alspald er das sprach, do knyett er nyder und ließ sich ent-
haubten und sein gesellen mit im; und das plutvergyessen weret
von morgen an piß zu vesperzeitt. Und do das die rädt sahen,

*

1 Schmiehen, adeliches geschlecht benannt nach einem schloß gl. n.
am Lech (Hundt II. s 283); wahrscheinlich bei dem heutigen ort Schmichen
unweit Mehring. Der hier erwähnte Stephan Schmicher wurde wegen
seiner hervorragenden tapferkeit noch in der schlacht zum ritter ge-
schlagen (s. Brauner s. 51). 2 Bodmann, altes schwäbisches geschlecht,
das seinen namen von der am Bodensee (bei Überlingen) gelegenen
burg hat. Während hier die zahl der von dem allgemeinen morden
verschont gebliebenen edlen auf vierzehn angegeben ist, sprechen andere
quellen von vierundzwanzig, sowohl Franzosen, als Deutschen und
Niederländern (Brauner s. 51). 3 Greif von Greifenberg, ein altes
Tiroler geschlecht, das zuletzt in Greifenberg am Ammersee ansäßig
war (Hundt I. s. 213).

das also ein groß pluttvergyessen was gescheen und dannoch kain
auffhören da was, do stunden sie auff und knyetten für den chönig
und paten in, das er seines zorns vergeß durch Gottes willen, do
worten, das Gott auch nicht ein rach über in verhenget, wann des
5 plutvergiessens wer genug. Des wurden sie gewert von im und do
schueff er, das man auffhörett; und das geschach und dornoch hyeß
er das überig volck zu ainander füren und nam dorauß seinen tayl
und die andern ließ er seinem volck, die sie gefangen hetten; und
ich wardt dem chönig an seinem tayl; und das volck, das getöt
10 wardt do auff den ain tag von dem türckischen könig, das wardt
geschätzt auff X thausent man. Dornach schickt er seine gefangen
hin in Kriechenlandt in ain hauptstadt, die genant ist Andranopoli;
do lagen wir gefangen XV tag; darnach fürt man uns zu dem
mer in ein stadt die do hayst Kalipoli und das ist die stat do die
15 Türcken über mere faren; und do lagen wir zway monadt in ainem
thuren, da lagen unser III hundert und der hertzog vonn Burguny
lag auch gefangen oben in dem thuren mitt den, die er erledigt
hett. Und die weyl wir do lagen, fürt man chönig Sigmundt für
die stadt, da wir innen gefangen lagen und wolt in füren in win-
20 dische landt; und do das die Thürcken hörten, da namen sie uns
auß dem thuren unnd fürten uns zu dem mere und stelten ainen
nach dem anderen dem chönig Sigmundt zu tratz und schrien in
an, das er herauß tret auß der galein und löset sein volck, und das
thetten sie im zu ainem gespötte; und sie scharmutzelten lang mit
25 eynander auff dem mere, sie mochten im aber nichts angewynnen
noch schaden thun; und do für er dahin.

3. [Bajasid macht einen einfall in Ungarn und Steiermark. —
   Die gefangenen werden nach Brussa gebracht.]

[A]ls der thürckisch cönig das folck ließ töten und uns ge-
30 fangen in die obgenanten stet schickt, als es oben geschrieben stett,
dornach an dem tritten tag prach er auff und zoch in Ungerlandt

1 Unter Windischland ist das sonst als Sclavonia, Schiavonia, Es-
clavonie bezeichnete gebiet serbischer zunge zwischen der Drau und
dem adriatischen meer zu verstehen, für welches später der name Illyrien
aufkam (Zedler). Ein ungarischer geschichtschreiber bezeichnet uns
das landungsgebiet genauer als Kroatien (Bruun).

8

und fuer über das wasser, das genandt ist Sau, pey einer stadt genant Mittrotz und hub ein gantz landt auff und zoch hintz an des hertzogen landt zu Petau¹ und fürt mitt im auß dem land XVI thausent man mit weyben und mit chinden und mit allem irem gutt; unnd gewan die obgenanten stadt und prant sie auß und fürt das volgk mitt im hin; und ain thail von dem volgk ließ er in Criechenlandt und das ander volgk fürt er mitt im in die Thürkey. Und alspald er über das wasser cham, das genant ist Sau, do pot er in die stat Kalipoli und schueff, das man uns über mer füret; und da man uns über das mer pracht, do fürt man uns in des chönigs hauptstat, die genant ist Wurssa, do plieben wir pyß er selber cham in die stat; und do er in die stat cham, da nam er den hertzogen von Burguny mitt den, die er erledigt hett, und leget sie pey seinem palast in ein hauß; und ein herren genandt Kodor² von Ungeren, den schickt er dem chönig soldan³ mitt LX knaben zu einer eren, und do woltt man mich auch mit geschickt haben dem chönig soldan; da was ich hart gewunt, wann ich het drey wunden, das sie sich besorgten, ich würd sterben auff dem wege; darumb pleyb ich pey dem thürckischen chönig. Er erett auch mitt den gefangen den chönig von Babilon⁴ und den chönig von Persia⁵; er schickt sie auch in die weyssenn Thatrey⁶ und in das groß Armenia unnd auch in andreu landt. Und da nam man mich an des thürkischen chönigs hoff; da must ich VI jare vor im zu füessen

---

1 Pettau im herzogtum Steiermark.   2 Ein Ladislaus von Kodor wird in einer ungarischen urkunde von 1393 als zeuge erwähnt (Fejer X. 2 s. 140)   3 Unter »könig sultan« versteht Schiltperger den sultan von Ägypten, hier Barkok.   4 Mit dem »chönig von Babilon« ist der ilkhan von Bagdad Achmed ben Oweis gemeint.   5 Einen selbständigen könig von Persien, um dessen bundesgenossenschaft sich Bajasid hätte bewerben können, gab es nach der schlacht von Nikopolis nicht mehr; denn Timur hatte das land 1393 vollständig unterworfen und unter seine söhne und verschiedene emire geteilt (Telfer s. 114).   6 Neumann erblickt in der bezeichnung weiß die gewöhnliche orientalische ausdrucksweise für frei, ohne eine lokalisierung des unter diesem namen mehrmals vorgeführten volkes zu versuchen. Bruun dachte anfänglich an die sog. weiße horde (Ak Orda), deren herrscher Toktamisch auch die goldene horde sich unterwürfig machte, entschied sich aber später für die in Kilikien angesiedelten Turkomanen, welche auch bei Clavijo als Tartaros blancos bezeichnet werden.

lauffen [1], wo er hin zog mitt den anderen, wann es gewonheit ist,
daß man vor den herren zu füessen muß lauffen, woe er hin zeucht;
und nach den VI jaren verdynet ich, daß man mir zu reytten gab,
und dornach raytt ich sieben jare mitt im; und also was ich
5 XIII jar [2] pey im. Und was der thürckisch chünig vorpracht hatt
in den XIII jaren, das stett hernach geschriebenn.

4. [Bajasid errobert Karaman [3]. (1392.)]

[Zu]m ersten als ich pey im was hueb er ainen krieg an mitt
seinem swoger, der genant was Caraman [4], und den namen hatt er
10 nach dem lande und die hauptstat in dem land ist genant Laranda,
umb das, das er im nicht unterthänig wolt sein; und do zoch er
auff in mit LX und hundertt thausendt man. Da er des innen
wardt, das der chönig Weyasit auff in zoch, da berayt er sich
und zog im entgegen mitt LXX thausent mannen mitt den pesten
15 die er in seinem land hett und er maynett er wolt dem chönig
Weyasit wol bestan. Und do zugen sie auff ein weytt, die lag vor
ainer stat genant Gonia [5], die gehörett dem obgenanten herren Cara-
man zu, und do chamen sie zu ainander und hueben an zu streytten;
und an demselben tag tetten sie zwey vechten, das ainer den an-
20 dern nicht überwindenn mocht; und an der nacht hetten sie rue
auff payden thaylen, ainer dem anderen an schaden. Und der
Caraman der hett grosse freud dieselben nacht mit trummeten und
mitt paucken und mit feur machen, dem Weyasit zu ainem schrecken;
aber der Weyasit der schuff, das man nicht mer feur macht, dann

1 Ein fußläufer heißt im Persischen und Türkischen schatir (Hammer).
2 Da die herrschaft Bajasids nur bis 1402 währte, so kann Schiltberger
blos sechs jahre in dessen diensten gewesen sein. Die irrigen zahlen
des textes sind wohl auf rechnung der abschreiber zu setzen. 3 Die
eroberung Karamaniens durch Bajasid erfolgte vier jahre vor Schilt-
bergers gefangennahme; der inhalt dieses kapitels muß daher andern
quellen entlehnt sein. 4 Der name des sultans ist irrtümlich durch
den landesnamen widergegeben, während er in wirklichkeit Ali Beg
lautete (Weil V. s. 68); allerdings ist hier, wie so häufig im orient der
name des ersten beherrschers eines staates zur bezeichnung dieses selbst
gebraucht worden (vergl. Dschagatai). 5 Diese ebene bei Konjah
auf welcher die entscheidungsschlacht zwischen Bajasid und Ali Beg
geliefert wurde, hatte den namen Aktschai (Hammer I. s. 188).

daß man das essen pey südt und dornach wider ablesohen. Da
schickt der Weyasit pey der nacht XXX thausent man hintter die
veindt und sprach zu in, wann er des morgens an die veindt züg,
das sie dann hintten auf sie zugen; und do der tag herprach, do
5 zog der Weyasit gegen den veinden und do zugen die XXX thausent
man, die der Weyasit von im geschickt, hintten auff die veindt.
Und do der Caraman das sach, das man hintten und vorren auf
yn zog, da gab er die flucht in sein stadt, genandt Gonia, und setzett
sich zu wer in der stadt; do schlueg sich der Weyasit für die stadt
10 und lag dorvor XI tag, das¹ er ir nicht gewinnen mocht. Und
dornach schickten die purger herauß zu dem Weyasit und puten
im, wolt er sie fristen an leyb und an gut, so wolten sie im die
stat übergeben: und das verhyeß er in und do puten sie im, das
er dann chäm und stürmatt, so wolten sie weychen ab der mauer
15 und das er dann die stat gewünne. Und das geschach, als sis mitt-
ainander verlassen hetten; und do der Caraman sach, das der Weya-
sit in die stat was chomen, do zog er mitt dem geraysing volgk
auff in in der stadt und vacht mit im; und hett er ein claine hilff
gehabt von dem statvolgk, so hett er den Weyasit mitt gewalt
20 auß der stat getriben. Aber do er sach, das er chain hilff hett,
da gab er die flucht und do wardt er gefangenn und wardt gefürt
zu dem Weyasit; do fragt in der Weyasit und sprach: „Warumb
wolstu mir nichtt unterthänig sein?" Da antwort im der Charaman
und sprach: „Warumb solt ich dir unterthänig sein, wann ich als
25 wol ein herre pin als du?" Und do das der Weyasit hörett, da en-
zürnt er und sprach zu seinem volgk, wer sich des Caramans unter-
winden wolt? Und das sprach er zwir, das¹ sich sein chainer unter-
wintten wolt; do sprach ers zum trittenmal; do ging ainer² herfür
und unterwant sich sein und fürt in hindann und köpfft in und
30 gieng dornach zu dem Weyasit. Und do in der Weyasit sach, do
fragt er in, wie er im hett gethan; da sagt er im, er hett in ge-
köpfft; und da wardt der Weyasit zahern und schueff darnach mitt

1 Hier causalconj. »darum dass, weil«. 2 Der fürst von Karaman
ward von Bajasid in die obhut seines persönlichen feindes, des Begler-
beg Timurtasch, gegeben, welcher den gefangenen ohne befehl und
gegen des sultans willen aufhängen liess. Dieser, anfangs über solche
eigenmächtigkeit erzürnt, liess sich bald beruhigen und nahm seinen
statthalter wider zu gnaden auf. (Hammer I, s. 188).

ainem anderen, das er dem tätt, der den Caraman getöt hett, als
er im gethon hett; da nam er in und fürt in hin an die stadt, da
er den Caraman hett köpfft, und köpfft in auch. Und das geschach
darumb, wann der Weyasit mainett, wann ein herre ein solchs
5 schueff in ainem zoren, so solt kainer alspald ain solchs verpringen,
wann er maynt, er solt ein weyl peytten, pys im der zoren verging;
und das war auch dorauff, das sich chainer ains solchen herren
mächtigen solt oder unterwünt zu töten. Und dornach schueff der
Weyasit, das man des Charamans haupt auff ainen spieß steckt
10 und fürett es in der stat umb, der worten das sich die anderen
stet und geschlösser dester peller ergäben, wann sie hörtten, das
ir herre tot wär. Und dornach besatzt er die stat Gonia mitt seinem
volgk und legt sich da[n] für die stat Laranda; und do er für die stat
cham, do pot er hinein, das sie sich ergeben, wann er ir herre
15 wer; wolten sie des nicht thun, so wolt er sie darzu zwingen mitt
dem schwerdt. Da schickten die burger herauß zu im, die pesten
vier auß in und paten in, das er sie sichert an leyb und an gut;
und begerten auch an in, wers sach, das ir herre, der Charaman
tot wäre, so hett er zwen süne [1] in der stat, und das er aus den
20 zwaien ainen setzet zu ainem herren über die stadt und wann er
das thun wolt, so wolten sie ihm die stadt übergeben. Do antwort
er in und sprach, er wolt sie sicheren an leyb und an gut und
wann er der stat gewaltig würd, so wolt er in wol ein herren
setzen, es wär des Caramans sün ainer oder einer seiner herren;
25 und also schiden sie von ainander. Und da die burger hörtten
des Weyasit antwort, da wolten sie im die stat nicht übergeben
und sprachen: ob ir herre tot wäre, so hett er doch zwen süne
gelassen, do wolten sie pey in sterben und genesen. Und setzten
sich wider den chönig zu were V tag; und do das der Weyasit
30 sach, das sie sich setzten wider in, da schickt er noch mer volcks
und hyeß püchsenn pringen und hantwerch machen. Und do das
des Charamans sün und ir mutter [2] sahen, do fodrätten sie die
pesten burger zu in und sprachen zu in: „Lieben herren! ir secht
wol, das mir euch nit vor mögen sein gegen den Weyasit, wann
35 er uns zu mächtig ist; das ir dann durch unseren willen verderben

1 Die söhne Ali-Begs hießen Achmed und Mohamed; sie wurden
später von Timur in ihre väterliche herrschaft wieder eingesetzt (Bruun).
2 Nefise mit namen (Bruun).

solt, das wer uns layt und möchten des euch nit ergetzen; so sein
wir überain worden mitt unser mutter, das wir uns ergeben wollen
in sein genade.“ Und das was den purgeren auch ein wolgevallen;
und do namen des Caramans sün ir mutter und die pesten burger
5 zu in auß der stadt und die schlüssel zu den thoren unnd gingen
hynauß zu dem Weyasit. Und do sie zunaheten dem here, da nam
die muter ir sün, an ydliche handt ainen und ging zu dem Weyasit;
und do der Weyasit sein schwester ersach mitt iren sünen, do ging
er ir entgegen heraus für das zelt; und. als sie chomen zu dem
10 chönig, da vielen sie im zu füessen und chüsten im die füesß und
paten genade und gaben im die schlüssel zu den thoren; und do
das chönig Weyasit sach, do schuff er mitt seinen herren, die neben
im stunden, das siß auffhüben; und das geschach; und do nam er
die stadt ein und satzt seiner herren ainen in die stadt; und sein
15 schwester und ir zwen süne schickt er in sein haupstat die genant
ist Burssa.

5. [Bajasid vertreibt den beherrscher von Siwas aus dem ge-
biet von Marsvani. (1395.)]

[E]s was ein, landßherre, genandt Mirachamad [1], der was ge-
20 sessen in ainer stat, die ist genant Amasia und die ist ein heup-
stadt des lands genant Marsvani und das stöst an des Caramans
landt; und do der obgenandt Mirachamad hört, das der thürckisch
chönig Weyasit des Charamans landt gewunnen hett, als oben ge-
schrieben steet, da schickt er zu dem Weyasit und pat in, das er
25 chäm und den chönig zu Sebast, genandt also Wurchanadin auß
dem land trib, wann er im mitt gewalt im land leg und er selb
ym nicht möcht vorgesein, so wolt er im das landt lassen und das
er im ein ander landt verlich in seinem land. Und do schickt der
Weyasit seinen sun, genant Machmed mitt XXX thausent mannen
30 im ze hilff und triben den chönig Wurchanadin auß dem land mitt
gewalt; und do das geschach, do antwortet der Mirachamad dem
Weyasit die hauptstadt und das gantz land ein; und do fordert er
seinen sun Machamed und gab im das landt, darumb das es sein
ersts vechten was gewesen und das er ob was gelegen. Und dar-

*

1 Mir-Achmed war statthalter von Amasia. (Fallmerayer, geschichte
des kaisertums Trapezunt s. 217.)

nach nam der Weyasit den Mirachamad zu im und fürt in mit
im in sein landt und gab im ein ander landt für das sein.

6. [Schiltberger beteiligt sich an einem fluchtversuch gefangener Christen.]

⁵ [U]nd do der Weyasit kam in sein hauptstadt und sin hett,
ein zeitt do zu pleyben, in der zeitt wurden unser LX Cristen über
ain, wie wir möchten darvon chomen; und also machten wir ain
ainigung unter uns und schwuren uns zu ainander, das wir pey
ainander wolten sterben und genesen; und da namen wir uns ain
¹⁰ zeitt für, und das sich ain ydlicher berayttet auff die zeit; und
also chamen wir alle zu ainander auff die zeitt, als wir dann mitt
ainander verlassen hetten; und do wurff wir zwen hauptman unter
uns auff, und· was die täten und schüffen, des solten wir untertänig
sein. Und also huben wir uns auff noch mitternacht und ritten
¹⁵ hin zu ainem pirg; und da der tag herprach gelangten wir an
das pirg; and do wir in das pirg chommen, do steygen wir ab und
liessen die pferd rasten, pys die sun auffgieng und also sassen wir
wider auff und ritten den selbing tag und nacht. Und do der Weyasit
höret, das wir die flucht hetten geben, da schickt er uns V hundert
²⁰ pferdt noch und schueff, woe man uns fünd, das man uns vieng
und für in prechte; und also erritten sie uns pey ainer clausen
und schrien uns an, das wir uns gefangen geben; und des wolten
wir nicht thun, und also stunden wir ab von den pferden und giengen
zu füessen gegen in und stalten uns zu were und schussen ein weyl
²⁵ gegen ainander; und do der hauptmann sach, das wir uns zu wer
hetten gesatzt, do tratt er herfür und rufft ein frid auff ein hor;
und also gaben wir ein fride. Und dornach ging er zu uns und
patt unns, das wir uns gefangen geben, er wolt uns sicheren an
dem leben; da gab wir im zu antwortt, wir wolten uns darüber
³⁰ beraten. Also gingen wir zu ainander und berytten uns; darnach
gab wir im ain antwort, wie wir wol westen, alßpald wir gefangen
würden und pracht für in, das wir sterben müsten; so sey es vil
pesser, wir sterben hye mitt werender hant durch cristenlichen
glauben. Do der hauptman sach, das wir also bestät waren, do
³⁵ sprach er uns wider zu und pat uns, das wir uns gefangen geben,
so wollt er uns pey seinem aide verhayssen, das er uns pei dem

leben wolt behalten, und ob das wär, das der chönig also zornig
were, das er uns töten wolt, so wolt er sich am ersten lassen töten;
und das verhyeß er uns pey seinem aide und also gaben wir uns
gefangen und also fürt er uns für den chönig gefangen. Und do
5 er uns für den chönig pracht, do schueff [d]er, uns zu handt ze
töten; da gieng der hauptman herfür, der unns gefangen hett, und
knyett nyder für den chönig und patt in, das er uns fristett an
dem leben, wann er sich seiner genaden hett tröst und hett uns
verhayssen pey seinem aide, er wolt uns sichern an dem leben.
10 Also fragt in der chönig, ob wir nicht schaden hetten gethan in
dem lande; do sprach er, wir hetten keinen schaden gethan; also
ließ er uns einlegen; da lagen wir neun monadt gefangen; und in
der zeitt starben zwelff auß uns. Und do der hayden ostertag kam,
do pat sein elter sun, genant Mirmirsiriamon [1] für uns und also
15 ließ uns der chönig ledig; und dornach fürt man uns für den chönig;
dem musten wir verhayssen, das wir nymmer mere wolten von im
komen noch stellen; darnach gab er uns wider ze reytten und mert
uns den solt.

7. [Bajasid erobert Dschanik. (1393.)]

20 Darnach in dem summer zoch der Weyasit mit LXXX thausent
mannen in ein landt, das ist genant Ganick, und legt sich für die
heuptstadt genandt Samson, die der starck Samson gepaut hatt,
und hatt den namen noch im. Der herre der stat und des lands
hyß Zineyd [2], den treyb der chönig auß dem land; und do die stat
25 hörtt, das ir herre vertriben was, do ergaben sie sich und das gantz
land dem Weyasit; der besatzt die stat und das landt mitt seinem
volgk.

*

1 Dieser name ist, wahrscheinlich durch lesefehler der abschreiber
entstellt widergegeben, vielleicht lautete er ursprünglich Mir (d. i.
Emir) Musulman[es], welche namensform von den Byzantinern statt
Suleiman gebraucht wird. Allerdings war dieser der zweite sohn
Bajasids, während der älteste Ertogrul hieß. 2 Der letzte beherscher
dieses gebietes war Isfendiar-Beg, der sohn von Bajasid Kötürüm (oder
Gütürum). (Zinkeisen s. 354). Dschuneid hingegen war in späterer
zeit statthalter von Sarokhan und wurde nach einem mißglückten
aufstandsversuche (1418) von Mohammed I., dem sohne Bajasids, seiner
provinz entsetzt.

8. [Wunderbares erscheinen von nattern bei Samsun. Baja-
   sid verleiht Dschanik einem bulgarischen prinzen.]

[E]s ist zu mercken ein groß wunder, das pey der selben stat
Samson geschach den zeitten, als ich bey dem Weyasit was. Es
5 kamen umb die stat als vil nattern und schlangen, das sie die eben
umb die stat wol ein meyl wegs umb legt hetten. 'Der selben
nattern kamen ain thayl auß dem mere und ain tayl auß ainem
grossen walde, wann das landt, das zu Samson gehört, das heyst
Tzienikh und ist ain holtzigs landt und hatt groß welde, da von
10 was der nattern ein tayl komen; und die nattern hetten ir samlung
neun tag, ee das sie mitt ainander stritten. Nun dorfft nymandt
vor dem gewürm auß der stat vor sorgen; und sie thätten doch
den leutten noch dem viech kainen schaden; so schueff auch des
landß und der stat herre, das man dem gewürm auch nit[1] tete
15 und er sprach, es wär ein zaichen von dem almächtigen Gott. Und
dornach an dem zehenden tag komen die schlangen an ainander
und stritten von dem morgen pyß zu der sunnen unterganck; und
do der herre und das volck des gewar wurden, do hyeß der herre
ein thor auff thun und reytt mitt ainem clainen volgk für die stat
20 und beschaut der natteren vechten und sach, das die wassernattern
den waltnattern weychen musten[2]. Und des anderen morgens raytt
der herre für die stat und wolt sehen, ob das gewürm noch da
were; do vand er nichts, dann die toten natteren, die hyeß er zu-
sammen klauben und zelen, der waren acht thausendt; den hyeß
25 er ain gruben machen und hyeß sie dorein werffen und decken mitt
erttrich und schickt zu dem Weyasit, der zu den zeitten ein herre
der Thürckey was und hyeß im das wunder sagenn; der nam im
das zu ainem grossen glück für, wan er die stat und das landt
neulich hett gewonnen und maynt, das die merenattern untergelegen
30 wären, das wer von dem almächtigen Gott ein zeichen, als er ge-
waltiger herre und chönig des lands pey dem mer wer, so wolt
er auch mitt hilff des almächtigen Gottes des meres gewaltiger
herre werden.

*

1 nichts.   2 Ähnliche sagen finden sich noch heute vielfach in
den kaukasischen ländern vor; eine davon erzählt, wie unser text, einen
kampf zweier schlangenvölker am Ararat, wobei der angriff der fremden
schlangen zurückgeschlagen wurde. (Haxthausen I. s. 318.)

Samson sind zwo stet gegen einander über; in der ainen sind
Cristen, dieselben hetten die zeitt die Walhan von Genau innen; in
der andern sind haiden, den gehört das land zu; und sie gelangent
von ainer ringkmauer zu der anderen mitt ainem halben pogen-
5 schuß. Und der stat und des lands herre die zeitt was aines
hertzogen sun, gehayssen Schusmanos[1], von der mittern Pulgrey;
deßselbenn lands hauptstadt haist Thernowa und hat von burgen
und schloß III hundert denselben zeiten gehabt. Dasselb land
gewan der Weyasit und ving den hertzogen und seinen sun; der
10 vater starb in der gevancknuß, der sun kerett sich zu haydenischem
glauben, darumb das man in leben ließ. Und da der Weyasit
Samson gewan und das land Z[e]nigkh, das selb landt und die stadt
gab er im für seines vatter[s] landt sein lebtag.

9. [Bajasid erobert Siwas[2].]

15 [E]s ist gewonhaitt in der haydenschafft, das ettlich herren
umbzigen in dem land mit viech und woe sie dann komen in ain
landt, do gutte wayd ist, so besteen sie die wayd von dem herren
deßselben lands auff ain zeitt. Nun was ein thürkischer herre ge-
nandt Ottman[3], der zoch im land umb mit viech und kam in dem
20 sumer in ein landt, das haysset Sewast, es haist auch des landts
hauptstadt also, und batt den chönig von Sewast, hyß Wurchanadin,
das er im ain weyd verliech, da mitt er sein viech den sumer

*

1 Der letzte bulgarische zar Schischman III starb in der gefangen-
schaft zu Philippopel (Jiretschek s. 350). Über seinen sohn Alexander
Schischman, welcher renegat wurde, finden wir bei Dukas einen etwas ver-
schiedenen bericht, indem nach diesem nicht Bajasid, sondern sein sohn
Mohammed I dem bulgarischen prinzen nach Dschuneids absetzung
dessen statthalterschaft verlieh, welche überdies nicht Dschanik, sondern
Sarokhan war (Zinkeisen I s. 453). Hammer (I s. 287) glaubt den wider-
spruch unseres textes mit Dukas durch die annahme ausgleichen zu
können, Schischman habe die beiden hier erwähnten provinzen zu ver-
schiedener zeit verwaltet. 2 Über die zeit dieses feldzuges weichen
die quellen von einander ab. Hammer und Zinkeisen entscheiden sich
für das jahr 1392, Deguignes und Fallmerayer für 1395, Weil für 1398;
mit letzterer annahme ließe sich Schiltbergers behauptung von seiner
teilnahme an diesem kriege (s. 19) vereinigen. 3 Osman-Beg war
beherrscher der Turkomanen »vom weißen Hammel« in Diarbekr und
beigenannt Kara Ulugh (Jelek).

erneren möcht. Er verleych im ain waid, dorauff er sein gesinde
und viech züge und dorauff den sumer plibe pyß an den herbst;
er prach auff und zoch hinwärtz hin in sein landt an urlaub des
chönigs. Do der chönig vernam, das er an sein urlaub hin was
5 gezogen, er erzürnet und nam zu im zehen thausent man und zog
auff die wayd, dorauff der Ottman gelegen was, und schlug sich da
nyder und schickt dem Ottman vier thause[n]t man noch und schuff,
das sie im den prechten mit leyb und mit gutt. Als das der Ott-
man vernam, er verschlug sich in ain gepirg und die im noch raisten,
10 die kunden in nicht vinden und schlugen sich vor dem gepirg auff
ein wisen; da plieben sie die selben nacht und hetten kain sorg
auff den Ottman; und do der tag her prach do nam der Ottman
thausent man zu im seines pesten volcks und beschauet die veindt
und do er sach, das sie sich nicht bewart hetten und an alle sorg do
15 lagen, do reytt er über sie und übereylt sie, das sie nicht zu werß
komen mochten und erschlug ir vil; die andern gaben die flucht.
Dem chönig wardt gesagt, wie der Ottman den zeug nider gelegt
hett; der wolts nit glauben und hetts für ain spot; do kamen ettlich
zu dem chönig geflohen, dannoch wolt er sein [1] nicht glauben und
20 schickt hundert pferdt hin, das sie lugten, ob dem also wäre. Die
hundert pfert zogen hin und wolten lugen; in der zeitt zoch der
Ottman mitt seinem volck auff den chönig und als er die hundert
pferdt ersach, do eylt er auff sie und kam mitt in auff den chönig.
Und als der chönig sach, das er in als vast übereylt hett und sein
25 volck, das sie nicht zu were komen mochten, do gaben sie die flucht
und dem chönig wardt nicht mere, dann das er auff ein roß saß und gab
die flucht gegen ainem pirg. Do ersach in ainer von des Ottmans
dynern und der eylt im nach pys an das gepirg, da mocht der chönig
nicht verrer; da schrey in des Ottmans knecht an umb vancknuß, da
30 wolt er sich nicht ergeben; da nam er den pogen und wolt den
chönig geschossen haben. Da nennet sich der chönig und pat den
knecht, das er in ledig ließ, und verhyeß im ein guts gschloß und
wolt im zu ainer urkundt haben geben seinen rinck von seiner
handt und des wolt der knecht nicht thun und nam in gefangen
35 und pracht in seinem herren. Und der Ottman zog dem volck
hinten nach den gantzen tag piß an den obent und schlug ir vil
ze todt; unnd do keret sich der Ottman wider umb und schlueg sich

1 gen. part.

nyder an die stat, da der chönig was gelegen und schickt darnach
nach dem volgk und nach dem vich, das er im pirg hett gelassen;
und do das volck mitt dem viech cham, da nam er den chönig zu
im und zog für die hauptstadt, genandt Sewast, unnd schlug sich
dorfür mitt allem seinem volgk und pott hinein, wie er den chönig
hett gefangen und das sie im die stat übergeben, so wolt er frid-
lich und sönlich mitt in leben.   Do gab im die stat ze antwort,
ob er den chönig hett, so hetten sie seinen sun, do hetten sie genug
herren an, wann er yn zu swach were zu ainem herren.   Also sprach
er dem chönig zu, wolt er pey dem leben pleyben, das er mit den
burgeren redet, das sie im die stat übergeben.   Do sprach der
chönig: „Für mich zu der stadt, so will ichs versuchen, ob sie mich
des gewerten.“   Und do man den chönig zu der stat pracht, do
patt er die burger, das sie in erlösten von dem tode und dem
Öttman die stat übergeben.   Do antwortten sie dem chönig und
sprachen: „Wir wollen dem Ottman die stat nicht übergeben, wann
er uns ze swach ist zu ainem herren; ist dann, das du nicht unser
herre magst gesein, so haben wir deinen sun [1], den wollen wir zu
ainem herren haben und nicht den Ottman.“   Und do das der Ott-
man höret, da wardtt er zornig; und do der chönig seinen zoren
sach, do patt er in, das er in leben ließ, so wolt er im ain andere
stadt geben, die heyst Gayssaria, mit allem zugehören; und des
wolt der Ottman nicht thun und hyeß den chönig köpfen zu ange-
sicht dem volgk in der stat und dornach hyeß er in viertaylen und
hyß ydlichs tayl auff ein stangen pinten und hyeß [es] für die stat
aufhengken und das haupt hyeß er auff ein rayßspieß stecken zu
den vier taylen.

    Und in der zeitt als der Ottman vor der stat lag, do schickt
des königs sun, der in der stat was, zu seinem sweher, der gewal-
tiger herre was in der weyssen Tathrey [2], das er im ze hilff keme,
wann der Ottman vor der stadt lege, und verschreyb im auch, wie
der Ottman seinen vatter getött hett und wie er groß volgk er-
schlagen hett.   Und do das sein sweher vernam, da nam er zu im
sein volgk mitt weyberen und mit chinden und mit allem irem viech,

1 Er heißt bei Hammer (I, s. 235) Ebul Abbas Burhan-eddin, bei
Zinkeisen (I, s. 352) hingegen Seinol-aabidin.   2 Auch hier entscheidet
sich Bruun für die kleinasiatischen Turkomanen und vermutet in dem »ge-
waltigen herren« den emir Nassir-eddin von Sulkadir (in Kilikien).

wann es auch gewonhaitt ist in dem land, das sie umbziegen mitt
viech auff die wayd, wann er auch sin hett, er wolt ein weyll da
ligen zu Sewast und wolt also das landt retten vor dem Ottman;
unnd das volgk wardt geschätzt auff vier thausent man an weyber
5 und chindt. Und do das der Ottman hörtt, des der thatrisch herre
herzoch, do prach er auff und zoch hin von der stat in ein pirg
und schlueg sich da nyder mitt seinem volgk. Do cham der thatrisch
herre mitt seinem volgk und schlueg sich vor der stat nyder; und alspald
der Ottman hörett, das er sich nyder hett geschlagen, do nam er zu im
10 XV hundert man und taylett die in zway tayl; und do die nacht cham
und es vinster wardt, do zog er hin auff sie an zwaien örttern und macht
ein groß geschray unter in; und do der thatrisch herre hört das
geschraye, da maynt er, man wolt in übergeben, und waich in die
stat; unnd do das sein volgk höret, das er die flucht hett geben,
15 do gaben sie allesam die flucht; und do eylet der Ottman hintten
nach und schlug ir vil zu todt und nam in groß gut. Und dornach
zugen sie wider in ir landt; da nam er das viech und das gut, das
er in genummen hett und zog wider hin in das pirg, da sein viech
und sein gutt was. Und ee das der tag do herprach, do saß der
20 tatrisch herre auf und reytt seinem volgk nach und het geren ge-
sehen, das sie wider hetten gekerett und des wolten sie nicht thun
und also zoch er mit in wider in sein landt; und dornach an dem
tritten tag zog der Otman wider für die stat und begert an sie,
das sie im die stat noch übergeben, so wolt er yn thun, das er
25 in verheyssen hett; und des wardt er aber verzigenn. Also legt
er sich wider für die stat.

Und do schickett die stat zu dem Weyasit und paten in, das
er chäm und trib den Ottman auß dem land, so wolten sie im die
stat übergeben. Do schicket der chönig Weyasit seinen elteren
30 sun mitt XX thausendt pferden und vier thausent fueßgengell, und
pei dem zug was ich auch [1]. Und do der Ottman hörett, das des
Weyasit sun herzog auff in, do schickt er sein viech und sein gut
an das pirg, do er vor gewesen was und pleyb selber auff dem
veld mitt thausent pferden. Und do schickt des chönigs sun zway
35 thausent pferd voran hin, ob sie den Ottman möchten fürter
treyben; und do sie der Ottman ersach, do rant er sie an und
vachten ein weyll mitt ainander; und do sie sachen, das sie im nicht

1 Vergl. s. 16, anm. 2.

2 *

vor mochten sein, do schickten sie umb hilff, do kam des chönigs
Weyasit sun selber geritten mit allem seinem volgk. Und do in
der Ottman her sach ziehen, do rendt er uff in einhin und hett in
nohent flüchtig gemacht, wann es war das volgk dannoch [1] nit pey
5 ainander; und do schray des chönigs sun sein volgk an und hub
dornach an mitt im zu vechten und sie erwunden trey stund an
ainander; und die weyl sie mitt ainander vachten, do zugen die
IIII thausent fueßgengell dem Ottman in sein zelt. Und do das
der Ottman hörett do schickt er vierhundert pferdt hinter sich und
10 die treyben die fueßgengell mitt gewalt auß dem zelt, mitt den, die
der zelt und des viechs hetten gehütt. Und die weyl weych er mitt
werender handt an das pirg, da sein gutt inn was; und dornach
schickt er das viech unnd gutt einhin paß in das pirg und er hyelt
die weyl vor dem pirg; und dornach zoch er hin nach und also
15 zoch er wider in sein landt. Und dornach zoch des chönigs sun
für die stat Sebast und do tet man im die stat auff und die burger
rytten herauß zu im und paten in, das er in die stat züg; und des
wolt er nicht thun und schickett zu seinem vatter, das er chäm
und näm die stat ein unnd das landt. Und do kam der Weyasit
20 mitt L unnd hundert thausent man und nam ein die stat und das
landt; und dornach nam er seinen sun, der hyeß Machamet [2], und
macht in zu ainem chönig und gab im das chönigreich zu Sebast;
es ist auch zu merken, das nicht der sun chönig wardt, der den
Ottman foder hett getrieben.

25 **10. Wie der Weyasit dem chönig soldan ein stat und ein
landt an vordert, das zum chönigreich [Siwas] gehört.**

Und do der Weyasit seinem sun das obgenantt chönigreich ein-
antwortt, da schickt er zu könig soldan von einer stat wegen, die
genant ist Malathea, und von des landß wegen, das zu der stat ge-
30 hörett, wann die stat und das landt gehörett zu dem obgenanten
chönigreich und das hett chönig soldan innen; und begert an in,
das er im die stat Malathea und das landt gäb, wann er das chönig-
reich gewonnen het. Do pott im chönig soldan, er hetts mitt dem

*

1 damals noch.   2 Bei dem angriff Timurs auf Siwas wird ein
sohn Bajasids als statthalter dieses gebietes angegeben; Arabschah
nennt uns als solchen Suleiman, Chalkondylas hingegen Ertogrul (byzant.
Orthobules).

schwert gewunen und wer das haben wolt, der müsts auch mitt dem
schwertt gewynnen [1]. Und do der Weyasitt die antwort vernam,
do zoch er in das landt mitt zwaien hundert thausent mannen und
legett sich für die obgenanten statt und lag davor zwey monadt;
und do er sach, das sie sich nicht ergeben wolten, da villet er die
graben ein und umbleget die stadt mit dem volgk und hub an ze
stürmen; und do das das volgk sach in der stadt, do rufftens umb
genade und ergab sich; und also nam er die stat und das landt
ein und besetzt die stadt und das landt mitt seinem volgk.

11. [Bajasid unterwirft die weißen Tataren. Er erobert
Adalia.]

[I]n der zeitt als der Weyasit die obgenanten stadt gewan,
da hetten sich die weyssen Thatteren [2] dem Weyasit für ein stat
gelegt, die genant ist Angury. Und do das der Weyasit hörett,
do schickt er seinen eltern son mitt zway und XXX thausent mannen
an sie und der tet ein vechten mitt in; also muest er weychen und
kam wider zu dem Weyasit. Also schueff er im mer volgks zu
und schickt in hin wider; und da vacht er aber mitt in und lag
in ob und ving den thatrischen herren und zwene landßherren mitt
im und pracht sie dem Weyasit gefangen; und die weyssen Thattern
ergaben sich dem Weyasit und do setzett in der Weyasit einen
anderen herren auß in und die trey herren fürt er mitt im hin in
sein hauptstadt.

Darnach zoch der Weyasit für ain andere stadt und die ist ge-
nandt Adalia [3] und die chörett auch chönig soldan zu und die stadt

*

1 Dieselbe stolze antwort wird von Scherifuddin dem Hussein Sofi
in den mund gelegt, als Timur von ihm die zurückgabe des gebietes
von Kat und Khiva verlangte. (De la Croix I, s. 229). 2 Bruuns ver-
mutung hinsichtlich der nationalität des hier bezeichneten volksstammes
wird an dieser stelle durch die thatsache unterstützt, daß der bruder
des fürsten von Sulkadir (vergl. kap. 9), namens Saduka, sich den Os-
manen gerade um dieselbe zeit unterwerfen muste, als, nach Schilt-
berger, die weißen Tataren durch Bajaid besiegt wurden (Weil I, c. 74).
3 Adalia ist hier mit Adana verwechselt, wie Bruun überzeugend nach-
weist (Telfer, s. 123). Offenbar hatte aber der verfasser erstere stadt im
auge, da wir in dem dazu gehörenden gebiete Pamphylien, nicht Kilikien
erkennen müssen, wie aus der in kap. 33 enthaltenen übereinstimmenden
beschreibung ersichtlich ist.

ligt nicht verre von Ciperen; und in dem lande, das zu der stat
gehörett, da zeucht man anderst kain viech dann chämelldier; und
do der chönig Weyasit die stat und das landt gewan, do schenckt
im das lant zehen thausent chamelthier; und do besetzett er die stat
5 und das landt und die chamel fürt er in sein landt.

12. (11.) [Bajasid sendet dem ägyptischen sultan ein hilfsheer,
bei welchem sich Schiltberger befindet.]

[I]n der zeitt starb chönig soldan, der genant was Warchoch [1].
Darnach wardt sein sun chönig, der genant was Joseph [2]; und seines
10 vatters dyner ainer, der krieget mitt im umb das chönigreich [3].
Und do schickett der Josep zu dem Weyasit und versünet sich mitt
im und patt in, das er im zu hilff keme; also schickett im der
Weyasit XX thausent man zu hilff und in dem zug was ich auch.
Und der Josep vertrayb seinen widerthail mitt gewalt und wardt
15 gewaltiger chönig soldan. Dornach wardt im gesagt, wie V hundertt
man unter seinen dyneren wären, die wider in wären und hettens
mitt seinem widertayl gehabt; und also cham er in nach und ving
sie und dornach hyeß er sie füren auff ein weytt und ließ sie als-
sam mitten in der wüsten von ainander schlagen; und dornach zugen
20 wir wider zu unserm herren Weyasitt.

13. (12.) [Timur macht einen einfall in das türkische gebiet
und erobert Siwas, 1400.]

[D]a der thürckisch chönig Weyasit den Ottman vertrayb von
der stat Sebast, als oben geschriben steet, darnach zoch der Ott-
25 man zu seinem herren, der genandt was Themurlin, wann er sein
unterthan was und clagett im über den Weyasit, wie er das chönig-
reich ze Sebast hett gewonnen mit g[e]walt und in der Weyasit

*

1 Warchoch d. i. Barkok oder Berkuk, der erste tscherkessische
sultan in Ägypten 1382 bis 1389 und 1390 bis 1399. 2 Barkoks sohn
und nachfolger hieß Faradsch oder vollständig Al-Melik Al-Naßir
Abu-Saadat Faradsch (in seiner jugend auch Bulghak). Ein sultan
Jusuf, der sohn Bursbais, gelangte 1438 auf den thron. 3 Gegen Fa-
radsch empörte sich unmittelbar nach seiner thronbesteigung sein atabeg,
der emir Itmisch, welcher von Tenem, dem statthalter von Damaskus,
unterstützt wurde; der sultan erfocht jedoch bei Gaza einen sieg über
die beiden empörer, die in gefangenschaft gerieten und hingerichtet
wurden.

darvon getriben het mit gewalt und patt in, das er im wider hülff, das chönigreich zu gewynnen. Da gab im der Themurlin ze anttwort, er wolt zu dem Weyasit schicken und wolt das vodern; und schickt dornach der Themurlin zu dem Weyasitt und vodert das
5 chönigreich. Do pot im der Weyasit, er wolts im nicht geben, wann er hett das mitt dem schwertt gewonnen und er were als gutt darzu als er. Und do der Themurlin die antwort vernam, da nam er zu im zehen hundert thausent man und zoch in das chönigkreich zu Sebast und legett sich für die hauptstadt und lag XXI tag davor
10 und grub die ringkmauer an etzlichen enden umb; also gewan er die stat mit gewalt; und fünff thausent mann geraysige volgks was in der stadt, die der Weyasit dohin hett geschickt, und die wurden alle lebentig begraben; und das geschach dorumb, wann do der Themurlin die stadt gewan, da patt in der hauptman, das er ir plut
15 nicht vergüß und das verhyeß er im, dorumb wurden sie lebentig begraben. Und dornach zuprach er die stat und das statvolgk nam er als [1] gefangen und fürett sie mit im in sein landt. Es wurden auch verschrieben IX thausent junckfrauen, die der Themurlin gefangen hett in der stat und mitt im fürt in sein landt. Es wurden
20 auch dem Themurlin III thausent mann erschlagen, ee das er die stadt gewan; und dornach zoch er wider in sein landt.

14. (13.) [Bajasid unterliegt Timur bei Angora, 1402. Schiltberger gerät in die gefangenschaft der Mongolen.]

[D]a der Themurlin haim zoch in sein landt, do samelt sich
25 der Weyasit und zoch mitt III C thausent mannen in das clain Armenia und gewan das dem Themurlin an und besatzt die hauptstadt, die genant ist Ersinggan, mitt irem vorigen herren, der genant ist Tarachan [2], und dornach zoch er wider in sein landt. Und do der Themurlin hörett, das im der Weyasit das obgenant landt
30 het angewunnen, da zoch er auff den Weyasit mitt XVI hundertt thausent mann; und do das der Weyasit hörett, do zoch er im entgegen mit XIIII hundert thausendt mannen. Do chamen sie zu

*

1 alles. 2 Der name des armenischen fürsten ist entstellt wiedergegeben; er lautet bei den geschichtschreibern Taberten. (Neumann, s. 72). Brunn (sitzungsber. 1870, s. 236) hält die von einem türkischen schriftsteller überlieferte namensform Zahir-uddin für die richtige, durch welche die bei Clavijo sich findende »Zaratan« erklärt werden könnte.

ainander pey ainer stat, die haist Angury; und do hetten sie einen
vermessen streyt mitt ainander; und der Weyasit hett von den
weyssen Thattern ¹ XXX thausent man pei im und die hett er vor
an hin geschafft und die schlugenn sich zu dem Themurlin; und da
⁵ deten sie zwai vechten, das ainer dem anderen nichts an mocht ge-
winnen. Und do hett der Themurlin XXXII elevanten, die berayt
waren an den streyt und hin nach mittem tag schueff er, das man
sie an den streyt füratt; und do man die elevanten auff das velt
pracht, da fachten sie mitt ainander; do gab der thürkisch chönig
¹⁰ Weyasit die flucht und hielt sich an ein perg wol mitt thausent
mannen; und do umblegt der Themurlin den perg, das er nicht
mocht weichen und also ving er den Weyasit; und dornach was er
VIII monadt in dem land und gewan das gantz lant und besatzt
das landt. Und der Themurlin zoch in deß Weyasit hauptstadt und
¹⁵ fürt in mitt im und nam von des Weyasit schatz silber und golt, was
thausent chamel getragen mochten. Und der Themurlin wolt den
Weyasit mitt haben gefürt in sein landt; do starb er auff dem weg ².
- Und ich wardt von dem Themurlin gefangen und wardt mitt
im gefüret in sein landt; und dornach pleyb ich pei dem Temurlin
²⁰ und raytt mitt im. Und das hatt sich als ³ ergangen, das vorge-
schrieben steett, die zeitt, und ich pey dem Weyasit pin gewesenn.

15. (14.) [Timur überzieht den ägyptischen sultan Faradsch
mit krieg und erobert Damaskus, 1400 bis 1401.]

[D]a der Themurlin den Weyasit überwandt und wider haim
²⁵ cham in sein landt, und dornach hub er an zu kriegen mit chönig
soldan ⁴, der oberster chönig ist in der haidenschafft, und nam zu
im zwelffhundertt thausent man und zoch chönig soldan in sein
landt und leget sich für ain stadt, genant Hallap ⁵; unnd die stat

1 Auch an dieser stelle spricht sich Bruun hinsichtlich der natio-
nalität der »weißen Tataren« dahin aus, daß die in Kilikien angesiedelten
Turkomanen gemeint seien. 2 Bajasid starb als gefangener Timurs
zu Akschehr (nw. von Konjah) den 8 Merz 1403, Hammer I, s. 264.
3 alles. 4 Auch in diesem kapitel ist die chronologie unrichtig, indem
der syrische feldzug zwei jahre vor der schlacht bei Angora statt fand.
5 Ein blick auf die landkarte zeigt, daß die syrischen städte in anderer
reihenfolge von Timur angegriffen wurden; denn ihre lage ist in der
richtung von nord nach süd folgende: Behesna, Aintab, Haleb, Rum-
Kaleh, Damaskus. Vergl. Bruun bei Telfer s. 127.

die hatt IIII hundert thausent heuser. Unnd do nam der herre, der
pfleger was über die stat, zu im LXXX thausendt man und zoch
herauß für die stat und vacht mitt dem Themurlin; und da mocht
er dem Themurlin nichts angewinnen   Da gab er die flucht und
in der flucht wardt im vil volcks zu tod geschlagen; und cham
wider in die stadt und setzt sich zu were; und dornach an dem
vierden tag gewan der Themurlin die vorstat und das volck ving
er und hyeß [es] in den graben werfen, der umb die stat gieng und
hyeß dorauff kot und holtz werffen; und also füllet er den graben
auß an vier stetten und der grab was zwelff claffter thief und
eyttel velß; und dornach stürmat er die stat und gewan sie mitt
gewalt und den heuptman ving er und beschatzat die stat an gutt.
Und dornach zog er für ain andere stat, die hayst Urumkala und
die ergab sich.   Und do zoch er aber für ain andere stat, die hayst
Anthap und do lag er IX tag vor und an dem zehenden tag gewan
er sie mitt gewalt; und das gutt, das in der stat was, das nam er
mitt im; und zoch für ain andere stat, die da heyst Wehessnin und
do lag er XV tag vor und die ergaben sich; also besatzt er die
stat. Und die obgenanten stete sein hauptstet in dem land, das
da heysset Siria.   Und darnach zoch er für ain stat, die haysset
Damasck, und die ist die oberst hauptstadt in dem genanten land; und
do das chönig soldan hörett, das der Themurlin für Damasck was ge-
zogen, do schickt er zu im unnd pat in, das er die stat nicht ver-
derbet und schonet des tempels in der stat; und des geweret in
der Themurlin und zoch von der stat. Der tempell, der in der
stadt Damasek ist, der ist alß groß, das er XL thür außwendig
hatt; und in dem tempell hangen XII thausent ampell und täglich
prynnen IX thausent und an dem freyttag, der ir wochenfeyertag
ist, so prynnen sie mitt ainander; und unter den ampellen sind ir
vil, die gantz güldein sind unnd silberein, die dann die chönig und
die mächtigen herren haben lassen machen.

Und als der Themurlin von der stat zoch, do zoch chönig soldan
mit XXX thausent mannen herauß von Alkkeyr, die sein heuptstat
ist, und hett dem Themurlin gern ein nächent angewunnen und schickt
XII thausent man in die stat Damasck. Und do das der Themurlin
vernam, da zoch er auff in; da waich chönig soldan wider einwärtz
in sein hauptstadt und der Themurlin zoch im nach; und woe chönig
soldan des nachts lag, do ließ er des morgens die wayd und das wasser

vergifften und wann dann der Themurlin do selben hin kam, so
wurden dann die leut und viech vergifftet, also das er grossen schaden
nam an leuten und an viech und mocht chönig soldan nicht chomen
nach. Und do zoch er wider umb und zoch wider für die stat
5 Damasck und lag dorvor III monadt, das ers nicht gewinnen mocht;
und alle tag in den drey monaten geschach ain vechten; und do
die XII thausent mann sahen, das sie chain hilff hetten von irem
herren, der sie do hin geschickt hett und do begerten sie gelayt
von dem Themurlin und das gab er in; also zugen sie des nachts
10 auß der stat hin zu irem herren. Unnd dornach stürmat der The-
murlin die stat unnd gewan sie mitt gewalt; und do der Themurlin
die stat gewan, do kam der seit, das ist als vil als ein bischolff,
für den Themurlin und viel im ze füssen [und bat genad] im, und
alle seine bristerschafft. Do schueff der Themurlin, das er sein
15 pristerschafft zu im neme und ging in den tempell; und do nam er
zu im sein briesterschafft mitt weyben und chindern und ging in
den tempell; es ging auch sunst vil volcks in den tempell von
sicherung wegen, das man schatzet auff XXX thausent menschen
jung und alt, die in dem tempell waren; und do hett der Themurlin
20 leut geschickt zu dem tempell und hett mitt in geschafft, wann der
tempell vol würde, so solten sie in versperren; und das geschach;
und dornach hyeß er den tempell scheybumb legen mitt holtz unnd
ließ dornach an chönten; und also verderbt er alle, die in dem
tempell waren. Darnach schueff er mitt seinem volgk, das yglicher
25 im ein manshaupt prächt; und das werat trey tag; und do das
geschach, da macht er drey thuren auß den heuptern, die man im
pracht hett; und dornach zustöret er die stat und zoch dornach hin
in ein ander landt, das genandt ist Scherch, und in dem land zeucht
man nur viech, und das landt ergab sich; und do schueff er mitt in,
30 das sie im speyß prachten, wann sein volgk grossen hunger hett
geliden; wann die weyl er vor der stat was gelegen, da was im
speyß zerunnen. Und dornach zog er wider in sein lant.

[16. (15.) Timur erobert Bagdad, 1401.]

[D]a der Themurlin haim cham uß des chönig soldans landt,
35 darnach nam er zu im zehen hundert thausent man und zoch hin

gen Babilon. Und do das der chönig von Babilon [1] hörett, da waich
er auß der stat und besatzt die stat [2]; und do schlug sich der
Themurlin für die stat und lag ein gantzen monadt vor der stat;
und in der zeitt grub er die rinckmaur umb und gewan die stat; auß-
5 prennet er sie. Und er hett geschworen, er wolt die stat zuprechen,
das man nicht west, ob heuser do weren gestanden oder nicht; und
dornach hyeß er die stat umbackeren und hyeß gersten dohin sehen.
Und dornach zoch er für ein fest [3], die lag in ainem wasser, und
do grub er das wasser ab und do vand er drey pleyen truhen in
10 dem wasser, die waren voller golds, und ygliche truhen was zwaier
cloffteren langk und ainer cloffter praytt; und die truhen hett der
chönig darein gesencket, darumb ob man die vest gewünne, das im
dannoch das golt plieb; und die truhen nam der Themurlin zu im
und dornach gewan er die vest und auff der vest waren XV gesellen
15 und die ließ er hencken und in der vest vand er auch IIII truhen,
die waren auch vol silber und golt und die nam er auch zu im
unnd gewan dornach drey stet darzu; und da gieng der summer
an, das er von hytz wegen nymmer mocht pleyben und zoch do
wider auß dem lande.

20 17. (16.) [Timur unternimmt einen zug nach Indien, 1398.]

[D]a der Themurlin cham von Babiloni in sein landt, do pott
er auß in sein landt, daß man sich berayttett in IIII monaten, so
wolt er ziechenn in das clain India und das leyt von seiner haupt-
statt vier monat tagweytt. Und nach der zeitt zoch er hin in die
25 clain India mitt XIII hunder[t] thausent mannen und zoch durch
ein wüsten und die ist XX tagweyd langk und do ist grosser mangell
an wasser; und dornach kam er an ain pirg und do zoch er acht
tag, ee er auß dem pirg cham; und in dem pirg kam er an ein weg,
du must man die chamel und die roß auff pretter pinden und must
30 sie dorauff abhin lassen; darnach kam er in ein thale, do ist es
als vinster inne, das ainer den anderen nicht wol sehen mocht pei
liechtem tag, und das weret auff ainhalbe tagweyd. Darnach cham
er in ein holtzigs pirg, do zoch er trey tag und drey nacht in;

*

1 Der könig von Babilon ist der bereits in kap. 3 genannte ilchan
(d. i. landesfürst) Achmed ben Oweis.   2 »ließ in der stadt eine be-
satzung zurück.«   3 Nach Bruuns vermutung ist Alindscha hier ge-
meint (Telfer, s. 130).

und dornach kam er auff ein schöne eben, die vor der heuptstad
leyd des lands; und auff derselbigen eben pei dem holtzing pirg
schlug er sich zu veld mitt seinem gesind. Do pot er dem chönig
des obgenanten lands zu also: „Mir Timur geldi;" das ist als vil
gesprochen: „Ergib dich, herr Themurlin ist chomen." Und do der
chönig von der clain India die potschaft vernam, do pot er im, er
wolt sich mitt dem schwertt mit im verrichten. Und dornach be-
rayttet er sich und zoch dem Themurlin entgegen mitt vierhundert
thausent mannen und mitt IIII C elevanten, die beraytt waren zu
dem streyt; unnd auff iglichem elevanten hett man ein thuren ge-
pauet von holtzwergk und in ydliohem thuren waren zum mynsten
X man beraytt an den streyt. Und do das der Themurlin höret,
do zoch er im auch entgegen mitt seinem volgk und der chönig hett
die elevanten voran [h]in geschicket; und do sie zu ainander komen,
do hett der Themurlin geren gefochten, do mocht er dem chönig
nichts angewynnen vor den elevanten, wann wenn er hinan wolt
reytten, so wolten die roß nicht hinan und scheuten die elevanten
und das triben sie vom morgen hintz auff mitten tag. Und der
Themurlin must wider hinter sich zigen: darnach vordrett er seinen
ratt und hett radt mitt in, wie er den chönig mitt faren solt
[angesigen] von der elevanten wegen. Da ryett im ainer genant
Suleyman [2], er solt chamel nemen und solt dorauff holtz lassen pinden
und wann man die elevanten her trib, so solt man das holtz an
lassen chünten, das auf den camelen were und solt sie gegen den
elevanten treyben die chamel mitt dem feur; so überwündt man sie
mitt dem geschray und mitt dem feur, wann die elevanten das feur
hart fürchten; und da nam der Themurlin XX thausent chamel
und ließ holtz dorauff pinden und schuff, das mans außrichtet, als
dann sein landßherre geraten hett. Und dornach zog der chönig
wider auff den Themurlin und der Themurlin zog im entgegen; und
der chönig hett die elevanten aber vor an hin geschickt; und da
der Themurlin die elevanten ersach, do hyeß er das holtz anchöntten,
das man auff die chamel hett gepunden und ließ die chamell mitt
dem feur gegen den elevanten treyben; und do man das holtz auff

1 Sultan von Delhi war Mahmud II, mit welchem 1414 die erste
afghanische dynastie in Indien erlosch.   2 Deguignes erwähnt bei
gelegenheit des indischen feldzuges eines feldherrn Timurs namens
Solimanschach (IX, s. 50).

den chamelen anchöntet, da trayb mans [1] gegen den elevanten und
die chamel wurden schreyen und des Themurlins volgk hett eiñ
groß geschray; und do die elevanten das geschray hörten und das
feur sachen, da cherten sie sich umb und fluchen, das sie nymants
[5] gehalten mocht [2]; und do das Themurlin ersach, do zoch er mitt
aller seiner macht auff den chönig und auff die elevanten, und der
elevauten wurden vil erschlagen. Und do das der chönig sach, da
weych er in die stat; und dornach zog der Themurlin hin nach
und schlug sich für die stat und lag vor .der stadt zehen tag;
[10] und in der zeitt taydingt der chönig mitt dem Themurlin umb zwen
zenten indisch golds, und das ist besser dann das arabisch golt,
und gab im auch vil edels gestains und verhieß im auch XXX thausent
man zu leyhen, woe er sie hin vordrät; und also wurden sie ver-
richtet mitt ainander; und der chönig pleyb pei seinem chönigreich
[15] und der Themurlin zoch wider in sein landt und pracht hundert
. elevanten mit im und das gutt, das im der chönig hett geben.

18.   (17.) [Einer der landsherrn Timurs bemächtigt sich des
reichsschatzes.]

[A]ls der Themurlin auß der clain India cham, darnach schickt
[20] er ein landßherren, der was genandt Cheback, in ain stadt die haysset
Soltania mit X thausent mannen; und der solt im den landtzinß
pringen auß der stat, wann man V jare allen zinß und zol auß
Persia und auß Armenia dahin het gelegt. Und do cham der ob-
genandt herre und nam das gutt und lued darmitt thausent wagen;
[25] und dornach verschreyb er ainen herren, der was gesessen in eim
landt das ist genandt Masanderan [3] und der was sein freund und
der cham zu im gezogen mit L thausent mannen; und do sie zu
ainander chomen, do wurden sie überain mitt ainander und ver-
punden sich zu ainander; und dornach namen sie das obgenant gut
[30] und fürten das mit in in das obgenandt landt Masanderan.   Und

*

1 man sie. 2 Nach den von Deguignes mitgeteilten berichten erlangte
Timur seine erfolge über die indische armee vermittelst büffel, welche
nach der im text beschriebenen art gegen die elefanten getrieben wurden
(IV, s. 56). 3 Der emir Weli von Masanderan versuchte widerholt, sich
der oberherrschaft Timurs zu entziehen, bis dieser in einem dritten
feldsuge die hauptstadt Astrabad einnahm (1384) und seinen gegner
sur flucht nötigte. (Weil V, s. 27.)

do der Themurlin vernam, das man im das gut hin hett gefürt,
da schickt er groß volck hin, das sie das obgenandt landt gewünnen
und im die zwen herren gefangen prächten, die im das gut hetten
genommen. Und do das volgk an das landt cham, do mochten sie
5 dem land nichts angewinnen, wann es groß weld umb sich hett
und sie schickten umb mer volgks zu dem Themurlin; unnd do
schickt er in LXX thausent man, das sie das holtz abschlügen
und ein weg machten und das landt gewünnen. Und do das volck
cham, do schlugen sie auff zehen meyl ab, noch mochten sie dem
10 land nichts angewinnen und do schickten sie wider zu dem Themurlin
und enpoten ihm, das sie dem land nichts an möchten gewinnen;
und do hyeß er sie wider umbcheren; und also zugen sie wider
haimwärtz.

19. (18.) [Timur erobert Ispahan [1], 1387.]

15 [N]ach dem, als oben geschriben stet, do zoch er in ein chönig-
reich, das genandt ist Hyspahan, und schlug sich für die hauptstadt,
die auch genant ist Hispahan und pegeret an sie, daß sie sich er-
gaben. Und also ergaben sie sich und zugen im herauß entgegen
mitt weyb und mitt chinden; und do nam er sie gnediglich auff.
20 Da nam er VI thausent man seines volcks und besetzat die stadt
damitt und den herren der stadt nam er zu im und der was ge-
nant Schachisster und zoch dornach auß dem land. Und do die
stadt höret, das der Themurlin auß dem land was zugen, do sperttén
die burger die stat zu und schlugen die VI thausent mann zu tod,
25 die der Themurlin hinein hett gesetzt. Und do das der Themurlin
hört, do cherett er sich wider umb und zoch für die stat und lag
XV tag vor der stat, das [2] er sie nit gewinnen mocht; und dornach

*

1 Schah Schedscha, der beherrscher von Irak Adschemi und Far-
sistan huldigte Timur 1386, starb aber in demselben jahre; da sein
sohn und nachfolger Zin ul Abedin (Seinol - Aabidin) sich weigerte,
an der pforte Timurs zu erscheinen, zog dieser abermals nach Persien
und besetzte Ispahan ohne schwertstreich. Als aber der schmied Ali
Kutschapa einen aufstand erregte und die schwache mongolische be-
satzung großenteils niedergemacht wurde, nahm Timur blutige rache
an der stadt und ließ aus den köpfen der erschlagenen einwohner, nach
orientalischem gebrauch, schädelpyramiden errichten. (Hammer s. 220).
Der schah unterwarf sich Timur und endete seine tage in Samarkand
(Weil V, s. 40).   2 weil.

macht er ein frid mitt in, doch in solcher maß, das sie im die
schützen all lihen, die in der stat wären und die wolt er mit im
füren in ain rayß und wolt in sie darnach wider schicken. Und
die stat schickt im XII thausent schützen; und do die schützen zu
5 im chamen, da ließ er in allen die thaum abschlagen und dornach
schickett er sie wider in die stat; und dornach an dem anderen
tag zoch er selber in die stat und nam die stat mit gewalt ein [1]
und das volgk in der stat, das ving er und schueff dornach, was
unter XIIII jaren waren von chnaben, die hieß er behalten und die
10 anderen mann ließ er köpfen und macht dornach auß den köpfen
ainen thuren von heuptern mitten in der stadt. Und dornach hieß
er weyber und chinder, die in der stat waren, außhin auff ein velt
füren; und do man sie auff das velt pracht, darnach hieß er die
chinder, die unter siben jaren waren, besunder stellen auff dem velde;
15 und do daz geschach, do hieß er sein volgk über die chinder reytten,
die man besunder hett gestellet; und do das sein rädt sach und
der chinder mütter, die auch auff dem veld waren, da vielen sie dem
Themurlin zu füessen und paten in, das er des nicht thet; und des
wolt er nicht thun und do schueff er aber, das sie über die chindt
20 ritten; und da wolt chainer der erst sein; und do er sach, das
chainer wolt voran inreytten, do entzürnet er und rayt am ersten
anhin und sprach gen seinem volgk: „Nun will ich gern sehen,
welcher mir nit nachreytten wölle." Und do er das sprach, do
must alles sein volck im nach reytten; und also reytt er mitt seinem
25 volgk zwir über die chinder und zertrett sie alle sampt; und der
chinder waren pey siben thausent. Dornach hieß er die stat alle
außprennen; und die anderen weyb und chind fürt er mitt im in
sein land und zoch darnach in sein hauptstadt, die genant ist Semer-
chant; und in der stat was er in XII jarn nit gewesen.

30 20. (19.) [Timur unternimmt einen zug gegen China,
1404 bis 1405.]

[U]nd in der zeitt als der Themurlin auß war gewesen, hett
der groß chönig zu Kattey einen poten zu dem Themurlin geschickt

1 Der bericht des textes über die einnahme und grausame bestrafung
Ispahans stimmt mit dem inhalt anderer quellen in der hauptsache
überein, außer daß das niederreiten einer kinderschar in den klein-
asiatischen feldzug verlegt wird. (Hammer, s. 220. 264.)

mit IIII hundert pferden und vodratt den zinß an im, wann er im
vor zinspar was gewesen und V jare hett er im den zinß vorge-
habt. Und den poten hett der Themurlin lang mitt im gefürt; und
do er in seine hauptstadt kam, da schickett er in haim zu seinem
herren und pot im, er wolt im nicht zinspar noch unterthänig sein
und er hofft, er müst im zinspar und untertänig sein; und pott im
auch, er wolt selbs leypplich zu im chomen; und also schiett der
pot von im. Und dornach pot der Themurlin auß in alle seine landt,
das man sich berayttet, wann er wolt in Chattey zigen. Und do
besamelt er sich mit XVIII hundert thausendt man und nam die
zu im und zoch in Chattey; und do er zoch ein monat, do cham er
an ein wüst und die was LXX tagweyd langk; und do zoch er
zehen tag in die wüst hinein; und in der wüsten ging im groß volck
ab von wassers wegen und nam auch grossen schaden an rössernn
und an anderm viech, das im abgieng von cheltenn wegen, wann
es gar kalt ist in dem selbigen lannde. Und do er sach, das er als
grossen schaden nam an leuten und an viech, do cherett er wider
und zoch in sein hauptstadt; und in der zeit wart er krangk.

21. (20.) [Die ursachen von Timurs tod. Nächtlicher spuk
an seinem grabe.]

[E]s ist auch zu mercken, das sich der Themurlin fraß von
treyerlay sach wegen, das er kranck wardt und in der selben kranck-
hait starb. Die erst ursach was die smach, die im der obgenant
herre erzaigt hett, der im das gut entfüert hett; die ander und die
tritt ursach die sein hie zu mercken. Es hett der Temurlin treu
weyber und zu der jüngsten hett er grosse lieb; und in der zeitt,
als er aussen was gewesen, do hett sein jüngsts weyb seiner lands-
herren einen lieb gewunnen. Und do der Themurlin anhaim wardt,
da kam sein eltz weyb zu im und sagt im, wie sein jüngsts weyb
gehaimschafft zu seinem landßherren hett und des wolt der Themurlin
nicht glauben; [sie sprach.] „Wiltu es nicht glauben, so gee in
iren gemach und hayß dir ir truhen auffthun, so vindestu
ainen rinck mitt ainem edell gestain und prieff, die er ir geschickt
hatt.“ Und do das Themurlin vernam, do pott er ir zu, er
wolt die nacht pei ir sein; und do er des nachts zu ir kam in iren
gemach, do schueff er mitt ir, das sie ir truhen auffschlüeß;
unnd das geschach; do ging er über die truhen und vandt den rinck

und die prieff, die ir der landßherre hett geschickt; und do er das
vand, do saß er nyder und fragt sie, von wann der rinck und die
prieff chämen; und do viel sie im zu füessen und pat in, das er
nit zürnt, wann ir das ein landsherre hett geschickt und ging an
5 als übell zu. Und dornach ging der Themurlin auß der chamer
und schueff dornach, sie zu köpfen; und das geschach. Und dornach
zu handt schickt der Themurlin V thausent pferd nach dem landß-
herren, den sein weyb lieb hett gehabt, das sie in gefangen prachten.
Und do wardt der landßherre gewarnt von dem hauptman, der nach
10 im wardt geschickt; und da der landßherre das vernam, do nam
er zu im V hundert man und weyb und chind und floch in ein landt,
das ist genandt Masanderan. Und dornach mocht im der Themurlin
nymmer zu, und dorumb fraß er sich auch gar hartt, das er das
weyb hett getöt und im der landßherre entronnen was, und in dem
15 laid starb der Themurlin und wardt kosparlich begraben.

Ir solt auch wissen, do der Themurlin begraben wardt, darnach
honnat er in dem grab bey der nacht, das in die priester berayt
hörtten, die pei dem tempell sassen, da er inn lag; und das trayb
er ain gantz jare und sein freund gaben groß almüsen, dor wortten
20 das er das honnen ließ und das wolt nicht helffen. Und do beryetten
sich sein priester und gingen zu seinem sun und paten in, das er
die gefangen ledig ließ, die sein vater gefangen hett und prach[t]
auß andern landen in sein hauptstadt; wann was er hantwercksleutt
vieng, die pracht er in sein hauptstadt und die musten dann do
25 arbaitten, und umb die paten die briester; unnd die ließ des The-
murlins sun alle ledig und do sie ledig wurden, darnach hörett man
in nymmer honnen. Unnd alles das vorgeschrieben steet von dem
Themurlin, das hatt sich ergangen in VI jaren [2], die ich dann
pei im pin gewesenn etc.

30 22. (21.) [Bei der teilung des Mongolenreiches kommt Schilt-
berger zu Timurs sohn Schah Roch.]

[N]un solt ir wissen, das der Themurlin zwen sün hintter im
ließ und der elter was genant Scaroch und der ander hyeß

1 Timur starb auf dem feldzuge gegen China zu Otrar am Jaxartes
den 19 Februar 1405 (Hammer I, s 266). 2 Hier liegt widerum ein
schreibfehler vor, da seit der schlacht bei Angora nur zwei und ein
halbes jahr verflossen waren.

Miranschach [1]. Und der Scharoch hett ein sün, dem antwort der
Themurlin sein hauptstadt ein und alles landt, das darzu gehörett [2];
und sein zwaien sünen gab er ydlichem ein königreich in Persia
und andere grosse landt, die darzu gehörten. Und nach des The-
5 murlins todt kam ich zu seinem sun, der genant was Scharoch und
der hett das chönigreich zu Horossan und die heuptstadt heysß[t]
Herrenn.

23. [Miran-Schah erhält von seinem bruder Schah Roch hülfe
gegen den turkomanischen emir Jusuf. Schiltberger kommt
10 in Miran-Schahs dienste.]

[I]r solt auch wissen, das der jung sun des Temurlins, genant
Miranschach, der hett ein chönigreych auch in Persia, das ist ge-
nandt Thawres. Unnd nach seines vatters tod, do cham ein landß-
herre, der was genandt Joseph und vertrayb den jungen Miran-
15 schach und nam das chönigreych ein. Do schickett der Miranschach
zu seinem pruder. Scharoch, das er chäm und hülff im wider inn
sein chönigreich. Do kam sein pruder zu im mit LXXX thausent
mann; dornach schicket er seines volcks XXX thausent man mitt
seinem pruder Miranschach, das er den landßherren genant Josep [3]
20 auß dem chönigreich trib; und er hett auch XLII thausendt man
und die nam er auch zu im und zoch auff den Josep; und do das
der Josep vernam, do zog er im entgegen mit LX thausent mann
und vachten ein gantzen tag mitt ainander, das ainer dem andern
nichts mocht angewinnen; und also zugen sie wider von ainander.
25 Darnach schickt der Miranschach zu seinem bruder Scharoch, das
er im ze hilff chäme mitt seinem übrigen volgk; und also cham er
im ze hilff unnd darnach vachten sie mitt dem Josep und vertriben
in. Und also wardt der Miranschach wider eingesatzt in sein

*

1 Von diesen beiden söhnen Timurs war Schah Roch der jüngere;
Timurs ältester sohn, Dschihangir, war 1375 schon vor dem vater ge-
storben. 2 Die hauptprovinz seines reiches, Dschagatai, mit der haupt-
stadt Samarkand hinterließ Timur als erbteil seinem enkel, Pir Moham-
med, der jedoch nicht der sohn Schah Rochs, sondern der des er-
wähnten Dschihangir war   3 Kara Jusuf, emir der Turkmanen vom
schwarzen hammel, war anfänglich in den gebirgen Armeniens ansässig;
nach Timurs tod bemächtigte er sich Babyloniens und des westlichen
teiles des persischen gebietes (Aserbeidschan).

chönigreich; und zwai landt die hetten sich an den Josep geschlagen
und das ain was genant Churtten, das ander was das clain Armeny;
und do zoch der Scharoch in die landt und gewan die landt und
macht sie seinem pruder untertänig. Und dornach zoch er wider
5 in sein landt und der Scharoch ließ seinem pruder Miranschach
XX thausent man seines volgks im zu hilff; und pey dem pleyb
ich auch pei dem Miranschach.

24. (22.) [Miran-Schah wird von Jusuf besiegt und getötet.]

[D]arnach über ein jare, als der Miranschach wider wardt ein-
10 gesetzt, do cham der obgenant Josep mitt ainem grossen zeug in
des Miranschachs land. .Und do er das vernam, do zog er im ent-
gegen wol mitt hundert thausent mann und chamen auff ainer
grossen eben zusamen und die ist genandt Charabach und da vachten
sie zwen tag mitt ainander; und do lag der Miranschach unter
15 und wardt gefangen und zu handt hyeß in der Josep köpfen. Es
ist auch zu mercken ein ursach, warumb der Josep den Miranschach
tötet; es hett der Josep ein pruder, der was genant Miseri [1] und
der tötat dem Miranschach ein pruder, der was genant Zihanger [2];
und darnach kam es zu einem krieg, das der Miranschach den Miseri,
20 des Josep bruder, in gevancknuß pracht unnd tötet in in der ge-
vancknuß; und dorumb wardt der Miranschach auch getötet von
dem Josep. Und do der Miranschach köppft wardt, darnach hyeß
der Josep des Miranschachs haupt auff ein reyßspyeß stecken und
füratz für die hauptstadt die genant ist Thawres nach dem chönig-
25 reich und zaigt es der stat, der wortten, das sie sich dester peller
ergeben; und do die stat sach, das ir herre tot was, do ergab sie
sich. Und also nam der Josep die hauptstadt ein unnd das gantz
chönigreich und was darzu gehörett.

＊

1 Kara Jusuf hatte einen älteren bruder, Miszr (Khodscha), von
dem nur bekannt ist, daß er von Timur gefangen genommen und nach
Samarkand geschickt wurde, während über die art seines todes nichts
verlautet.   2 Da Dschihangir eines natürlichen todes starb, so ver-
mutet Bruun, daß Miszr (Khodscha) vielleicht den tod von Omar Scheikh,
eines andern bruders von Miran-Schah, veranlasst habe, der während
des syrischen feldzugs in Kurdistan durch einen pfeilschuß von unbe-
kannter hand ums leben kam (1394).

25. (23.) [Jusuf überwindet den ilkhan von Bagdad und tötet
ihn, 1410 bis 1411.]

[D]arnach' als der Josep das chönigreich einnam, do pot im der
chönig von Babiloni zu, das er im das chönigreich einantwort wann
5 es zu seinem chónigreich gehörett und sein stul darinn wär. Und
es wer nicht pillich, das er das chönigreich inn hett, wann er nicht
geadelt darzu wer, wann er 'nur ein schlechter landßherre were;
und do das der Josep vernam, do pot er im hin wider, wie er doch
ein hauptman dorinn müst haben, so pet er in, das er im das
10 gunnat und ließ in hauptman sein, so wolt er die müntz in seinem
namen schlagen und alles, das im zugehörett, das wolt er im geben.
Unnd des wolt der chönig nicht thun, wann er hett einen sun, dem
wolt er das chönigreich geben. Und dornach cham der chönig von
Babilon mitt L thausendt mann zogen auff den Josep; und do der
15 Josep sein gewar wardt, do zog er im entgegen mitt LX thausent
man und chamen auff ainer hayd zusamen, die ist genandt Ach-
chum ² und do vachten sie mittainander; do lag der chönig unter
und gab die flucht in ein stat, die pey der hayd ligt; do zog der
Josep im hinten nach und ving in in ainem hauß und schlug im
20 den kopff ab und besaß dornach das chönigreich wider.

26. (24.) [Schiltberger kommt zu Miran-Schahs sohn Abubekr.
Dessen große körperstärke.]

[D]a des Themurlins sun, der genant was Miranschach des
streyts unterlag und köpfft wardt von dem Josep, als es vor ge-
25 schrieben stet, dornach cham ich zu seinem sun, der genant was
Abubarckir und do war ich vier jar pei. Und dornach als der chönig
von Babilon auch töt ward von dem Josep, wie oben geschriben

---

1 Der ilchan Achmed Ben Oweis, der nach verschiedenen wechsel-
fällen des schicksals sich wider in den besitz von Bagdad gesetzt hatte,
wollte Kara Jusuf aus Aserbeidschan vertreiben, erlitt aber in der nähe
von Tabris eine niederlage; er wurde auf der flucht gefangen genommen,
worauf ihn Kara Jusuf auf verlangen seiner emire hinrichten ließ
(Weil V, s. 141). 2 Der ort der entscheidungsschlacht zwischen Achmed
und Kara Jusuf welcher in den andern quellen mit keinem eigenen namen
bezeichnet wird, lag zwei meilen von Tabris entfernt (Deguignes IV).

stet, da nam der Abubarkir ein landt ein, das ist genant Erei [1]
und das gehörett zu dem chönigreich zu Babiloni. Es hett auch
der Abubarkir ein pruder, der was genant Mansur [2] und der hett
ein landt inn, das ist genant Erban; und do schicket er zu im, das
5 er zu im chäm; und das wolt der Mansur nicht thun; also zog er
auff in und ving in und hett in ein weyl in gevancknuß, dornach
hyeß er in würgen und dornach nam er sein landt ein.

Es ist auch ze mercken, das der Abubarkir also starck was
das er mitt ainem pogen als die haiden füren durch ein wagensun
10 schoß, das das eysen an dem pfeyl durch den wagensun ging und
[der schafft] dorinn steckett. Und den wagensun mitt dem pfeyl
darinn hieng man für ein tor zu ainem wunder in des Themurlins
haupstat, die ist genant Samerchandt. Und do das chönig soldan
höret, das er als starck was, do schickt er im ein schwert, das war
15 XII pfunt swäre und das schatzt man umb thusent gulden. Und
do man im das swert pracht, da hieß er im ein ochsen pringen pei
dreyen jaren und da wolt er das schwert an versuchen; und da
man im den ochsen pracht, do schlug er in mitten von ainander in
ainem streych; und das thett er, die weil der Themurlin lebet.

20 **27. (25.) [Schiltberger zieht im gefolge eines tatarischen**
thronbewerbers in das reich Kiptschak.]

[B]ey dem Abubackir was aines chönigs sun auß der grossen
Thartaria und dem cham potschafft auß Thartaria, das er chäm,
wann man im das chönigreich wolt einantwortten. Also pat er den
25 Abubackir, das er im erlaubt zu ziehen in Tartaria; und des wart
er gewert. Also zoch er in Thartaria mitt VI hundert pferden;
do cham ich selb V zu im und zugen mitt im in die grossen Thartaria.
Ir solt auch wissen, durch welche lant er zoch.

Am ersten zoch er durch ein landt, das ist genandt Strava
30 und in dem land wachsen seyden [3].

---

1 Hammer hatte in der ausgabe von Penzel die lesart Kray vor
sich, bringt aber die richtige emendation Irak. 2 Obwohl sich dieser
name unter den söhnen Miran-Schahs nicht findet, ist die möglichkeit
nicht ausgeschlossen, das einer derselben ihn als beinamen führte (Hammer).
3 Strava ist nach einigen das alte Hyrkanien, nach andern nur ein teil
davon, der auch als Caspiana bezeichnet wird. (Baudrand s. 662.) Die
daher bezogenen seidenstoffe nannte man nach dem lande »le sete
stravagi«. (Ramusio 73e.)

Und dornach durch ein landt, das ist genandt Gurscy und do sein Cristen in und haltenn cristenlichen glauben und Sant Jörg ist hauptherre in dem lande.

Dornach cham er in ein landt, das ist genant Lohinschan und 5 do wachsen auch seyden innen.

Und dornach durch ein landt, das ist gnant Schurban und do wechst die pest seyden, da man die gutten tücher auch auß macht zu Damasck, zu Kaffa und zu Bursa, in der hauptstadt in der Thürckey; und man pringt auch die seyden gen Venedig und gen 10 Luka, da man den gutten samet würckt; es ist aber gar ein un-gesunts landt.

Und dornach zoch er durch ein landt, das ist genant Sawram.

Und dornach zog er durch ein landt, das ist genant in Thatriß Temurcapu und das haist das eysnen thor und scheytt Persia und 15 Thartaria.

Und dornach kam wir in ein stat, die ist genant Orgentz [1] und die ist ein mächtige stat und leyt mitten in ainem wasser und das ist genant Edil.

Und dornach zog er in ein lant, genant Stzulet, und ist ein 20 pirgisch landt; und in dem land sind auch vil Cristen und haben ain pistumb dorinn; und die priester sein parfüeser ordens und sie chünden kain latein und was sie singen oder lesen, das ist in der thatrischen sprach; nnd das ist dorumb erfunden worden, das die layen dester stercker auff dem glauben sind.

25 Und also spricht der thatrisch pater noster [2]: [A]tha bisum chi kockchta sen; alguschludur senung adung; kellsun senung han-luchung; bolsun senung erckchung, aley gierda u-chokchta; [wer wi]sum gundaluch ottmeckchimisny bugun; koy bysun iasachin, aley bis koyellum [?] bysum iasochlomusny dacha; koyma bisni [sunamachka; illa gartha [?] wisni] gemandan.

1 Es darf uns kein großes bedenken erregen, daß die von Schilt-berger durchwanderten gebiete nicht der geographischen lage ent-sprechend aufgeführt sind, da ja auch an andern stellen unsers textes sich ähnliche verstöße finden. Daher muß es als überflüssige mühe be-zeichnet werden, wenn Bruun in Orgentz (Origens) eine lokalität am westufer des kaspischen meeres mit aufbieten aller gelehrsamkeit nach-zuweisen bemüht ist. 2 Die richtigstellung dieses in den handschriften ziemlich verdorbenen textes verdanke ich der güte des herrn Doctors Fritz Hommel.

Es werden auch vil haiden verchert in cristelichen glauben, davon das sie die wort vernemen und versten, was die priester singen und lesen.

Und dornach zog des chönigs sun, der genant was Tzeggra, 5 als oben von im geschrieben stet in die grossenn Thartharia und cham zu dem herren der genandt was Edigi und der hett im ver- schriben und potschafft gethann, und das er chäm, so wolt er im das chönigreich einantworten. Und do des chönigs sun genant Tzeggra zu dem Edigi cham, do lag der Edigi die weyl ze feld 10 und hett sich besamelt und wolt zichen in ein lant, das ist genant Wissibur. Es ist auch zu mercken, das in der grossen Thartarei gewonheit ist, das der chönig in der grossen Thartarei ein obman hatt ob im und der hatt gewalt zer welen ein chönig und abzesetzen und hatt auch gewalt über die landßherren; und der obgenant Edigi 15 der was obman in der zeitt in der Thartarei. Es ist auch zu mercken, das der chönig und der obman in der Thartarei und die landßherren umbzihen mitt weyb und mitt chind und mitt vich wintter und summer und allwegen ze velt ligen; und woe der chönig leyt, da müssen pei im ligen hundert thausent [man und sein] hütten.

20 Nun heb ichs wider an: Unnd als der Zeggra zu dem Edigi cham, darnach zoch er mitt im in das obgenant landt Wissibur und zugen zwei monadt, ee das sie chamen in das landt. Und in dem land ist ein perg der ist genant Arbuss.[1] unnd ist zwound- dreyssigk tagweid lanck; es mayn auch die leutt, die da selben 25 sitzen, das an dem endt des pergs da gett ein wüsten an und die selbig wüst sei am end des ertrichs; es mag auch nymandt durch die wüsten chomen, noch wanung dorinn haben von gewürm und thyer wegen. Und in dem obgenanten perg, do sein wild leut, die chain wanung haben pei andern menschen und sie sein über rauch 30 an dem leyb, außgenummen an den henden und unter dem antlütz und lauffen als andere thier in dem perg und essen auch laub und graß und was sie anchomen. Und der herre des obgenanten lands schenckt dem Edigi ein man und ein weyb der wilden leutt, die hett man in dem perg gefangen, und dreu wilde roß damitt, die 35 man auch gefangen hett in dem perg, und die roß sein in der größ

*

1 In den bisher erschienenen ausgaben fehlt dieser name; Hammer riet auf den Altai, Howorth (s. 271) auf den Ural.

als ein esell, und auch vil mancherlei thier, die in theutzschen landen
nicht sein und auch die ich nit nennen chan. Auch sein in dem
obgenanten lande Wussibur hüntt die ziehen in den charren und in
dem wintter in den schliten; sie müssen auch ettlich wotseck tragen
5 über landt und sie sindt in der größ als die esell und in dem land
essen sie die hündt. Es ist auch ze mercken, das die leutt in dem
land gelauben an Jesum Christum, als dann die heylligen drey-chönig
glaubten darnach, als sie das opfer prachten Christo gen Betleheim
und in sachen ligen in dem crippelin; und desgleichen lassen sie in
10 dem land machen unsers herren pild in ainem crippelin, als in die
heylligen drey chönig gesehen haben, da sie im das opferr prachten
und in anpetten, und machen das auff in irem tempell und peten
davor. Und das volck das in dem glauben ist, das heysset Uygiur;
und in der Tatarei ist auch vil volcks, das den glauben hatt [1].
15 Es ist auch gewonhaitt in dem land, wann ein jüngling, der
chain weyb hatt, stirbt, so nemen sie allerlay spilleut und legen
dem toten sein pestes clait an und legen [in] in ain par und machen
ain himel über die par; und das jung volgk legt auch sein pestes
clait an und gett vor anhin und die spilleut mitt in; und vater
20 und mutter und die freuntschafft gen noch der par. Und also wirt
er von dem jungen volck und von den spilleuten mit grosser freud
und mitt gesang zu dem grab getragen; aber vatter und mutter
und die freund, die gen nach der par und clagen; und wenn sie in
dann begraben, so pringen sie ir essen und ir trincken und haben
25 grosse freud; und vater und mutter und die freund, die sitzen be-
sunder und clagen; und wenn sie das verpringen, so nemen sie vater
und muter und belaitten sie wider in ir hauß oder woe sie wanung
haben und clagen sie dann; und das verpringen sie in der maß,
sam er hochtzeit hab, darumb das er chain weyb hatt gehabt.
30 Auch in dem land paut man nichts dann prein und essen auch
nicht prot.

In dem land und pei dem allen pin ich gewesen und han es
gesehen; und die zeitt bin ich gewesen pei des obgenanten chönigs
sun, der genant was Tzeggra.

•

1 Da die Uiguren Buddhisten waren, so erhält Neumanns vermutung,
dass unter der hier beschriebenen religion der Buddhadienst zu ver-
stehen sei, ihre bestätigung.

28. (26) [Die bürgerkriege und thronwechsel in Kiptschak [1].]

[D]a der Edigi und der Czeggra das landt Wissibur gewunnen, dornach zugen sie in ein ander lant genandt Waler und das gewunnen sie auch; und dornach [zugen] sie wider in ir landt.

5 Und in der zeitt was ein chönig in der grossen Thartaria, der was genant Schedigbechan [2]; und chan ist als vil gesprochen in tatrisch als ain chönig. Und do das der obgenant chönig höret, das der Edigi zu land was chomen, do gab er die flucht; und do schickt der Edigi dem chönig nach und das man in in gefancknuß 10 prächt; und do wardt der chönig erschlagen in dem vechten.

Und dornach setzt der Edigi ein chönig der was genant Polet [3] und der regnirt anderthalbs jar; da cham ainer, der was genant Segelladin [4] und der vertrayb den chönig Polet.

Und dornach wardt des Poleten pruder chönig, genant Themir, 15 und der regniret auff vir monadt.

Und do cham der Segelladin her wider, der den Polet hett vertriben und pracht den Themir umb das leben und wardt chönig und regnirt XIIII monadt. Und do cham sein pruder, der genant was Cheback [5], der vacht mitt im umb das chönigreich; und der

1 Seit in Kiptschack (oder der goldenen horde) Toktamisch seinen oheim, Urus-Khan, vom throne gestoßen hatte, wurden zwischen den nachkommen dieser beiden nebenbuhler unausgesetzt bürgerkriege geführt. Die im text aufgeführten zehn khane gehören den beiden feindlichen herrscherfamilien zu gleichen teilen an, nemlich Schadibeg, Pulad, Timur, Tschekra und Borrak zu der des Urus-Khan, während Dschelal-eddin, Kerimberdi, Kibak, Dewletberdi und Mohammed glieder der familie des Toktamisch sind. 2 Die reihe der khane von Kiptschak stimmt in der hauptsache mit der bei Hammer und bei Howorth mitgeteilten überein; einzelne verschiedenheiten sind darauf zurückzuführen, daß mehrere gegenkhane bald als rechtmäßige herrscher angeführt, bald übergangen sind. Der khan Schadibeg, 1399 bis 1407, war der schwiegersohn Edegus und der bruder und nachfolger von Timur Kutluh. 3 Pulad-Beg, 1407 bis 1410, nach Ibn Arabschah der sohn des Timur Kutluh und neffe des Schadibeg. 4 Dschelal-eddin 1410 bis 1411, ein sohn des Toktamisch. Der name Seleni-Saltan, mit welchem russische geschichtschreiber diesen khan bezeichnen (Karamsin V, s 164), ist die verkürzte form Dschelal-eddin-Sultan (Hammer s. 273). 5 Hammer (s. 378) vermutet daß dieser Kiback (auch Kuibak genannt), ein sohn des Toktamisch, identisch sei mit dem von russischen geschichtschreibern erwähnten Kuidat (Kuidadat bei Karamsin V, s. 167).

Cheback schoß sein pruder den chönig ze tod, er wardt aber nicht chönig.

Er hett ainen anderen pruder, der was genandt Cherimberdin, der wardt chönig und regnirett auff V monadt.

5 Do cham sein bruder der Chebak herwider und vertrayb seinen pruder den Cherimwerdin und wardt chönig. Und dornach cham der Edigi und der Czeggra, do ich pei was, und vertriben den chönig [1].

Und der Edigi macht meinenn herren den Czeggra chönig als 10 er im dann verheyssen hett und [der] was auff acht monadt chönig.

Do cham ainer der was genant Machamet [2] und vacht mitt dem Czegra und mitt dem Edigi; und der Zegra gab die flucht in ein landt, das ist genant Deschipschach; und der Edigi wardt gefangen; und der Machamet wart chönig.

15 Und dornach cham ainer, der was genandt Warach [3], und der vertraib den Machamet und wardt chönig.

Und dornach besamelt sich der Machamet und vertrayb den Warach und wardt wider chönig.

Darnach cham ainer der was genant Dobladberdi [4], der vertraib 20 den Machamet und wart chönig und was nur drey tag chönig.

Do cham der obgenant Warach und vertraib den Dobladberdi und wart wider chönig.

Do cham der obgenant Machamet und tötat den Warach und wardt wider chönigk.

25 Und dornach kam der Czeggra, mein herre, und vacht mitt dem Machamet und wardt erschlagenn.

*

1 Howorth (geschichte der Mongolen s. 271) ist der ansicht, daß Tschekra zu der familie Urus - Khans gehörte. Tschekras münzen stammen aus den jahren 1415 und 1416. 2 Mohammeds abstammung wird verschieden angegeben; von einigen wird er als einer der acht söhne des Toktamisch erklärt. Er wird gewöhnlich als Ulu (d. i. der große) Mohammed bezeichnet zum unterschiede von einem späteren khan Kutschuk (d. i. der kleine) Mohammed. 3 Borrak war ein enkel des Urus-Khan. 4 Dewletberdi war nach Howorths vermutung ein sohn des Toktamisch, während Telfer ihn für einen sohn des Timur-Tasch (und enkel seines nebenbuhlers Mohammed) hält.

29. (27.) [Racheakt der wittwe eines tatarischen fürsten.]

[I]n der zeitt, als ich pey dem Czeggra was, da cham ein
thatrische frau, genandt Sadurmelick, mitt IIII thausent junckfrauen
und frauen zu dem Edigi und auch zu dem Czeggra · und was ain
5 mächtige frau und ir man was ir erschlagen worden von ainem
thatrischen chönig und sie cham darumb zu dem Edigi, das sie iren
man wolt rechen; und der Edigi hallff ir den chönig vertreyben.

Ir solt auch wissen, das sie und ir frauen ritten an die streytt
und vachten und schussen mit den handtpogen als die man; und
10 wann die frau reytt in ein streytt, so pant sie an ydliche seytten
ein schwert und ein hantpogen.

Es wardt auch in ainem vechten des chönigs vetter gefangen,
der der frauen man hett erschossen; den pracht man gefangen für
die frauen; und do man ine für sie pracht, do hyeß sie in nyder
15 knyen und dornach zog sie ir schwert auß und schlug im das haupt
ab in ainem streych. Und do sie das verpracht, da sprach sie:
„Nun dalast hab ich mich gerochen.“ Do pey pin ich gew[e]sen
und han es gesehen.

30. (67.) [Schiltberger entflieht aus der tatarischen gefangen-
20   schaft und gelangt nach Konstantinopel.]

[D]a der Czeggra unterlag und erschlagen wardt, do cham ich
zu ainem herren und der was genandt Mannstzuch ² und was deß
Czeggra rottherre gewesen und der must weichen und zoch in ein
stat, die ist genant Kaffa; und in der stat sein Cristen und ist ein
25 mächtige stat; es sein auch sechserlay glauben in der stat; und do
pleyb mein herre V monadt.

Darnach fur er über ein arm des schwartzen meres und cham
in ain landt, das ist genant Czerckas und do pleyb er ein halp jare;
und des wardt der thatrisch chönig geware und schickatt zu dem

*

1 Telfer erachtet diesen namen entweder als einen-arabischen
»Sadra-Melyka« (die erste der königinnen) oder als einen persischen
»Sadry-Malachia« (der engel Sadry); vielleicht haben wir aber in etwas
entstellter form einen tatarischen frauennamen »Schad-i-Mulk« (wonne
des reiches) vor uns.   2 Dieser name begegnet uns in der geschichte
von Kiptschak in der form Manschuk. Ein fürst dieses namens wurde ·
vom khan Kutschuk Mohammed getötet 1440. (Hammer s. 391.)

herren des lands und pot im, das er den obgenanten herren Mannstzuch nit ließ in dem land; do thett er im ein groß wolgevallen.

Und dornach zoch der Mannstzuch in ein ander landt und das ist genandt Abasa.

5 Und dornach zoch er in ein ander landt, das was genandt Magrill. Und do er in das lant cham, do wurden unser V Cristen überain, wie wir auß der haydenschafft chämen wider zu lande, da wir dann auß pürtig waren, wann wir von dem land nur drey tagweyd hetten an das schwartz mer. Und dornach als wir überain 10 wurden, da schied wir von dem landßherren Mannstzuch und chamen in die haupstadt des obgenanten lands und ist genant Wathan und ·die leytt pey dem mere und do begertt wir das man uns über füret heraußwardts; und des wurden wir verzigenn.

Dornach ritt wir auß der stadt und ritten pey dem mer hin 15 und chamen in ein pirg, da ritt wir vier tag inn; und dornach chamen wir auff ein perg und do sach wir ein kocken in dem mer sten wol pei acht meylen verre von dem gestadt; und also do pliben wir auff dem perg, piß die sunn unterging. Und dornach, do es tunckell wardt, da machten wir ein feur auff dem perg und das feur 20 sach man auff der kocken; und dornach schickt der schiffman knecht auff ein tzillen zu dem perg, das sie schauten, wer auff dem perg wer; und do wir sie hörten zu uns faren, do melten wir uns gen in und also fragten sie uns, wer wir wären. Do sagten wir in, wie wir Christen wären und weren gefangenn worden in die hayden- 25 schafft und wie wir mitt der hilff Gottes do her wären chomen, das man uns über füret in die christenhait und das wir wider ze land kämen; und sie wolten das nit glauben, das wir Christen wären und fragten uns, ob wir nicht den pater noster chönten und den glauben; do must wir in den pater noster sagen und den glauben; 30 dornach fragten sie uns, wie vil unser wären; do sagt wir in, unser wären fünff. Und dornach hyessen sie uns wartten auff dem perg und furen wider hin zu irem herren und sagten im das, als wir in gesagt hatten; und dornach furen sie her wider und fürten uns auff die chocken. Und do wir trey tag füren auff dem mere, do chamen 35 drey galein und do waren Thürcken auff und die raubten auff dem mere und chamen an die chocken, do wir auff waren, und hettens .geren beraubt und eylten der kochen nach drey tag und zwo nacht und sie mochten der kocken nichts an gewynnen. Darnach cham

die kocken zu ainer stat, die ist genandt Samastria und do pleyb
sie drey tag; und die Thürcken furen wider iren weg hin.

Und dornach fur die kocken wider auff das mere und wolt
faren gen Constantinopel; und do die kock auff das mer cham, da
5 wir nichts sahen, dann himell und wasser, do cham ein wint und
schlug die kocken hinter sich wol auff achthundert welisch meyl zu
ainer stadt, die ist genandt Sinop; und do lag wir V tag. Und
dornach furen wir fuder und furen anderthalbs monadt auff dem
mere und mochten nit zu landt chomen; und uns ging ab an der
10 speyß, das wir nichts zu essen hetten noch zu trincken; und do
cham wir auff dem mer zu ainem felß und do funden wir snecken
und merspynnen und die claubten wir auff und speysten uns vier
tag domit. Und also furen wir drey monadt auff dem mere und
chamen dornach gen Constantinopel; und die chock fur dornach hin
15 in wellische landt. Und do wir durch das thor gingen und do
fragt man uns, von wann wir wären; do sagten wir in, wie wir
gefangen wären worden inn die haydenschafft und wie wir wider
herauß wären chomen und geren zügen in die landt, dorauß wir
pürtig wären. Und do die das vernamen, die uns gefragt hetten,
20 do fürten sie uns zu dem chrichischem kayser [1]; und do wir für in
wurden pracht, do fragt er uns auch, wie wir in die haydenschafft
wären chomen und woe wir hin wolten; do sagten wir im den an-
fanck pyß an das endt, wie wir hinein wären chomen und wie es
uns gangen wäre dorinn und wie wir geren weren zu landt. Und
25 do er das vernam, da sprach er, wir solten nicht sorgen, er wölt
uns wol zu land pringen; und dornach schickt er uns zu dem patri-
archen, der auch in der stadt sitzt, und hyeß uns do wartten, wann
er ein pruder hett, der was bei dem chönig Sigmundt von Ungeren,
und dem wolt er ein galein schicken, so wolt er uns auff der galein
30 heraußwärtz schicken in die Walachei; und wir pliben dreu monadt
zu Constantinopell pey dem patriarchen.

(57) Es ist auch ze mercken, das die stat Constantinopel XVIII
wellisch meyl umbfangen [ist] mit der rinckmauer und die rinckmaur
hatt XV C thuren; und die stat ist trieckatt, die zway tayl der stat
35 hatt das mer umbfangen. Constantinopel hayssen die Chrichen Istim-
boli und die Thürcken hayssends St ambol; und gegen der stat über

*

1 Es war dies kaiser Johannes V (VI), 1425 bis 1448.

ligt ein stat die haist Pera und die Kriechen hayssentz Kalathan
und die hayden nennetz auch also. Und zwischen der zweyer stete
ist ein arm von dem mer wol auff drey wellisch meyl langk und
ein halbe oder mer preytt und varen zu ainander auff dem arem,
5 wann über landt ist es verrer umb; und die selbig stat gehört gen
Genau. Es hat auch der groß Alexander XV welsche meyl langk
durch groß und hochs gepirg und vels [graben] unnd hat zwai mer
in ainander lassen; und das do fleust das ist das groß mere, man
hayst es auch das schwartz mere, und do fleust die Thonau ein und
10 andere vil grosse wasser fliessent auch dorein. Und auff dem mer
fert man gen Caffa und gen Alathena und gen Thrabesanda und gen
Sampson und vil ander stet die darumb liegen und land; den arm
von dem mere hayssen die Krichen Hellespandt und die haiden hayssen
in Pogas; auch haben die Thürcken ein urfar auff dem mer gegen
15 Constantinopel [über], das haysset Schuter, da varen die Türcken
über mere.

Auch nicht verr von Constantinopel pey dem mer ist Troya
gewesen auff einer schönen weytt und man sicht noch wol, woe die
stadt gewest ist.

20 Der chayser von Constantinopell hatt zwen palast in der stat
und der ainer ist gar schöne und wol geziret mitt gold und mitt
lasur und mermelstain und vor dem palast ist gar ein schöner hoff
zu stechen und zu allerlay kurtzweyl, die man haben will. Vor
dem palast ist chayser Justi[ni]ans pild auff ainem roß und ist auff
25 ein hoche merbelstaine seulen gesetzt; do fragt ich ein burger auß
der stadt, von wem das pild gemacht were, der sagt mir, es wer
von glockspeyß und wer also gantz gossen, roß und man an einander;
ettlich sagen hye zu land, es sey von leder; nun ist es wol thausent
jar do gestanden, wer es leder, es möcht als lang nicht gestanden
30 sein, es wer erfault. das pild hatt vor zeitten ein gülden apfel in
der handt gehabt und hatt bedeutt, das er gewaltiger chaiser ist
gewesen über Christen und über haiden.

(58) Nicht verre von Constantinopell do ist ein insell, die haysset
Lemprie da ist ein perg, der ist als hoch, das er gelangt pyß an
35 das gewülckenn [1].

Zu Constantinopel ist ein kirchen, das ist die schönst kirchen

1 Der höchste punkt der insel ist nicht ganz 2000 fuß hoch (Telfer).

47

so man sie in der welt mag finden, die haist zu Sant Sophia und
ist alle mitt pley überteckt und man ersicht sich in der kirchen an
der maur als in einem spigell als clar und als vein ist es gemacht
von merbell und mit lasur an der maur. In der kirchen da ist ir
5 patriarch inn mit seiner pristerschafft und do gent die Chriechen und
all, die dem patriarchen untertan sein, kirchverten dohin als wir gen
Rome. Da der chaiser Constantinus die chirchen volpracht het [1],
da hatt er zu ainer pesserung der kirchen fünff gülden scheuben
mitten hoch oben in der kirchen in das gewelb machen lassen und
10 ein ydliche scheuben ist als groß und als tick als ein mülstain.
Aber der chaiser Janol [2] hat ir zwu herab genomen in dem grossenn
chrieg, den der Weyasit, der thürckisch chönig, het mit im, wann
er lag siben jare vor der stat Constantinopel; und pei dem selbigen
chönig was ich die selbigen zeit in der Thürckey. Und die drey
15 scheuben hab ich gesehen in der kirchen; es hatt auch die kirch
Sant Sophia treu hundert thür und die hundert sein alle vonn
messing.

Zu Constantinopel pin ich treu monadt gewesen in des patri-
archen hauß; aber man wolt mich und mein gesellen nicht umbgeen
20 lassen in der stat, wann sie forchten, die haiden würden uns er-
kennen und würden uns dann vodern an den chayser [3]. Darumb
mocht ich die stadt nicht recht geschauen, wann der chaiser hett
uns auch verpoten, das wir nicht außgiengen; aber pyßweylen gingen
wir mitt deß patriarchen dynern auß spacirenn.

25   31. (59.) [Die religion der Griechen.]
Die Chriechen glauben nicht an die heylligen trivaltigkaitt [4];

*

1 Die seiner zeit von Konstantin erbaute kirche brannte nieder,
worauf Justinian den jetzigen bau aufführen ließ.   2 Janoł ist die
türkische namensform für Johann. Es ist hier wahrscheinlich der despot
Johannes von Selymbria gemeint, welcher als titularkaiser an stelle
seines oheims, Manuels II, die regierung führte (1399 bis 1402), während
dieser im abendland hülfesuchund umherreiste. Die einschließung der
griechischen hauptstadt durch Bajasid erfolgte unmittelbar nach Manuels
thronbesteigung (1391) und dauerte bis zum Mongoleneinfall.   3 In
Konstantinopel befand sich zu dieser zeit bereits eine türkische kolonie,
welcher die erbauung einer moschee und die einsetzung eines imams
sowie eines kadi hatte zugestanden werden müssen (Rehm s. 1065).
4 Es ist hier offenbar zu ergänzen: »in der weise, wie die römische kirche«,

sie glauben auch nicht an die heylligen kirchen zu Rom noch an
den pabst, si sprechen ir pratriarch hab als vil gewalt als der pabst.

Das sacrament wandeln sie mit urhaben prot und nyssend das
mitt wein und mit warmen wasser; auch wann der priester das
5 sacrament wandelt, so vallen sie alle nyder auf das antlütz und
sprechendt, kain mensche sey wirdig Got an ze sehen; auch wann
der priester die meß verpringt, so nympt er dann das übrig prot,
do er das sacrament von genomen hatt und schneitt es zu clain
pröcklein in ein napff, so sitzendt dann mann und frauen nyder, so
10 geet dann der priester oder ein schüler und tregt in das prot für,
so nympt ydlichs ein pröcklein und peyssendt da mitt an und das
selbig prott hayssendt sie prossvora[1] und das selbig prot pacht
chain man noch frau sunder ein jungkfrau die noch rain ist oder
ein closterfrau[2]; auch geben sie den jungen kinden das sacrament.
15 Sie geben chaim menschen das heyllig öl.

Sie sprechen auch, es sey chain woitz; es chom auch nymandt
gen himell noch in die hell hintz an den jüngsten tag, so chom dann
ein ydlichs mensch darnach und es verdynet håb.

Sie haben auch chain meß, man früm sie dann; auch sprechen
20 sie, man soll nicht mer dann ein meß auff ainem altar halten ains
tags. Sie lassen chain lateinische meß auff iren altären haben,
wann sie mainendt, man süll in chainerlay sprach meß haben dann
in chrichischer sprach, wann es sey die eltist sprach in cristenlichem
glauben; sie sprechen, ir glaub sey der recht cristenlich glaub und
25 die andern sein nicht gerecht. Sie haben auch an den werchtagen
nicht meß, dann allain an den veiertagen, wann ir priester müssen
all arbeyten und sein handtwergksleutt unnd sie haben alle weyber
und chinder. Es nemendt auch ir priester ydlicher nur ain weyb
und wann sie stirbt, so dar er chain weyb mer nemen mitt der ee
30 oder sunst; und wann er zu schaffen hatt mitt ainem weyb und
wann sein der bischolff innen wirdt, so nympt er im sein prister-
lich ampt unnd torst nymer meß gehaben. Auch wan ir pischolff

---

indem bekanntlich die Griechen das »filioque« der occidentalen nicht
anerkennen. 1 Das abendmalbrot wird vor der konsekration von den
orthodoxen Griechen prosphora (d. i. gabe) genannt (Fallmerayer bei
Neumann, s. 188). 2 Nach Tournefort (I, s. 180) sind auch männer
und frauen zum backen des abendmalbrotes berechtigt, wenn sie rein sind,
d. h. wenn sie sich tags vorher des ehelichen umgangs enthalten haben.

ein priester weycht, so gürtt er im ein gürttel umb; und wann dann
ein prister wider sein pristerliche ordenung thut, so nympt er im
die gürttell wider, so darff er nymer meß gehaben und ist gevallen
von seinem ampt.

⁵ Es heyraten auch die reychisten und die pesten zu den priestern;
und woe sie in ainer wirthschafft sein, so sitzend der priester weyber
zu oberest an dem tisch und woe die frauen mitt ainander geendt,
so gen die pristersfrauen voran hin.

Ir kirchenn sein nicht frey; wann wer ein kirchen paut, wann
¹⁰ er stirbt, so erben sein freund die kirchen, als das ander gut und
verkauffentz als ain ander hauß.

Sie sprächenn, wer ze schaffen hatt mit ledigen frauen, das
sey chain todstind nicht, es sein natürlich sach.

Sie sprechenn von hundert pfennigen, wann man zehen pfennige
¹⁵ nem zu gewin ein monadt, das sey nicht wucher, es sey ein göt-
licher gewin.

Sie essen auch kain flaisch an dem mitichen; an dem freyttag
essen sie nur von öl und vischen, und sprechen, der sampstag sey
kain vasttag und man müg wol flaisch doran essen. Inn der kirchen
²⁰ stend die frauen besunder und chain man noch frau darff zu dem
altare geen. Wann sie ein creutz thun, so thun sie es auff die
dencken handt.

Auch wann ains krannck wirdt und wann sie sehen, das es
sterben will, so tauffen sie es wider; auch vindt man vil leut, die
²⁵ sich alle jare lassen tauffen.

Sie haben chainen weychprunnen in iren kirchen. Auch wann
ir bischolff zu chor steet, so stet er mitten in dem chore und die
prister steend scheyb umb in. Auch ist ir pischoff über jar kain
vleysch und in der vasten ist er kain visch noch nichts, das plut
³⁰ hatt; und auch alle ire gaistliche leutt haltten das.

Wann sie ein chint wollen thauffen, so haben sie pey zehen
gefattern oder mer, man und frauen; und ain ydliche frau pringt
dem chind ein chrisamphettlin und ein kertzen.

Sie sprechen es sey sündt, das unser priester, alle tag meß
³⁵ haben, wann er mög sein nicht wirdig sein.

Sie sprechen, unnser priester sünden tötlich, das sie den part
lassen abscheren; es sei nicht göttlich, sie thun es den frauen zu
ainem wolgevallen.

Auch wann aines stirbt und wann man es besungen will, so
geben sie den pristern und den leuten, die da sein, geswelten waitz
zu essen; und das halten sie auß der alten ee [1] und den selben
wayttzen hayssen sie koloba [2]; auch waschen sie ir toten, ee das sis
5 begraben.

Ir priester die chauffen und geben wider hin als ander kauff-
leut; ir priester schencken auch wein.

Die laien vastendt das advent viertzig tag und den heylligen
zwelffpoten vasten sie XXX tag [3]; die rechten vasten vasten sie
10 fünfftzig tag; sie vasten assumpcione Marie XV tag.

Sie halten nur trey unser frauentag im jare; sie halten den
liechmeßtag nicht.

(60) Der chaiser zu Constantinopel macht selbs [patriarchen]
und verleycht selber alle gotsgab der kirchen und ist herre der
15 geystlichen und weltlichen gericht, als verre sein landt werdt.

Ich han es vil gehörett von den Krichen, das chaiser Constan-
tinus von Rom ist außgezogen mit viel chyelen und galein und ist
chomen in Krichenlandt und ist chomen an die stadt, do Constanti-
nopel an liegt; do ist ym von Gott ein engell erschynnen, der sprach
20 zu im: „Hye soll dein wannung sein; nu sitz auff din pferdt [und
lug nit umb] und reytt pald [bis an die stadt, da du hast angehept
zu reytten]; und do saß er auff und raytt [wol ein halben tag];
und do er schir was chomen an die stadt, do er auff was gesessen,
da lugt er umb; do sach er die maur noch im her wachsenn, wol
25 ains mans hoch ob der erden, und an der stadt, do er hatt umge-
lugt do will kain maur pleyben untz an die stadt, do er angehebt
hatt zu reyttenn; und ist wol zwaintzig schritt weytt oder mer;
und man hatt es vil versucht, das man gemaurt wolt haben, es
hatt aber chain maur nie pleiben wollen. Denn es ist gegen dem

1 D. i. »nach dem alten testament«, in wirklichkeit jedoch nach
dem neuen, indem die worte Christi bei Joh. 12, 24 die griechische
kirche zur einführung dieses weizenopfers als eines symbols der aufer-
stehung der toten veranlassten.   2 Das kolybaopfer besteht aus einer
großen schüssel mit gekochten weizenkörnern, wozu man, um sie ange-
nehmer zu machen, noch zuckerbrot, mandeln, rosinen u. dgl. legt; man
schickt es neun tage nach dem begräbnis in die kirche (Tournefort I,
s. 193).   3 Die fasten zu ehren der apostel Petrus und Paulus er-
strecken sich von Pfingsten bis zum Peter-Pauls-tag und sind demnach
von unterschiedlicher dauer.

mer wärts, das man es paß behüten mag, dann das es gegen dem
land wärts wer. Und ich han das gesehen, wann an derselben stadt
ain tüll darumb geet. Und umb das sprechen die Krichen, die
engell haben dieselben maur gepant. Die kron, damitt man iren
5 chaiser krönt hatt ein engell von himell procht dem chaiser Con-
stantino, die habents für ain himlische chron und maynend, das
chain wirdigerer chaiser sein, dann der chaiser zu Constantinopel.

Unnd wann ein priester stirbt, so legt man im alles das an, das
zu ainem priester gehört, so er meß halten will, und setzen in in
10 das grab auff ainen sessel und decken in mitt kot zu.

Sie singen auch das gesang, das man am carfreyttag singt:
„[H]a[g]yos [h]o Theos yschiros“ zu allen heylligen zeitten unnd
das Alleluia singen sie alle tag in der vasten, wann sie zu kirchen
sein; so singen sie in ir meß nur Kirieleyson und nicht Christeleyson
15 und sprechendt, es sey ain Gott und hab kain unterschaid, das sey
Got der vater und sey Gott der sun und sey nicht recht, das man
Christeleyson sing.

Sich neygen auch die Chrichen gar diemutiglich gegen iren
pristern; also wann ein lay gegen ainem priester geet, so nympt
20 er seinenn hut ab dem haubt und naigt sich gegen den priester
und spricht: „Eflo[g]y [e]mena tespota;“ das ist als vil gesprochen:
„Gesegen mich, herre.“ So legt im der prister sein handt auff sein
haubt und spricht: „[H]o Theos efflo[g]y essena“ [1]; das spricht:
Gott gesegen dich.“ Und das thunt sie alleweg, man und frauen,
25 woe in ein priester begegnet.

Auch wann ein priester ein weyb nympt, so nymbt ers, ee er
priester wirdt; und das thunt sie darumb, das sie innen werden, ob
er kint mache; wann macht er nicht chindt, so möcht er nicht priester
werden; und alßpald er ein kindt macht, so weycht man in zu
30 ainem priester.

Die layen peten nur den pater noster und können des glauben
nicht, auch das ave Maria.

Es tragen auch ire prister nur weyß meßgewant an.

*

1 Diese griechischen worte sind in phonetischer weise transcribiert,
während sie sich, der schrift nach copiert, in nachstehender art darstellen:
Eulogei emena, despota! Ho theos euloge esena!

32. (28). [Die große und die kleine Walachei und Siebenbürgen.]

[E]s ist hie zu mercken, in welchen landen ich gewesen pin.

Als ich von Pairen außzog, do cham ich gen Ungern; da was
ich zehen monadt, ee das der groß zuch geschach in die haiden-
5 schafft, do ich auch mitzoch, als es vor geschriben steet.

Ich bin auch gewesen inn der Walachei und in den zwaien
hauptsteten in der Walachei, die genandt sein Agrisch und Türkoisch.
Und ein stadt, die ist genandt Uebereyl, und die leytt auff der
Thonau, und do haben die kocken und die galein ir niderlegung,
10 die chauffmanschafft priugen auß der haidenschafft. Es ist auch zu
mercken, das das volgk in der Walachei, in der grossen und clainen
Walachei crichischen glauben halten; und haben auch ein besundere
sprach: unnd lassen allesam das hare und die perte wachsen unnd
schneyden es nymmer nicht ab.

15 Und pin gewesen in der clainen Walachei; und zu Sibenpürgen
und das ist ein theutzsch landt; und die heuptstadt in dem land
hayst Hermonstadt; und zu Wurtzenlandt und die hauptstadt heyst
Casau [1].

Und das sind die landt, da ich inn pin gewesen, die herderhalb
20 der Tonau ligen.

33. (29.) [Bulgarien, Rumelien und die asiatische Türkei.]

[N]un solt ir mercken, in welchen landen ich pin gewesen, die
zwischen der Tonau und des mers ligen.

Ich pin in treyen landen gewesen, die haissen alle treu Pulgrey;
25 und das erst Pulgrey, das leytt, do man von Ungeren zu dem eysnen
thor überfert und die hauptstadt haysset Pudein; das ander Pulgrey
ligt gegen der Walachei über und die hauptstadt heysset Ternau;
und das tritt Pulgrey ligt, do die Thonau in das mer fleust und
die hauptstadt haist Kallakrea [2].

1 Die hauptstadt des Burzenlands, Kronstadt, heißt auf magyarisch
Brasso, auf rumänisch Brasinu und auf slavisch nach Fallmerayer Brasowa,
nach Bruun Bassaw. Letztere namensform ließe sich leicht für die des
textes setzen; doch bliebe dabei noch das herausgreifen des slavischen
namens für eine nicht slavische stadt unerklärt. 2 Kurz vor der
türkischen invasion löste sich vom bulgarischen reiche der östliche teil

Ich pin auch gewesen in Chriechen; und die hauptstadt ist
genandt Andraanapoli; und die stat hat fünfftzigthausent heuser.
Auch ligt ein grosse stadt pey dem wälschen mere in Kriechenlandt
und hayst Salonick; und in der stat ligt ein heyllig, der ist ge-
nandt San Timiter, und öl fleust auß seinem grab und mitten in
der kirchen, da der heyllig liegt, da ist ein prunn und an seinem
tag so wirt der prunn vol wassers und sunst über jare so ist er
trucken; und in der stat pin ich gewesen. Auch ligt ein mächtige
stat in Kriechenlandt und die ist genandt Seres. Und die landt
die zwischen der Tonau und des meres ligen, die gehören dem
thürckischen cönig zu. Es ist auch ein stadt und ein fest genant
Kalipoli; und do fert man über das groß mere [1], und doselben fuer
ich über in di grossen Türckey; auch fert man doselbst gen Con-
stantinopel über das obgenandt mere; und in der stat pin ich zwai
monadt gewesen; und do chompt man auch in die grossen Thürckey.

Und die hauptstat in der Thürckey ist genandt Wurssa, und
die stadt hat zwai hundert thausent heuser und hat acht spitall, do
man die armen leut beherbergt, es sein Cristen, haiden oder Juden;
es gehören zu der stadt III hundert geschloß, außgenomen die haupt-
städt, die hernach geschriben stendt.

Die erst stat ist genandt Effes und in der stadt ist Sant Jo-
hansen Ewangelisten grab; und hatt ein guts ländt; und das ist
genant in haydnischer sprach Eydin, aber hye zu landt haist es Asia.

Und die ander stadt und das landt, das dorzu gehört ist ge-
nandt Ismira und Sant Niclas ist bischolff da gewesen.

Es ist auch ein stadt und ein landt, genant Maganasia, und
ist ain fruchtpars landt.

Es ist aber ain stadt, die ist genandt Donguslu, und das landt,
das darzu gehört, das haisset Serochon, und alle frucht der paum
wechst zwir im jare inn dem land.

Es ist aber ein stadt, haist Adalia, und das lant, das zu der

an der küste los und bildete einen eigenen staat unter einem despoten,
welcher in Varna seinen sitz hatte (Jiretschek 320. 336). Die im text ge-
nannte hauptstadt (bei cod. H. Kallacercka) ist von Bruun als das
küstenschloß Kaliakra erkannt worden. 1 Darunter ist wohl das mittel-
ländische meer im ganzen zu verstehen, entsprechend der lateinischen be-
zeichnung mare vastum.

stat gehört Sarracen[1]; und in dem lande zeucht man anderst chain viech, dann camel und man ist auch die camel in dem land.

Es ist auch ein stat die haysset Kathey und ligt hoch auff ainem perg und hatt ein guts landt und ist genant Kermian.

5 Es ist ein stat, die haysset Engury und hatt ein guts landt und das heysset auch Angury; und in der stat sein vil Christen und halten armenischen glauben; und die haben in iren kirchen ein kreutz unnd das schai[n]tt tag und nacht und die hayden gen dahin kirch-vertten und hayssen das kreutz den lichtenstein; es wolten auch 10 die heyden das einfart genommen haben und woltens in iren tempell haben gethan und welcher das creutz angreyff, der erkrumpet an den henden.

Es ist auch ein stat, die ist genant Wegbasary, und das landt ist auch also genandt nach der stadt.

15 . Es ist ein landt, das heysset Caraman und die hauptstadt haysset Laranda. Es ligt ein stat in dem land, die ist genandt Gonia, und in der stat ligt ein heyllig, Schemß genandt, und der ist ain haydnischer priester am ersten gewesen und hatt sich haimlich thauffen lassen; und an seinem end speyset in ein armenischer prister 20 mitt Gottes leychnam, verporgen in ainem appfel; unnd hatt auch grosse zeichen gethan.

Es ist auch ein stat, die haysset Gassaria; und das landt hayst auch also; und in der stat ist Sant Basily pischolff gewesen.

Ich bin auch zu Sebast gewesen; und das ist ein chönigreich 25 gewesen.

Es ligt ein stat auff dem schwartzen mere und die ist genant Sampson; und hatt ein gut landt, das ist genandt Czegnick.

Und die obgenant stet und lant gehören alle zu der Türckey und pin in in allen gewesen.

30 Es ist ein landt das haysset Zeprem und ligt pey dem swartzen mere und in dem land pauen sie nur prein und machen auch ir prott auß prein.

*

1 Wahrscheinlich ist dieser name nur eine veränderte form des vorhergehenden Serochon und dieser provinz eine zu große ausdehnung gegeben, da sie das alte Pamphylien (mit Adalia) nicht mehr in sich begriff.

34. [Das kaiserreich Trapezunt und die angrenzenden länder.
Die sperberburg.]

Es ist ein chönigreich [1] genandt Trabasanda und ist ein clain
gut verschlossen landt [2] und ist fruchpar an weinwachß [3] und
ₗ ligt an dem schwartzen mere und nicht verre von einer stat die
haysset in krichisch Kureson.

(30) In ainem pirg ligt ein purg, die haist die sperberpurgk [4];
und in der purg ist eine schöne jungkfrau und ein sperber auff ainer
stangen und wer dohin chompt und drey tag und drey nacht wacht
ₒ und nicht schlefft und weß er dann begert an die jungkfrau, das
erbarig sach sein, des würdt er gewert. Und wann ainer das wachen
verpringt, so geet er dann in die purg und chompt in ein schön
palast; so sicht er dann ein sperber auff ainer stangen stan und
wann dann der sperber den man sicht, so schreytt er, so chompt
₁₅ dann ein jungkfrau auß ainer kamer gegangen entgegen und ent-
pfecht in und spricht: „Wolan, du hast mir drey tag unnd drey
nacht gewachtt, wes du begerst weltlicher sach und die erbarig sein,
des wirstu gewert von mir." Und weß er dann begert, das erbarig
sach sein, des wirt er gewert; begert er aber sach, die zu hoffart
₂₀ gehören oder zu unkeusch oder geytigkaitt, so verflucht sie in und
alles sein geschlecht, das er nymer mag zu eren chomen.

(31) Es cham ainsten ein gutter armer gesell unnd wachet
drey tag und drey nacht an der purg; und do er nu gewacht hett,
do ist er gegangen inn den palast, do der sperber innen stet; und
₂₅ do in der sperber gesehen hatt, da hatt er geschrien, da ist die
jungfrau chomen auß ir kamer und hatt in entpfangen und hat ge-
sprochen: „Weß begerst an mich, das weltlich und erbarig sach

1 Der herschertitel »basileus« in Konstantinopel und Trapezunt sollte
die übersetzung des römischen titels »imperator« sein, wofür die griech-
ische sprache kein ganz entsprechendes wort besitzt (Fallmerayer s. 71).
2 Dieser ausdruck entspricht völlig der schilderung, welche Fallmerayer
(s. 12) von der lage dieses küstengebietes entwirft. 3 Über die frucht-
barkeit dieser gegend gibt uns Fallmerayer (s. 311) ebenfalls genaue
auskunft. 4 Eine schilderung der sperberburg, welche teilweise mit
der im text mitgeteilten übereinstimmt, findet sich in der Melusine des
Jehan d'Arras (um 1387). Hier wird die in der burg befindliche jung-
frau Melior genannt und als schwester der Melusine erklärt; die loka-
lität ist gleichfalls Großarmenien.

sein, des soltu gewert sein." Da patt er nit mer, dann das er mitt
eren hincham, er und sein geschlecht; und des wardt er gewertt
von ir.

Es ist auch dohin chomen ein chönigssun aus Armenia; der
5 hatt auch gewacht drey tag und trey nacht; darnach cham er auch
in den palast, do der sperber ist und do cham die junckfrau auch
zu im und sprach, wes er begeret; da sprach er, er wer ains mäch-
tigen chönigs sun auß Armenia und er hett silber und golds und
edelgestains genugk „und han chain haußfrauen, so beger ich eur
10 zu ainer haußfrauen." Do antwort sie im und sprach: „Dein hocher
mut, den du hast, der soll gekrengkt werden an dir und an aller deiner
macht, die du hast." Also flucht sie im und allem seinem geschlecht.

Es cham auch ein herre Joniterordens dahin und wacht auch
drey nacht und drey tag; dornach kam er auch inn den palast, do
15 der sperber inn stund; dornach kam zu im auch die jungkfrau und
sprach: „Wes begerstu?" Da begert er an sie ein peuttel, der nymer
lere würde, wie oft er darauß näme; und des wardt er gewert;
aber sie fluecht im dornach und sprach: „Die geitikait, die du be-
gert hast, do gett groß übell auß; darumbe verfluch ich dir und
20 das dein orden gemyndert werde und nit gemert." Also schied er
von ir.

(32) Inn der zeitt, da ich da was und mein gesellen, da baten
wir ainen und gaben im gelt, das er uns füret zu der purge; da
wir hinzu chamen, da wolt meiner gesellen ainer do sein pliben
25 und wolt gewacht haben; da sprach der, der uns dahin gefürt hett,
er solt sein nit thun; wann er das wachen nicht verpringen möcht,
so würd er verloren, das nymandt west, woe er hin chomen were;
auch ist es verwachsen, das man nicht wol nähent hin zu mag
chomen, auch verpieten es die kriechischen priester, wann sie mayn,
30 es gen mitt dem theufell zu und nit mitt gott. Also zogen wir
wider von dannen in die stat, die genant ist Kereson.

Es ist auch ein landt, das gehört zu dem obgenanten chönig-
reich und haisset Laßa und ist ein fruchpars landt an weinwachs;
und in dem land sein Krichen.

35 Ich pin auch gewesen in dem clain Armenia und die haupt-
stadt in dem land ist genandt Ersinggan.

Es ist auch ein stadt, die haysset Baywurt, und hatt ein guts
landt.

Es ist ain stadt, die haist Kamach und ligt auff ainem hohen
perg und unten an dem perg, do fleust ain wasser für, ist genandt
Eufrates und ist der IIII wasser ains, die auß dem paradeyß rynnen;
und das wasser rint auch durch das clain Armenia und dornach
5 rints in ein wüst X tagweyd und dornach versingkts in ainem
sand, das nymandt wayß, wo es hin chompt; das wasser rint auch
durch Persia.

Es ist auch ein landt, haysset Karasser und ist ein fruchtpars
lant am weinwachß.

10 Es ist ain landt, das hayst die schwartz Thürckey und die
hauptstadt hayssett Hammit und das volgk ist gar streytpar.

Es ist auch ein landt, das haysset Ckurt und die hauptstadt
ist genandt Bastan.

Item ein chönigreich haysset Gursy und das volgk hatt cristen-
15 lichen glaubenn und hatt ein besundere sprach und ist auch gar
streytpars volgk.

Es ist ein land und hayst Abkas und die hauptstadt ist ge-
nandt Zuchum; unnd ist auch ein ungesuntes landt; und in dem
land tragen weyb und man viereckett platten auff dem haupt und
20 das thun sie von des ungesunds wegen [1].

Es ist auch ein clain landt und ist genant Megrel und die
hauptstad haysset Loathon; nnd inn dem land halten sie kriechischen
glauben.

Es ist auch ein chönigreich, genandt Merdin, und hayden sein
25 darinn.

Und in den obgeschriben landen pin ich gewesen.

[1] Noch heutzutage ist diese sonderbare kopfbedeckung wenigstens bei
den nachbarstämmen der Abchasen in gebrauch. »Der Imeretier (und
Mingrelier) legt ein stück schweren tuches oder filzes (bei den reichern
innen mit seide gefüttert und außen mit gold oder silber gestickt) auf
sein haupt und fixiert es in dieser lage mittelst einer unter dem kinn
befestigten schnur. Die mütze des »forschen studio« einer deutschen
universität, mit welcher bereits das non plus ultra von geringfügiger
kopfbedeckung erreicht zu sein scheint, muß sich vor einer solchen
imeretischen (und mingrelischen) kopfbedeckung beschämt zurückziehen.
Einen irgendwie nennenswerten schutz kann diese kopfbedeckung ihrem
träger nicht gewähren; aber sehr wahrscheinlich soll sie es auch gar nicht,
sondern nur zur zierde dienen. Der gemeine mann geht daher ganz
ohne alle und jede kopfbedeckung«. (Petzholdt II, s. 50. 57.)

35. (33.) [Die zu Persien gehörenden gebiete.]

[D]ie hauptstadt in dem gantzen chönigreich in Persia ist genant Thabres; es hatt der chönig zu Persia mer gült von der stat Thabres, dann der mächtigst chönig, der inn der cristenhaitt ist,
5 wann es chompt grosser kauffmanschatz dohin.

Es ist auch ein chönigreich in Persia, die haupstat des lands ist genandt Soltania.

Es ist auch ein stat, die haysset Rei, und hatt ein groß landt. Und die glauben nicht an den Machamet, als die andern haiden;
10 sie glauben an einen, der hatt gehaissen Aly und der ist ein grosser ächter gewesen der Christen; und die denselben glauben halten, die sein genant raphat[z]y [1].

Auch ist ein stat, die haist Nachzzvon und die ligt an dem perg, do die arch auff steet, do der Noe inn ist gewesen; und die
15 stadt hat ein guttes landt.

Es ist auch ein stat, genant Maragare und hatt auch ein guts landt.

Es ist auch ein stat die haisset Glat und hatt auch ein gut landt.

Es ist ein stat, die haisset Kirna [2] und hatt ein gut lant umb sich.
20 Es ist auch ein stadt, die ligt in ainem perg und die haisset Magu; und ist ein pistumb do und halten do römischen glauben und die prister sein prediger ordens und singen und lesen nur in armenischer sprach [3].

Es ist ein landt das haisset Gilan und ist ein fruchtbar landt
25 und wechst nichts in dem land dann reyß und paumöl; und das volgk in dem land tregt nur gestrickt schuch an.

Es ist ein stat, die haysset Geß, das ist ein grosse stat und hatt ein guts landt; und man würcht gutte seydene tücher in der stat.

Item ein stat die haisset Strauba und hatt ein guts lant.

*

1 Raphadschy oder renegaten; die dem text eingefügte conjectur rührt von Telfer her, welcher sie sehr scharfsinnig aus der noch mehr abweichenden lesart »raphak« herstellte.   2 Vielleicht Korna an der vereinigung des Euphrat und Tigris. Telfer entscheidet sich für Gharny östlich von Erivan, jetzt gröstenteils in ruinen, aber in früheren zeiten eine bedeutende stadt.   3 Auch bei Clavijo wird Maku als eine von römisch-katholischen Armeniern bewohnte stadt mit einem Dominikanerkloster aufgeführt. (Telfer s. 159.)

Es ist auch ein stat die haisset Anthiochia [1] und die maur, die umb die stat get, die ist scheybumb hingestrichen mitt cristenplut, das sie rott ist.

Es ist auch ein stadt die haisset Alintze und die hat sich XVI jare gewert des Themurlins, ee man sie gewonnen hatt.

Item es ist auch ein guts landt und ist genandt Masanderan und ist ein holtzigs landt und vor holtz mag im nymandt zu.

Item ein stat haysset Scheckchi und hatt ein guts landt und ligt pey dem weyssen mer und in dem land wechst auch seiden.

Item ein landt haysset Schurvan und die hauptstadt haisset Scomachi und ist ein haiß und ungesunds [land] und in dem land wechst die pest seyden.

Es ist auch ein stat, die haist Hyspaan; und ist ein chönigreich und hatt ein guts landt.

Item ein chönigreich ist auch in Persia und das haisset Horosson unnd die hauptstat ist genandt Here und hatt treu hundert thausent heuser.

Item ein stadt haisset Schires und ist ein grosse stadt und hatt ein guts landt und man lest chain Christen mitt chauffmanschafft nicht in die stat.

Item ein stat haisset Kerman und hat ein guts landt.

Es ist auch ein stat, die haisset Kesschon und ligt pey dem mere, da die perlen in wachsen und hatt auch ein guts landt.

Item ein stat, die haisset Horgmuß und ist ein grosse stat und ligt pey dem mere, do man in die grossen India fert über mere und kompt auch grosse kaufmanschafft dohin auß India und hatt ein guts landt.

Item ein stat haisset Kaff und hatt ein gutz landt und man vindt auch vil edels gestains in dem land und ist auch vil gewürtz dorinn, und do vert man auch in die grossen India über mere.

Item ein landt haist Wolachschon und das hatt hoch perg; und in den pergen vindt man auch vil edels gestains, es mag in aber nymands gewinen vor gewürm und wilden thieren, dann wann es regendt, so pringen es die güß herab; so chomen dann die

---

1 Obwohl das syrische Antiochia zu den übrigen aufgeführten örtlichkeiten in topographischer hinsicht nicht past, so lässt doch die beschreibung der stadtmauer keinen zweifel darüber bestehen, daß nur diese während der kreuzzüge so heiß umstrittene stadt gemeint ist.

mayster, die es kennen und claubens auß dem kot. Es haben auch die ainhorn wanung in den pergenn.

36. (34.) [Irak Arabi, Kleinindien und Dschagatai.]

[I]n dem chönigreich Babilon pin ich auch gewesen. Babilon
5 haist in haydenischer sprach Wagdatt. Und das groß Babilon ist mitt der maur umbfangen fünff und zwaintzig leg praitt, und ein leg ist trey wälisch meyl und die maur ist zwaihundert cubiten hoch und L cubiten dick und das wasser Eufrates rintt mitten durch die stat zu der grossen Babilony: sie ist aber nu alle zestört und
10 ist chain wanung mer da. Und der thuren zu Babilon ist vier und füfftzig stadia hoch und IIII stadia ist ein wälsche meyl; und an ydlichem ort hatt er X leg nach der weytt und noch der preyt und der thuren ist in der grossen wüst von Arabia auff dem weg, wann man zeucht in das chönigreich gan Kaldea und mag auch nymandt
15 dorzu chomen vor trachen und vor schlangen und vor anderm pöesem gewürme, des vil in der selbigen wüst ist; und den thuren hatt gepaut ein chönig und hatt gehayssen inn haydenischer sprach Nainrutt. Es ist auch ze mercken, das ein leg ist drey lampardisch meyl und vier stadia ist ain welsche meyl; ein welsche meyl soll
20 thausent schrit haben und ein schritt soll fünff schuch haben und ein schuch soll VIII untz haben; ein untz ist das erst glitt an dem daum.

Nun solt ir auch mercken vonn dem neuen Babilon. Das neu Babilon [ligt] vonn [1] dem grossen Babilon [und] ligt auff ainem wasser,
25 das haisset Schat und ist ein groß wasser; und inn dem wasser sind vil merwunder und chomen auß dem indischem mere in das wasser. Und pei dem wasser wechst ein frucht auff paumen, die haisset tatel und die haiden hayssens kurma; und die frucht mag man nicht abnemen, pyß die störch hinein chomen und vertreyben die schlangen
30 und die nottern, wann das unzifer wanung hatt unter den paumen und dorauff; und dorumb mag die frucht nymant abnemen von des unzifers wegen; und die frucht wechst zwir im jar. Es ist auch ze mercken, das man in der stat Babilon rett gemainiglich zwaierlay sprach, arabischen und persischen. Es ist auch ein gartten zu
35 Babilon do allerlay thiere in sein und der ist zehen meyl wegs weyt

1 entfernt von.

umbfangen und vermacht, das sie nicht dorauß mügen unnd in dem
gartten haben die leben ein besundere wonung, da sie inn auß-
zihen. Es ist nicht streytpars volgk inn dem chönigreich.

Item inn der chlainen India pin ich auch gewesen und ist ein
5 guts chönigreich und die hauptstadt ist genandt Dili. Und in dem
land sein vil elevanten; es sein auch thier genandt suruafa und ist
einem hirsen gleich und ist ein hochs thier und hatt ein langen
halß und der ist auff vier claffter langk oder lenger und hatt vorren
hoch füß und hintten kurtz; und der thier sein vil inn der clainen
10 India; es sein vil sitichen und straussen und leben dorinn; es sein
auch andere vil thir und vögell darinn, die ich nicht nennen chan.

Es ist auch ein landt und ist genandt Zekathey und die haupt-
stadt haist Samerchandt und ist ein grosse mächtige stadt; und in
dem land ist ein besundere sprach und die ist gemischt in tatrisch
15 und halbe peraisch und sein streitpar leut; und in dem lande essen
sie chain prott.

Es ist auch zu mercken, das ein haydenischer herre, genandt
Themurlin, die obgenanten landt alle hatt inn gehabt die zeitt, und
ich pey im pin gewesenn; und pin in den allen gewesen. Er hatt
20 auch andere vil landt gehabt, da ich nit in pin gewesenn.

37. (85.) [Die große Tatarei.]

[I]ch pin auch gewesen in der grossen Thatrey. Es ist auch
ze mercken die gewonhaitt des lanndes; am ersten das sie chainerlai
treyd pauen, dann preyn; sie essen auch chain prott und trincken
25 chain wein, sie trincken nur roßmilch und chamelmilch unnd essen
auch roßfleisch und chamelfleisch und auch anderlay fleisch. Es
ist auch wol ze mercken, das der chönig des lands und auch sein
landßherren wintter und sumer mitt weyben und mitt chinden und
mitt viech und mitt allem irem zugehörenn ze feld ligen und von
30 ainer wayd zu der andern zihen, wann es ist ein ebens landt. Auch
ist ze mercken, wann sie ein chönig welen, so nemen sie in und
setzen in auff ein weyssen viltz und heben in dreymal auff dem
viltz und dornach tragen sie in umb das zelt, das einem chönig zu-
gehört, und dornach tragen sie in inn das zelt und setzen in auff
35 den chönigsstule und geben im ein güldens schwert in die hant, so
muß er dann schweren, als es dann gewonhaitt ist. Auch ist ze
mercken wann sie essen oder trincken, so sitzen sie darzu nyder

auff die erden; es thun auch alle hayden. Auch ist chain streytpars
volck unter den heyden, dann die roten [1] Tatern sein und das pas
geleyden müg in raisen und in kriegen, wann ich han.gesehen von
den Tattern, das sie den rössern haben in ein adern geschlagen und
5 haben das plutt aufgefangen und haben das gesoten und habens
gaß; und das thun sie, wann sie mangell haben an speyß. Auch
han ich gesehen und han es selber gethan, wann sie in ainer rayß
eylen so nemen sie ein fleisch und schneyden es thůn und thun es
in ain laines tuch und legens dann unter den satell und reytten
10 dorauff; wann sie dann hungert, so nemen sis auß dem sattell und
essen es dann also rochs; und sie saltzens am ersten, wann sie
mainen, es sey nicht schad, wann es wirt trucken von der werm deß
roß und würdt auch mar, wann der sattell trückentz an dem reytten,
das der safft dorauß geet; und das thun sie, wann sie eylen in
15 ainer rayß und nicht zeitt haben die speyß zu beraytten. Auch
ist gewonhaitt, wann ir chönig des morgens auffstet so pringt mann
im ein roßmilch in ainer gulden schalen, so trinckt er dann die
milch nüchternn.

38. (86.) [Die nebenländer der großen Tatarei. Beschreibung
20   Kairos.]

[H]ie ist ze mercken, in welchen landen ich gewesen pin in der
grossen Tartaria.

Es ist ein lant, das haisset Horosma, und die stat haist Orgens
und die ligt in ainem wasser, ist genandt Edil und ist ein groß
25 wasser.

Item ein landt haist Bestau und die hauptstadt ist genandt
Zulat und ist ein pirgisch landt.

Item ein stat haisset Hatzitherchon und ist ein groß stadt und
hatt ein guts landt. Item ein stat haist Sarei und do ist des ta-
30 trischen chönigs stul.

Es ist auch ein landt, das haist Bolar und hat mancherlai thier.
Item ein landt ist genandt Ibissibur [2].

---

1 Da in diesem kapitel von der großen Tatarei die rede ist, so
verändert Telfer an dieser stelle »roten« in »große«. Vielleicht bedeutet
es die rothaarigen.   2 Dies nach der Tatarei und Bulgarei aufge-
führte land ist offenbar Sibirien; der im text angegebene name dürfte
eine veränderung von Ibir-Sibir sein, wie das land zwischen Jenissei

Item ein stat haysset Asach und die Christen heyssens Alathena
und hatt ein wasser, das haisset Tena und hatt vil visch; und man
fürt groß kocken und galein voller visch von dem wasser gen
Venedig und gen Genau und in die insell, die in dem mer sein.

5 Item ein landt haisset Kepstzach und die hauptstadt ist genandt
Solchat und in dem land paut man allerlay trayd.

Item ein stat haist Kaffa und die ligt pey dem swartzen mere,
und die stat hatt zwo rinckmaur und in der indern rinckmaur sein
VI thausent heuser und in der eusern rinckmeur sein XL thausent
10 heuser; und do sitzen smainst Chriechen, Walen und Armenig inn;
und ist ein hauptstadt des schwartzen meres und hatt vier stet
unter ir, die auch pey dem mer ligen; und in der stat sein virlai
Christen: römischer glaub und chriechischer und armenischer und
surian; es sein auch drey pischolff darinn, ein römischer und ein
15 crichischer und ein armenischer; es sitzen auch vil haiden da und
haben iren besundern tempel in der stat; es sein auch zwaierlai
Juden [1] in der stat und haben zwoe sinagog auch in der stat; es
sein auch IIII thausendt heuser inn der vorstat.

Item ein stat haist Karkery und hatt ein guts landt und haist
20 Sutti und die haiden heyssentz Thatt; und sein Christen darinn in
chrichischem glauben und hatt gut weinwachs und ligt pey dem
schwartzen mer.

Auch ist Sant Clement versenckt worden in dem lannde in das
mer pei ainer stat, ist genant Serucherman in haidenischer sprach.

25 Item ein landt, das haysset Schärchäs und ligt auch pey dem
schwartzen mer und halten chriechischen glauben und sein pöß leut,
wann sie verchauffen ire aigne chindt den haiden und stelen andern
leutten ire chindt und verchauffens und sein auch räuber auff den
strassen; und haben ein besundere sprach; sie haben ein gewonhaitt,
30 wann das weter ainen zu tod schlecht, so nemen sie in und legen
yn in ein truchen und setzen in in der truhen auff ein hochen paum;
so chompt dann das volgk in der selbigen gegend und pringen ir
essen und trincken mitt in unter den paum und essen und trincken
und tantzen und haben groß freude unter dem paum und sie stechen

---

und der untern Tunguska auf der lapieschen karte von »Asien, im be-
ginn des 18 jahrh.« bezeichnet ist (d'Ohsson, geschichte der Mongolen II).
1 Außer den Talmudisten gibt es unter den Juden noch die Karaiten,
welche meistens auf der Krim wohnen,

ochsen und lember und gebens umb Gottes willen und das thun
sie drey tag nach ainander; und die weyl der tot auff dem paum
ligt, so chomen sie an dem jartag und thun als vor geschrieben
steet; unnd das thun sie als lang, biß das er erfault; unnd das thun
sie darumb, wann sie main, er sey heyligk davon, das in das weter
erschlagen hatt.

Item das chönigreich zu Reyssen ist auch zinspar dem tatrischen
chönig.

Es ist auch ze mercken, das unter den rotten Tatern trayerlai
geschlecht sein. Ainß haist Krat, das ander Jabu, das tritt Magull.

Es ist auch ze mercken das die Thartaria trey monadt tagweid
weytt und praitt eben ist, das man chain holtz noch stain nicht
vindt, dann graß und krorach.

Und die obgeschrieben landt gehörenn alle zu der grossen Thar-
taria und pin auch inn in allen gewesen.

Ich pin auch gewesen in dem chönigreich Arabia und die haupt-
stadt nach haidenischer sprach haisset Missir und die stat hat zwelff
thausent gassen und ain ydliche gassen hatt zwelff thausent heuser
und in der stat sitzt der chönig soldan; und der chönig ist ein
chönig über alle heydnisch chönig und ein herre über die gantzen
haidenschafft [1] und ist ain mächtiger herre an silber und an gold
und an edelm gestain und hatt täglich an seinem hoff zwaintzig
thausendt man. Es ist zu mercken, das chainer chönig soldan wirt,
dann er sey verchaufft [2].

39. (37.) [Die zu Schiltbergers zeit regierenden sultane von Ägypten. Sitten und gebräuche dieses landes.]

[E]s ist auch ze mercken, wie vil chönig soldan sein gewesen
die zeitt, und ich in der haidenschafft pin gewesen.

Item der erst chönig soldan was genant Warachhoch.

1 Der Mamlukensultan Bibars setzte einen flüchtigen Abbasiden
aus Bagdad als khalifen in Kairo ein und leistete ihm den eid der
treue, wofür er sich von dem neuen »beherscher der gläubigen« mit
der würde eines regenten aller dem Islam unterworfenen und später
zu unterwerfenden länder bekleiden ließ (Ebers). 2 Die Mamluken-
sultane, besonders Burs-Bei galten für die reichsten fürsten der erde
(Ebers). 3 Seit dem jahre 1250 regierten die aus der leibwache der
Mamluken hervorgegangenen sultane in Ägypten, von denen viele
dahin als sklaven verkauft worden waren.

Darnach wardt ainer chönig und was genandt Manthaß [1] und
der wardt gefangen und man nam in und pant in zwischen zwaier
preter und mitt ainer säg sägt man in mitten von ainander nach
der leng.

5 Und dornach wardt ainer chönig, der was genandt Joseph [2];
und do was ich pei acht monadt; und der wardt gefangen und
wart köppft.

Und dornach wardt ainer, der hyeß Zecham [3].

Und nach dem wardt ainer, der hyeß Schiachy und der wardt
10 auff ainen eysnen stecken gesetztt, wann es ist gewonhaitt in dem
chönigreich, wann zwen mitt ainander kriegen umb das chönigreich
und welcher den andern überchömpt und in zu gefancknuß pringt,
so nympt in dann der ob ist gelegen und legt im chönigliche clai-
der an und fürt in inn ein hauß, das darzu gemacht ist; und do
15 sein eyßne stecken innen, so nympt er in und setzt in auff ein
stecken, das im der steck zu dem halß wider außgeet und muß auff
dem stecken erfaulen.

Item nach dem obgeschrieben chönig wardt ainer, der was
gnant Malleckaschraff [4]. Und der chönig berufft ein hohzeit zu

1 Mantasch war nicht sultan, sondern schloss sich dem gegen
Barkok aufgestellten gegensultan Hadschi an (1389); nach dessen be-
seitigung führte er in Syrien den aufstand weiter, bis er durch verrat
in Barkoks hände geriet, der ihn auf grausame weise hinrichten ließ
(1393); hinsichtlich der art der folterung weicht jedoch unser text von
den andern berichten ab (Weil IV, s. 555. V, s 10). 2 Faradsch (im
texte immer Joseph oder Jusuph genannt) ward durch einen aufstand vom
throne gestürzt (1412) und im gefängnis erdolcht und erdrosselt; zuletzt
schnitt ihm ein Assassine die halsadern durch, als er noch lebenszeichen
gab (Weil V, s. 124). 3 Dschakam, statthalter von Haleb und Tripolis,
empörte sich gegen Faradsch und ließ sich als sultan huldigen, fiel aber
bald im kampfe mit einem andern gegner bei Hamid (1406). 4 Bei
»Schiachy« denkt Bruun wegen der namensähnlichkeit an den sultan
Scheich (Almahmudi, 1412 bis 1421), sowie wegen der todesart an den
statthalter Azzahiri, den der sultan Bursbai als empörer foltern und
hinrichten ließ (Weil V, s. 169). Wenn man nicht eine vollständige ent-
stellung des namens annehmen will, könnte man sich für »Schichu« ent-
scheiden, der als oberster emir sultane ein- und absetzte und zuletzt
ermordet wurde (1357) 5 Malek-al-Aschraf d. i. »hochgeehrter
könig« ist ein beiname, den verschiedene ägyptische sultane führten;
der reihenfolge gemäß riet Bruun, entschieden mit recht, auf Burs-
bai (1422 bis 1438).

Rom ¹ und in alle Cristenhaitt und auch in alle lant. Nu solt
ir auch merken, wie er sich vorschriben hatt, und schreybt sich
also ² :

Wir Solomander, almächtiger von Cartago ³, ein soldan der
⁵ edel Sarracen, ein herre zu Puspillen ⁴, ein herre des obersten
Gottes zu Jherusalem, zu Capadocie ⁵, ein herre des Jordans, ein
herre in Orientlandt, do das surdent mer außgeet, ein herre zu
Betlehaim, da eur frau geporen wardt, unserne nifftel und ihr sun
unser neff ⁶ von Nazareth, ein herre zu Sinay und tal Pharun ⁷
¹⁰ und des tals zu Josaphat, ein herre zu Germani ⁸, an dem perg
sein gelegen zwen und sibentzig thuren all verpracht mitt mermel-
stain, ein herre des großen forst IIII hundert meyl langk und wol
besetzt mitt zwoe und sibentzig sprach ⁹, ein herre des paradeyß
und der wasser, die dorauß rynnen und fliessen, und gelegen in
unserem land Capadocie, ein vogt der helle ¹⁰, ein gewaltiger chai-
¹⁵ ser zu Constantinopell, amaroch ¹¹ von Kaykamer ¹², ein gewaltiger
chayser zu Galgarien ¹³, ein herre des thürren paums ¹⁴, ein herre,

*

1 Es ist hier nicht an die Tiberstadt zu denken, sondern entwe-
der an Konstantinopel oder an Adrianopel, die hauptstadt von Rum-Ili
(Bruun). 2 Der hier angegebene titel bietet für die erklärung große
schwierigkeiten, die noch durch die ohne zweifel sich darin vorfinden-
den zahlreichen falschen lesarten erhöht werden. 3 Statt »Cartago«
will Bruun »Kairvan« lesen. 4 Bei »Puspillen« lag Bruun die lesart
»Zuspillen« vor; er schlägt dafür »Sicilien« oder »Ischbilia«, die per-
sische namensform für Sevilla, vor. 5 Da »Capadocie« später noch-
mals erwähnt wird, so will Bruun hier »Capernaum« dafür setzen.
6 Bruun hält »neff« für eine entsellte form, entweder von »Neby« d. i.
hauptprophet oder von »Neps« d. i. geist (gottes). 7 Die lesart
calpharun im cod. N. beruht entschieden auf einem schreibversehen.
8 Hermon (Bruun). 9 Hier ist der Kaukasus gemeint, dessen längen-
ausdehnung 150 geographische meilen beträgt. Massudi und Ibn Haukal
führten dort 72 verschiedene sprachen an und eine fast übereinstimmende
zahl findet sich bei Strabo, nach welchem auf dem markt von Diosku-
rias 70 sprachen geredet wurden. 10 Wohl nur im gegensatz zum
paradies hier angefügt. Bruun lässt zwischen zwei lesarten wählen,
entweder »höhle« (bei Bagdad, in welcher der Mahdy Mohammed
verschwand) oder »Hillah« (in dessen nähe sich heilige gräber der
Schiiten befanden). 11 Nach Bruun entstellt aus amir (emir).
12 Hier hatte Bruun die lesart »Kaylamer« vor sich und setzt dafür
»Kalamil«, eine frühere festung im nördlichen Syrien. 13 Hier denkt

do Enoch und Helias unbegraben sein, ein herre do die sunn und
der mon auffgett und zugett ' vom höchsten zum pesten, ein beschir-
mer des ersten priesters Johann in der verschlossen Rumoney, ein
verainader zu Wadach, ein bewarmunder zu Allexander, ein anheber
5 der vesten stat Babilony, do die zwoe und sibentzig sprach inn
gemacht sein, und chaiser, könig aller chönig, ein herre Cristen,
Judenn und haiden, ein mag der götter².

Es ist auch ze merken, das er sich also vorschriben hatt gen
Rom, do er seiner tochter hochzeitt verschraib gen Rom. Und pey
10 der hochzeitt pin ich auch gewesen³.

Es ist auch ze merckenn, das gewonhait ist in chönig soldans
landt, das die eelichen frauen an dem freyttag, der ir feyertag ist
in der wochen, so sein sie frey und haben iren mutwillen mitt
mannen oder mit andern dingen; weß sie dann lust des mögen in
15 ir mann noch nymantz geweren⁴), wann es also gewonhaitt ist.

Es hatt chönig soldan auch ein gewonhaitt, wann er in ein
stat reytt, so verpint er sein antlitz, das'man in nicht mag gesehen
unter den augen; oder wann frembd leutt chomenn zu im, so ver-
deckt er sich aber. Auch ist ze merkenn, wenn ainer zu im geet,
20 wie mächtig er ist, so muß er trey stund nyder knyen und die

*

Bruun an die von Marino Sanudo _als »Galgaria» bezeichnete genue-
sische colonie Khozary (Gazary) auf der Krim und glaubt, daß eigent-
lich das chanat der goldenen horde darunter zu verstehen sei, von
welchem staate jene besitzung abhängig war. Näher liegt vielleicht,
an das ganze gebiet der Krim zu denken, welche damals Ghazaria hieß.
14 Bruun glaubt, daß in dieser bezeichnung eine übersetzung des
türkischen wortes »Kiptschak« zu suchen sei und daß sie demnach als
gleichbedeutend mit der vorhergehenden sich erweise. Wahrscheinlich
ist aber an den in kap. 42 erwähnten dürren baum bei Mambre zu denken.
1 Dieser bombastische ausdruck erinnert an die worte des Darius:
per fulgorem solis intra fines regni mei orientis (Curtius IV, c. 55).
2 Bruun hält »mag« für eine verderbnis aus »mahhy« d. i. zerstörer
(arabisch). 3 Bruun ist der meinung, daß Schiltberger diese zweite
reise nach Ägypten als begleiter einer gesandtschaft des khans von
Kiptschak an den sultan Bursbai unternommen habe. Bruuns weitere
vermutung, daß der khan Mohammed, in dessen diensten sich unser
autor nie befand, diese mission abgeordnet habe, stützt sich auf
eine falsche lesart des cod. H. (kap. 28) und ist daher nicht haltbar.
4 wehren.

erden chüssen, so steet er dann auff und gett dann hin zu im; ist
er ein haid, so reckt er im die hand ploß, ist er aber ein Christ,
so zuckt er die handt in den erbel und reckt im den erbel dar,
den muß er chüssen; ist aber, das er chainem die handt reckt, so
5 muß er im das chnye küssenn.

   Es hatt auch chönig soldan ein gewonhaitt ìnn seinem land;
wann er ein poten außsendet in seim land, so hatt er alweg auff
den strassen an ainer ydlichen herberig pferd· stan mitt allem irem
zugehören; und der pot, den er außsendet, der hatt groß schellen
10 an der gürtell und die scellen verpint er mit ainem tuch und wann
er dann zu der herberig nahendt [chompt], so pint er dann die
schellen auff und lätt sie clingen; unnd wann man in dann hörett
in der herberig, so beraytt man im ein pferdt; und wann er dann
an die herberg chompt, so vindt ers also beraytt, so sitzt er dann
15 dorauff unnd reytt fürpaß an ain andere herberich und da nympt er
dann ain anders roß; und das treybt er pyß er chompt an die
stat, do man in hin schickt. Und das gefert hatt chönig soldan
auff allen strassenn.

   Es ist auch ze mercken, das chönig soldan thauben außschickt
20 mitt prieffen woe er dann hin will; und das thutt er, wann er groß
veintschafft hatt, das er forcht, man halt im die poten auff; und
smainst schickt ers von Erchey gen Damasck, wann es ist ein
grosse wüste entzwischen. Es ist auch ze mercken, wie das zugat;
in ainer iglichen stadt, was[1] dan chönig soldan gehabt will haben,
25 do muß man im zwoe jung thauben ziechen pey ainander und muß
in zucker unter das gaß thun und muß in genung zu essen geben
und darff sie nyndert auß lassen fligen; und wann sie dann wol
verchemmen, so pringt man den theuber chönig soldan und die
teubin behelt man; so zeiecht man dann den theuber auß welcher
30 stat er sey, das man das wiß; darnach thut man [in] inn ein be-
sunder gemach, der darzu beraytt ist, und man lest zu dem thau-
ber kein theubin mer; darnach geitt man im nymmer als genug zu
essen, als vor, und geitt im auch nymmer zucker unter das gaß;
und das thut man dorumb, das er sich sen an die stat, do er ge-
35 zogen ist worden, und auch des pelder dahin flieg; und wann man
in dann schicken will, so pint man im den prieff unter den flügell

1 wa (wo) es.

und dornach lest man in fliegen; so fleugt er dann eins flugs in
die stat und auff das hauß, do er erzogen ist worden; und wann
man in dann sicht, so vecht man in und nympt dann den prieff
und gibt in an die stat, do er hin gehört.

5 Auch wann ein gast zu chönig soldan chompt, es sey ein herre
oder ein chauffman, so gibt er im ein gleytzbrieff; und woe er
dann den prieff zeigt in seinem lande und wer in dann sicht, der
knyett nyder huntz das man den brieff list; dornach küssen sie
dann den prieff und entpieten dann dem gast groß ere und wird,
10 und füren in dann von ainer stat zu der andern, als weytt dann
das landt ist.

Auch ist ze merken, wann ein pot chompt von einem chönig
oder von ainem andern herren oder auß verren landen, als es dann
gewonhaitt ist inn der haidenschafft, das offt ein pot chompt zu
15 ainem andern herren mitt treyen oder mitt vier hundert pferden
oder mitt sechß hundertten, unnd wann es dann chönig soldan ge-
war wirdt, so sitzt er auff sein chönigsstul und ziert sich dann
mit gewandt und mitt edelm gestain; und dornach hengt man siben
fürheng für in; und wann dann der herre, der in potschafft ge-
20 sandt ist, für in will, so tut man ain fürhang nach dem andern
auff; so muß er sich zu idlichem naigen und die erden chüssen
und wann er das letzt auffthut, so knyett er nyder für den chönig;
reckt im dann der chönig die handt, so get er im hin und chüst
im die handt und dornach richt er sein potschafft aus.

25   40. [Beschreibung eines arabischen vogels.]

Es ist ein vogell in Arabia, der haisset haidenisch sacka und
der ist eins grösser dann ein krench und hat ein langen cragen
und hatt auch ainen praiten und langen schnabell und der ist
swartz und hatt auch grösser füß zwen und die sein unten gantz
30 als ein ganß fuß; und die füß sein auch schwartz und der vogell
hatt ein varb als ein krench und hatt ein grossen kropf an dem
halß und do geet wol ein firteyl ains aimers wassers ain; und der
vogell hatt die gewonhaitt, das er fleugt zu ainem wasser und fült
den kropff wol wassers vol und dornach fleugt er in ein wüst, da
35 chain wasser inn ist; und woe er dann ein grub vindt in der wüst
auff ainem velß, da schütt er das wasser ain auß seinem kropff;

so chompt dann das geflügell, das in der wüst ist und trinckt dann
das wasser und die weyl die vögell trincken, so vecht der vogell,
der das wasser in die wüst hat pracht, drey vögell darvon im zu
ainer speyß. Und das ist die wüst, do man zu des Machmetz grab
5 zeucht.

41. (38.) [Das kloster der hl. Katharina auf dem Sinai.]

[D]as rott mer ist zwaihundert und XL welisch mayl praitt ;
es hatt den namen das rott mer, aber es ist nicht rott; es ist wol
das ertrich rott an ettlichen stetten dorumb [1]; es hatt ein gestalt
0 als ein ander mer und das mer stest an Arabia; man vert auch
über das mer gen Sant Katherinperg Sinai [2].

Auff Sant Katherinperg pin ich nit gewesen, aber ich han es
wol gehört von frembden leutten, die do sein gewesen, die haben
mir wol gesagt dovon, Kristen und haiden, wann die haiden gen
5 auch dohin. Die haiden haissen den Sinai Nur Tagi [3], das ist
als vil gesprochen als der scheinig perg, darumb das Gott oft er-
schinnen ist auff dem perg in schein als die flamen Moisi, der mitt
Gott offt geredt hatt auff dem perg. Auff dem perg ist ain closter
und die münch sein von Chriechen und ist ein groß convent und
10 gen als die ainsidel und trincken chain wein und essen chain fleysch
und leben gar göttlich und vasten allweg; und sein vil prynnen-
der ampell dorinn, wann sie haben paumöls genug zu essen und
zu prennen von Gottes wunders wegen, das da geschicht; wann
die ölper zeittig werden, so chomen all die vögell zusamen, die in
15 dem land sein und ydlicher vogell pringt in seinem schnabell ein

*

1 So schildert es schon Thietmar: »aqua quidem rubea non est,
immo fundus hujus maris et terra circumjacens rubea est.« - Nach
Ebers (s. 70) ist die farbe des roten meeres ein »bläuliches grün, das
zwischen der farbe des mittelländischen meeres und der Schweizer
seen die mitte hält«.   2 Der Dschebel Katherin ist der höchste gipfel
der Sinaigruppe (Dschebel Tur); das Katharinenkloster liegt am fuße
des Dschebel Musa, auf welchem sich auch die Eliaskapelle und
die Moseskirche, letztere auf dem gipfel, befinden.   3 Es ist hier
wahrscheinlich der Dschebel en-Nur (bei Akaba) mit dem Sinai ver-
wechselt, weil auch auf jenem nach dem glauben der Araber Moses
mit dem herrn geredet hat (Bädeker, Ägypten s. 543).   4 Diese vor-
schriften sind noch heutiges tages in geltung (Ebers s. 264).

ast von ölperen und lassendt die zu Sant Catherin; unnd deß pring-
endt sie als vil, das sie sein genug haben zu essen und zu prennen.
Und das ist ein groß wunder von Gott, das die vögell das thun.

Hintter dem altar inn derselben kirchen da ist die stadt, do
5 Got erschain Moysi in einem pusch in feur weyß; und wann die
münch dohin geen, so geen sie parvuß, wann es ist gar ein heyl-
lige stadt, wann Moisi pot unser herre, das er sein schuch abzüg,
er wer an ainer heylliger stadt; und die selbigen stadt haist man die
gotsstadt. Trey staffell hinauff paß do ist der groß altar, do ligen die
10 pain von Sant Katherin; und der abt zaigt den pilgrem das heylig-
thum und hatt ein dingk von silber, da trückt er ein wenig das
gepain da mitt, so rintt ein wenig öl darauß in schweiß geweyß,
das ist weder öl noch balsam gleich und das gibt er den pilgrem;
darnach zaigt er das haupt von Sant Katherin und anders vil
15 heiltums.

Ein groß wunder und ein zeichen ist do inn dem closter;
als vil münchen in dem closter sind, als vil lampell haben sie, die
prennen allweg; und wann ein lampel abnimpt, so sicht es der
münch wol des die lampell ist und wann sie erlischt, so stirbt der
20 münch, des die lampell gewesen ist; und wann der abt stirbt und
wer dann die meß singt oder list und wann er die meß gesungen
hatt, so vindt er ainen prieff auff dem altar, daran ist geschriben
des nam, der dann abt soll werden und desselben lampel zündt sich
selber an.

25 In der selben abtey ist der prunn, den Moyses macht, da er
mitt der gertten schlug auff den stain und do floß das wasser do-
rauß. Und nicht verre von der abtey da ist ein kirchen die ist
gestifft in unser frauen ere an der stat, do sie den münchen er-
schain. Hinauff paß do ist Moises capellen auff ainem stain, do
30 Moises hin floch, do er unsern herren unter den augen ansach.
Und an dem perg ist Helias capellen des propheten. Und an der
selbigen stadt haist der perg Oreb; und nachend bei Moises ca-
pellen do ist die stadt, do Gott gab Moisi die tavely von den

*

1 Während die Bibel unter Horeb und Sinai einen und denselben
berg versteht, machen die mönche des Katharinenklosters heute zwi-
schen beiden benennungen einen unterschied und bezeichnen bloß den
nördlichen vorsprung des Dschebel Musa als den Horeb (Ebers. s. 381).

zehen poten; und inn dem selbigen stain ist die höl, do Moises inn
lag, do er vastet XL tag.

Von dem selbigen tal gett man inn ein groß tal und chompt
auff ein perg, do Sandt Katherin von den engelln wardt hinge-
5 tragen; und in dem selbigen tal ist ein kirchen geweycht in XL
marterern eren und die münch singen offt meß da; und das tal
ist kalt; so gett man dann auff Sant Katherin perg und do wardt
Sant Katherin auff getragen und do ist chain kirch noch nichtz
dann ein hauffen stain, der ligt an der selbigen stadt; es ist vor
10 ein capellen da gewesen, sie ist aber zestört.

Es sein auch zwen perg, die do haissen Sinai; sie sein nachendt
pei ainander und dorumb haissen sie pede Sinai; es ist nur ein
tal entzwischenn.

42. (39.) [Der dürre baum bei Mambre. Nazareth.]

15 [N]icht verre von Ebron ist das Mambertal; und da ist der türr
paum, den haissend die haiden Kurruthereck, man haist in auch
Sirpe; und der ist gewesen seyt Abrahams zeitten und ist alleweg
grün gewesen, huntz das unser herre an dem creutz starb, do wardt
er thürr [1]. Nun vindt man in der prophecei, das ein fürst soll ge-
20 wesen sein gen occident wärtz der sunnen und der soll das heillig
grab gewinnen mitt den Christen und soll meß lassen haben unter
dem thürren paum und so soll der paum wider grün werden und
frucht pringen [2]. Die haiden haben den paum in grossen eren und
hütten sein wol. Der paum hatt die tugendt, wer den valleten
25 sichtumb hat und wann er des paums pei im tregt, so velt er
nymmer; und vil ander tugent hatt er an im; darumb haben in die
haiden in grossen eren und hütten sein gar wol.

Item von Jherusalem sein zwo gut tagweyd gen Nazareth, da
unser herr erzogen ist worden und ist etwan gewesen ein gute
30 stadt; nun ist es ein clain dorff und die heuser steen verr von
ainander und hatt scheyb umb sich gepirg. Und do ist ein kirch

*

1 Eine halbe stunde westlich von Hebron ist die eiche Abrahams,
die für einen überrest des haines Mambre gilt. Die beiden »heidnischen«
namen finden sich im glossar erklärt.   2 Der herrscher, welchem die
sage die oben erwähnte rolle zuschrieb, war der Staufer Friedrich II,
der verzaubert im innern eines berges schlief (Scherer s. 100).

gewesen, do wardt unser frauen der gruß geben von dem engel
Gabriel; es ist aber nichtz mer do, dann ein seulen und der hütten
die haiden gar wol von des opfers wegen, das sie do nemen von
den Christen; und sein gar pöeß leutt do und sein den Christen
5 gar veindt, aber sie dörffen in nichts thun vonn des chönig soldans
gepottes wegenn.

43. (40.) [Jerusalem und das hl. grab, sowie einige andere orte
des hl. landes. Der balsamgarten bei Kairo.]

[D]a ich zu Jherusalem was, das was in ainem krieg und do
10 lagen unser XXX thausent pey dem Jordan auff ainer schönen
weytten; und das macht, das ich die heilligen stet nicht wol gar
mocht gesechen, und gesuchen die ettliche, die hernach geschriben
steen; und pin zwir do gewesen mitt ainem soldan, der hyeß
Jusuph[1].

15 Jherusalem leytt zwischen zwaier perg und hatt grossen ab-
gang an wasser. Die haiden hayssen Jherusalem Kurtzy Chalil,
die Kriechen [hayssentz Hierosolyma].

Do das heyllig grab ist, da ist ein schöne kirchen und hoch und
scheyblig und ist mitt pley alle überteckt und ist vor der stadt [gewesen
20 und nun ist sie am ort in der stadt]. Und mitten in der kirchen auff der
rechten handt ist das heylig grab[2]; man lest auch nymandt hinein,
dann es sey ein grosser herre, zu dem grab; aber ain stain von dem
heylligen grab der ist in der maur des thabernackels eingemaurt,
den küssen und bestreichen sich die pilgrem domitt. Es ist auch
25 ein lampel die print von ir selber über jar hüntz an den kar-
freytag, so erlischt sie hüntz an den osterabendt, so erchönt sie
sich selber; auch an dem osterabendt so get ein schein auff auß
dem heilgen grab als ein feur; do chompt groß volgk auß Arme-
nia und auß priesters Johanns landt dohin, den schein zu sechen
30 und auß Sur[i]a[3]. Von der kirchen auff die rechten handt ist der

---

1 Diß ist die arabische form für Joseph, wie dieser sultan oben
genannt ist; beide namen stehen übrigens irrtümlich für Faradsch.
2 Vom heutigen portal aus betrachtet, liegt das hl. grab zur linken
hand. 3 An dem wunder des hl. feuers beteiligen sich jetzt nur
noch die Griechen, welche behaupten, daß es bis in die apostolische
zeit hinaufreiche (Meyer).

perg Calvarie da unser herr gekreutzigt wardt und [da] ist ein weysser stain [1]; und auff dem selbigen perg ist ein altar, do ligen Cristen, die sein chönig gewesen zu Jherusalem [2]. An dem perg Calvarie da ist ein altar, do ligt die seul, do Jhesus angepunden wardt, da man in geyßlat [3]; pey dem selbigen altar XLII staffel unter der erden, do ward gefunden das heyllig creutz und der zwaier schächer [4]. Vor der kirchtür do gett man XVIII staffel hinauff, do sprach unser herre zu seiner mutter die wortt, die er an dem chreutz sprach: „Frau nym war, das ist dein sun." Auch sprach er zu Sandt Johanns: „Nim war, das ist dein mutter." Und die selbigen staffel ging er auff, do er das chreutz trug. Und do selb oben ist ain capellen, do sind priester inn aus priesters Johanns landt [5].

Vor der stat ist Sandt Stephanus kirchen, da er ist gestaint worden, und gen dem tal Josaphat wärtz, do ist die gulden pforten.

Von der kirchen, do das heillig grab ist, nit verre, da ist das groß spital von Sant Johanns [6] und do behält man siech leutt und das spital hatt hundert und XXXIIII säulen; noch ist ein anders do, das steet auff LIIII merbelen seulen und inderhalb des spitals ist ein schöne kirch, die haisset zu der grossen unser frauen [7];

*

1 In der kapelle der kreuz-annagelung wird die stelle der kreuzigung durch marmorstücke, die in den boden eingelegt sind, bezeichnet (Bädeker). 2 Gottfried von Bouillon und Balduin I waren in der sog. Adamakapelle unterhalb der kreuzerhöhungskapelle beigesetzt. 3 An dieser stelle ist auf die sog. »säule der verspottung« hingewiesen, welche sich in einem altar der kapelle der verspottung oder dornenkrönung auf der nordseite von Golgatha befindet (Meyer s. 116). 4 Hier ist die kreuzfindungskapelle gemeint, welche 13 stufen unter der Helenakapelle sich befindet, während diese 29 stufen tiefer, als das niveau der grabkirche liegt. 5 Im eingang der grabkirche führt rechts eine treppe zur kapelle der kreuzerhöhung auf der stätte des eigentlichen Golgatha 4½ m über dem niveau der grabkirche. Die kapelle gehört gegenwärtig den Griechen, nachdem sie in früheren zeiten ihre besitzer öfter gewechselt hatte (Sepp I, s. 466); hingegen ist in der darunter befindlichen Adamakapelle eine in der apsis angebrachte nische im besitze der Kopten (vergl. den plan der hl. grabkirche bei Krafft). 6 Das prächtige hospiz des Johanniterordens lag der grabkirche gerade gegenüber; noch heute heißt der platz Muristan, d. i. spital, und es befindet sich daselbst eine kirche zum hl. Johannes, dem täufer. 7 Im Muristan sind noch die ruinen der kirche Maria

und do zunächst ist ein andere kirchen, die haist auch zu unser
frauen; do war Maria Magdalene und Maria Cleophe, die zugen ir
hare [uß], do sie Gott an dem kreutz sachen.

Von der kirchen, do das heilg grab ist, hinwärtz da ist der
[5] tempell unsers herrn, das ist gar ein schöner tempel und ist hoch
und scheublig und weitt und ist mitt zin überdacht; und ist ain
schön platz darumb an heusern und der ist pflastert mitt weyssem
merbellstain [1]; und die haiden lassen weder Christen noch Juden
darein [2]. Zum nächsten do pei dem grossen tempell do ist ein kir-
[10] chen, die ist mitt pley bedackt, die haisset man Salomonis stul [3],
und auff die tencken handt, do ist ein palast, den haist man Salo-
monis tempel [4].

Nit verre von Salomonis tempel, do ist ein schöne kirchen ge-
paut inn Sant Annen eren und do wardt unser frau entpfangen [5].
[15] In derselben kirchen ist ein prunn unnd wer sich dorinn badet,
was kranckhaitt er hab, er würdt gesundt und doselbst macht
unser herre den pettrisen gesundt [6]. Unnd nit verre davonn do
ist Pilatus hauß [7] und nachend dopei do ist Herodes hauß, der die
chint ließ töten [8]. Ein wenig fürpaß do ist ein kirchen, die

*

Latina, 1048 von kaufleuten aus Amalfi erbaut; sie erhielt später
den namen Maria major, als in der nähe eine zweite Marienkirche,
Maria minor, aufgeführt wurde.   1 Auf der Moriahöhe, dem raume
des alten tempels, befindet sich eine etwa 2 ᵐ höher gelegene, schön
gepflasterte terrasse, auf welcher sich die sog. Omarmoschee erhebt,
umgeben von einer großen menge kleiner kapellen; die moschee ist
ein achteckiger bau mit einer hölzernen kuppel, die von außen mit blei
bekleidet ist.   2 Bis zum Krimkrieg war der zutritt zum tempelplatze
nur den Muslim gestattet, heute ist er gegen bezahlung eines bak-
schisch allgemein freigegeben (Meyer).   3 An der ostseite des tempel-
platzes in der nähe der goldenen pforte befindet sich eine moschee,
welche den namen »thron Salomons« führt, zur erinnerung an das
ehedem hier vorhanden gewesene gerichtshaus dieses namens.   4 Die
gebäulichkeiten bei der heutigen Aksamoschee dienten den fränkischen
königen als palast unter dem namen »tempel Salomons« (Sepp I, s. 410).
5 Die kirche der hl. Anna steht auf der stelle, wo sich die wohnung der
hl. Anna und demnach das geburtshaus der jungfrau Maria befand.
6 Der sog. Bethesdateich liegt südlich der kirche.   7 Die tradition
verlegt das prätorium, die wohnung des Pilatus, an den platz der heu-
tigen kaserne im nordwesten des tempelplatzes.   8 Der palast Herodes
des großen war am entgegengesetzten ende der stadt, wo sich heute die

haisset zu Sant Annen und do ist ein arm von Sant Johans Cri-
sostimus und das merer tail von Sandt Stephans haupt.

Da ist ein gassen, als man will geen auff den perg Sion, da
ist Sant Jakobs kirchen [1]. Und nicht verre von dem perg [2] ist
5 unser frauen kirchen und was ir wanung und starb auch do. Als
man get auff den perg Sion, da ist ein capellen und in der sel-
bigen capellen ist der stain der do wart gelegt auff das heyllig
grab; inn der selbigen capellen ist auch ein seul, do unnser herre
wardt an gepunden, do in die Juden schlugen, wann dasselbig ist
10 Annas hauß [3] gewesen, der was der Juden pischolff. Und hinauff
paß wol zwoe und treyssig staffell, do ist die stat, do unser herre
seinen jüngeren die füß zwug; und doselbst nohandt wardt Sant
Stephan begrabenn; und do ist der altar, do unnser frau hörett die
engell meß singen [4]. In der selbigen capellen pei dem grossen altar,
15 da sassen die zwelffpoten an dem pfingstag, do der heyllig gaist zu
in cham; und an der selbigen stadt begieng unser herre sein oster-
tag mitt seinen jüngern [5]. Der perg Sion ist inn der stat Jheru-
salem und ist höcher, dann die stadt; unter dem perg ist ein
schöne purg, die hatt chönig soldan machen lassen; auff dem perg
20 sind begraben chönig David und Salomon und vil ander chönig.

*

citadelle befindet; in der nähe des prätoriums hingegen, am Xystus-
platze, befand sich der königspalast der Hasmonäer, in welchem auch der
tetrarch Herodes Antipas über Jesus zu gericht saß.   1 Am nordfuß
des Zion befindet sich die den Armeniern gehörende kirche s. Jacobus
major.   2 Es muß hier heißen: auf dem perg.   3 Nicht an das
haus des Hanna, welches sich noch innerhalb des heutigen Jerusalem
befindet, knüpft sich die oben mitgeteilte tradition, sondern an das
des Kaiphas, seines schwiegersohnes, das an den platz des armenischen
Zionklosters außerhalb der stadt verlegt wird; in der kirche steht
ein altar, der den verschlußstein des hl. grabes einschließt, ein neben-
gemach gilt als gefängnis Jesu; hingegen befindet sich die geiselungs-
säule nicht mehr hier und es dürfte die in der sog. erscheinungs-
kapelle der grabkirche stehende wahrscheinlich mit ihr identisch sein
(Bädeker s. 206. 243).   4 Unter einem altarbild der geistkirche
auf Zion, welches den tod Mariä darstellt, standen die worte:» Ex-
altata est sancta dei genitrix super choros angelorum « (Sepp I, s. 519).
5 Schon frühzeitig verlegte man in das sog. cönaculum auf dem
Zion den ort der einsetzung des abendmahls, später auch die fuß-
waschung, die ausgießung des hl. geistes und den tod Marias (Meyer).

Enhalbs deß pergs Sion und Salomons tempell, do ist das
hauß, do unnser herre die junckfrauen erquicket von dem tod.
Auch ist [doselbst] begraben Ysaias der prophett. Vor der stat
Jherusalem ist ein perg, do ligt Samuel der prophet be-
6 graben [1].

Zwischen dem perg Oliveti und Jherusalem, da ist das tal
Josaphat und gelangt an die stat und do gett ein pach; hinauff
pas in dem tal Josaphatt ist unser frauen grab und do geet man
viertzig staffel unter die erden zu dem grab; nicht verre davon
10 ist ein kirchen da sein begraben Jacob und Zacharias die pro-
pheten. Ob dem tal ist der Ölperg; zunächst bei dem perg ist
der perg Galilea [2].

Von Jherusalem an das tot mer seind zwai hundert stadia [3]
und ist hundert und fünfftzig praitt [4]. Der Jordan rint in das tot
15 mer und nicht verr davon, da ist Sant Johanns kirchen [5]; und ain
wenig hinauff paß da padent sich die Christen gema[i]niglich in
dem Jordan [6]; der Jordan ist nicht groß und nicht tieff; er hatt
aber gut visch; und chompt von einem perg und entspringt von
zwaien prunnen, der ain haist Jor und der ander Dan; und von
20 den zwaien prunnen hatt er den nam [7]; und rint durch ein seu und
rintt unter ein perg hin und chompt auff ein schöne weytten, do
haben die haiden offt marckt im jar dorauff. Auff der selbigen

*

1 Diese nordwestlich von der stadt gelegene anhöhe heißt heute noch
Nebi Samwil (prophet Samuel). 2 Die nördliche kuppe des Ölberges
führt die namen Galiläa oder Viri Galiläi, zu welchen benennungen
die Bibelstellen Matth. 28, 16 und apostelg. 1, 11 den anlaß gaben
(Sepp I, s. 694). 3 Der weg von Jerusalem über Jericho an das tote
meer beträgt zu pferde neun stunden (Meyer). 4 Die größenverhält-
nisse des toten meeres wurden bis in die neueste zeit bedeutend überschätzt
(Guthe I, s. 495); so beträgt auch die gröste breite nur 2¹/₆ geogra-
phische meilen (Klöden IV, s. 115). 5 Es ist das jetzt in ruinen befind-
liche sogenannte Johanneskloster (Mar Yuhanna) gemeint, welches sich
angeblich über der grotte, wo Johannes, der täufer, lebte, erhob. 6 An
der Jordanfurt, welche sich zwanzig minuten unterhalb des Johannes-
klosters befindet, pflegt für die griechischen pilger ein bad unter lei-
tung ihrer popen den schluß der Osterfeier zu bilden (Meyer s. 153).
7 Die mittelalterlichen autoren führen fast ausnahmslos den namen
Jordan auf die zwei zuflüsse Jor und Dan zurück, was etymologisch
falsch ist (Sepp II, s. 317). (Die bildung eines flußnamens aus den

weytt ist Sandt Jacobs grab; und auff dem selbigen veld lagen
wir ze veld mitt einem jungen chönig [1] wol mitt XXX thausent
man, wann der Türcken chönig hett uns im gelihen. Es sein auch
vil Cristen umb den Jordan und haben auch vil kirchen dopey.

5   Es ist auch zu mercken, do man zalt vonn Christ gepurt
zwelffhundert und achtzigk jare, do gewonnen die haiden das heyllig
grab.

   Ebron ligt von Jherusalem siben leg [2] und ist auch die haupt-
stadt zu Philistin; zu Ebron sein patriarchengreber Adams, Ab-
10 rahams, Ysaacks und Jacobs und auch ir weyber Eva, Sara, Re-
becca und Lia [3]; und ist ein schöne kirchen [da] [4] und der hüten
die haiden gar wol und haben die kirchen in grossen eren von der
heilgen vetter wegen, die do ligen; sie lassen auch chainen Christen
noch chain Juden dorein, er hab dann urlab von chönig soldan [5],
15 wann sie sprechen, wir sein nicht wirdig, das wir gen sollen an
so heyllige stete.

   Vor der stadt Misser und haissentz die Christen Cair da ist
der gartten, do der balsam innen wechst; auch wächst er nyndert
mer, dann doselbst [6] und inn India do wechst er auch. Chönig
20 soldan nimpt groß gut von dem balsam ein [7]. In velschen auch
die haiden vast mitt mancherlay das sie darein thun und die kauff-

                      *

namen der quellflüsse finden wir hingegen bei der Dordogne). In
wirklichkeit entsteht der Jordan aus drei quellflüssen: Nahr-el-Hasbani,
Banias und dem sog. kleinen Jordan.   1 Faradsch gelangte im alter
von dreizehn jahren zur herrschaft und hatte sogleich nach seiner
thronbesteigung den aufstand in Syrien zu bekämpfen.   2 Diese ent-
fernung stimmt mit der bei Raumer (s. 201) angegebenen überein;
zu pferd wird der weg von Jerusalem nach Hebron in 5½ stunden
zurückgelegt.   3 Die patriarchengräber befinden sich in der höhle
Machpela in Hebron; die von Adam und Eva sind jedoch nicht da-
runter.   4 Über den gräbern ist die große moschee Haram, eine ehe-
malige christliche basilika (Meyer).   5 Muslimischer fanatismus ver-
sagt jedem ungläubigen den zugang zur moschee. Die fremden werden
bis an den eingang des innern hofraumes geführt; weiter vorzudringen,
ist nur möglich auf grund eines speziellen fermans, wie er in neuerer
zeit nur dem prinzen von Wales (1862), dem marquis von Bute (1866)
und dem kronprinzen von Preußen (1869) erteilt wurde (Meyer).   6 We-
nige kilometer nordöstlich von Kairo liegt ein dem khedive gehörender
garten, welchen die Araber Ain Schems (sonnenauge) nennen; jahr-

leutt und die apoteker, darumb, das sie vil doran wollen gewinnen; aber rechter balsam ist lautter und clar und ist gelvar und hatt ein starcken geschmack, ist er aber dick und rot, so ist er nicht gerecht; nempt ainen tropfen balsams in die handt und halt in
5 gegen der sunnen, ist der balsam gerecht, so mugt ir der hitz von der sunnen nicht geleyden, wann euch dünkt, ir habt sie gar in ainer grossenn glut; nempt ein tropfen balsams an ain messer und halt das messer gegen ainem feur, print der balsam, so ist er gerecht; nempt ein silbere schalen oder ein silberen pecher vol gaiß-
10 milch und rüert sie vast und thutt ein tropffen balsams dorein, ist er gutt, so gerint die milch zestund; und mitt dem bewärtt man den balsam.

44. (41.) [Die vier flüsse des paradieses.]

[M]itten inn dem paradeiß do ist ein prunnen, do entspringendt
15 vier wasser auß, die gendt durch mancherlai landt. Das erst haist Vison, das rintt durch India, in dem wasser vindt man vil edells gestains und golt. Das ander haist Nilus, das rint durch Morenlandt und durch Egipten. Das tritt haist Tigris, das rint durch Asia [2] und durch das groß Armenia. Das vierdt das haist
20 Eufrates, das rint durch Persia und durch das clain Armenia.

Von den vier wassern han ich treu gesehen: das ein ist Nilus, das ander Tigris, das tritt Eufrates; und in den landen do die wasser durch rynnen, da pin ich gewesen manichs jar und han guts und args versucht, davon vil ze sagenn were.

25 45. (42.) [Die pfefferpflanzungen in Indien.]

[I]n der grossen India pin ich nicht gewesen, do der pfeffer wechst, aber ich han es wol vernummen von den haidnischen landt-farern, die es gesehen haben, woe er wechst oder wie er wechst.

---

hunderte lang glaubte man fälschlich, daß nur hier die balsamsträu-cher gedeihen könnten (Ebers). 1 Der sultan Bursbai untersagte den privatleuten den handel mit gewürzen; außerdem erwarb er alle aus Indien kommenden waaren auf eigene rechnung und ließ sie durch seine beamten für hohe summen verkaufen (Ebers). 2 Vielleicht ist Assyria zu lesen.

Ich han gehört, er wachß pei ainer stadt, die haisset Lambe unnd do wechst der pfeffer in ainem wald, ist wol XIIII tagweyd langk'; inn dem selbigen wald sein zwoe stet und vil dörffer und die seind all christen und ist groß hitz, do der pfeffer wächst. Der

5 pfeffer wechst auff .paumen, die sein gleich wilden weinreben, und der pfeffer ist ·schlehen gleich, die weyl er grün ist, und sie pinden in an stecken als die weinreben; und die paumen tragen sein gar vil und wann er zeittig ist, so ist er grün, so list man in ab sam die weinper und terren in an der sunnen als lang, piß er türr

10 würdt. Es wachsen treyerlay pfeffer, langer pfeffer, weysser und der schwartz, und der wechst mitt den pletern; darnach wechst weysser und der ist der pest und den behalten sie in iren landen und sein wechst nicht als vil als des anderen. Es seind auch vil [natern] da von der großen hitz wegen, die da ist; und etlich

15 sprechen, wann man den pfeffer will ablesen, so machen sie feur in den walt und vertreyben die schlangen, dorumb wer der pfeffer schwartz; unnd das ist nicht, wann macht man feur dorein, so würden die paumen türr und trügen nicht mer. Wisset das sie ire hendt waschen von öppfel, die hayssendt limon, oder mitt an-

20 derem krautt, das sie haben, so flichen die schlangen von dem ge- smach und also lesen sie den pfeffer an sorgen.

Inn dem selben land wachsen auch gut ingwer und vil ander gutter spetzerey und gewürtz.

46. (43.) [Alexandria. Der wunderbare spiegel daselbst.]

25 [A]llexandria ist wol pey siben welschen meylen lanck und pey treyen prait und ist ein schöne stadt. Und das wasser Nilus rintt pey der stat in das mer und die stadt hatt anders chain wasser ze trincken, dann das selb wasser; sie haben es gelaitt in cisternen in die stadt. Es chompt grosse chauffmannschafft auff dem mer

30 dahin auß wälschen landen von Venedig und von Genau; zu Alle- xandria haben die von Genau ir aigen chauffhauß und desgleichen die von Venedig haben ir besunder chauffhauß. Zu Allexandria ist gewonheitt, wann es vesperzeitt würdt, so müssen die Walchen alle in ir chauffheuser gen und dören dornach nymmer in der

35 stat umbgen, wann es ist verpoten bey leyb und pei gut; so chompt dann ein haiden und spert die chauffheuser zu und tregt die

schlüssell mitt im haim piß morgens, so thut er wider auff[1]; und
das thun sie darumb, das sie sorg haben, die Walchen gewinnen
in die stadt an, wann sie ain stundt gewonnen wart von dem chönig
zu Czipern[2]. An der porten zu Allexandria do ist ein schöner
5 hocher thuren und es ist nicht lange zeitt, das auff dem selbigen
thuren ist ein spigell gewesen[3] und do hat man in gesehen von
Alexandria huntz gen Cipern auf dem mere, wann sie auß oder
einfuren oder was sie theten, das sach man alles zu Allexandria
in dem spigell, wann der chönig von Cipern krigett die selben
10 zeit mitt Alexandria und chünt der stadt nichts angewinnen oder
thun von des spigels wegen. Do cham ein prister zu dem chönig
von Cipern und sprach, was er im geben wolt, so wolt er den
spigell zuprechen; da verhyeß im der chönig, wer das er den spi-
gell zeprüch, so wolt er im ein pistum geben in seinem land,
15 welchß er wolt. Also ging der priester zu dem pabst zu Rom
und nam von dem pabst urlaub und sprach, er wolt gen Alexan-
dria und wolt den spiegell zeprechen und das mocht er nicht thun,
er verlaugnat dann cristenlichs glauben; da erlaubt im der pabst,
das er verlauget mitt den wortten und nicht mitt dem hertzen;
20 unnd das thett der priester von der cristenhait wegen, wann die
Cristen grossen schaden namen auff dem mer von den haiden. Also
hub sich der prister von Rom unnd cham gen Allexandria und be-
cherat sich in der haiden glauben und lernat ir geschrifft und
wardt ein haidnischer priester und wardt ir prediger und lernat
25 und predigt in haidnischen glauben wider cristelichen glauben und
sie hetten in inn grossen eren und wirden, darumb das er ein
christen priester was gewesen und glaubten und getrautten im gar
wol unnd sprachen gen im, welchen tempell er wolt inn der stadt,

*

1 In den meisten städten des morgenlandes gab es okellen oder
khane. Sie dienten zur bequemlichkeit der kaufleute, sowie zur sicher-
stellung ihrer waaren und bestanden aus einem hofe, der von gebäu-
den umgeben war, in derem unterm stockwerke sich gewölbte nieder-
lagen befanden, während die oberen räume als wohnungen oder speicher
benutzt wurden; das eingangsthor wurde des abends geschlossen
(Ebers I, s. 331). 2 Es ist hier die in das jahr 1365 fallende ein-
nahme Alexandrias durch Peter von Lusignan, könig von Cypern, ge-
meint, wobei dieser von den Genuesen, Venetianern und Rhodisern unter-
stützt wurde (Bruun). 3 Dieser spiegel auf dem Pharos ist in ähnlicher
weise bei Makrizi beschrieben (Bruun).

den wolten sie im geben sein lebtag. Es was auch ein tempell
mitten in dem thuren, da der spigell auff was [1] und denselben tem-
pell begeret er von in sein lebtag und den gaben sie im unnd den
schlüssel zu dem spigell, do was er IX jar auff und dornach pot
5 er dem chönig von Zipern auff ein zeitt, das er chäm mitt galein,
so wolt er den spigell zuprechen, wann er hett in in seiner gewalt,
unnd das er im ein galein schickt, wan er den spigel zuprüch, das
er dann auff einer galein dorvon chäm. Also chamen vil galein
eins morgens früe, do zeprach er den spigel und tett drey schleg
10 mitt ainem grossen hamer, ee das er in zuprach; und von dem
clang des spigels erschrack das volgk inn der stadt und waren
alle auff und luffen zu dem thuren und umbgaben den thuren, das
der prister nyndert dorvon mocht; da sprang er ab dem thuren durch
ein venster in das mer und viel sich ze tot. Nicht lang dornach do
15 cham der chönig von Cipern mit grosser macht auff dem mer und
gewan Alexandriam die stadt und hett sie drey tag inn; dornach
zog chönig soldan auff in, da mocht er nymmer pleyben; da prennat
er die stat auß und ving das volgk und füratz mit im hin mit
leyb und gut und weyb und chindenn.

20 ## 47. (44.) [Der riese Allankassar und sein schienbein.]

[E]s ist gewesen ein reck, hatt geheyssen in haydnischer sprach
Allankassar [2] und der ist gar ein langer und grosser man gewesen
und ist gewesen inn Egiptenlandt in der stat zu Missir und die
Cristen hayssentz Kair und ist chönig soldans hauptstadt und da
25 hatt der reck in der stat XII thausent pachöffen ein mal ain stund [3]
im tag ain pürd holtz pracht, das die XII thausent öfen haben
holtz genug gehabt ze prennen; und ein iglicher peck hatt im von
seinem ofen ein prot geben ze lonn und also hatt er ein tag XII
thausent prot gaß. Und desselben obgenanten recken ist ein schin-
30 pein in Arabia in einem pirg zwischen zwaier perg und do ist gar
ein tyeffs tal und das tal ist ein eyttel velß; und in dem tal rintt
ein wasser und das wasser rintt alß dieff in dem tal, das man es

*

1 Nach Abd-Allatif befand sich oben auf dem Pharos eine moschee
(Brunn).   2 Bruun hatte hier die lesart Allenkleisser vor sich und
hält sie für eine verderbnis aus Aliskander d. i. Alexander der große,
weshalb er in der hier erzählten legende eine der vielfach verbreiteten
Alexandersagen vermutet.   3 Tautologische zusammenstellung.

nicht gesehen mag, man hört es nur seusen; und in dem selben tal
ist des obgenanten recken schinpein ains gelegt zu ainer prücken [1];
und wer dohin chömpt reyttend oder geend, der muß durch das
schinpein außzihen; es ist auff ainer straß do chauffleut hinchomen
5 und da durchzihen, wann es ist gar eng in dem selben pirg, das
man chain weg anders mag gehaben, dann den selben weg; und
das pain schätzen die haiden ein ferrsengch; ein ferrsengh ist als
vil als ein gutter pogenschuß oder mer; und doselbst nympt man
zol von den chauffleutten und von dem selben zol kaufft man paumöl
10 und salben das pain damitt, das es nicht erfaul. Es ist nicht
lange zeitt, das ein soldan [2] hatt ein prücken lassen machen pey
dem pain; doch ist es mer dann zwaihundert jar, das die prück
gemacht ist worden, wann die jarzal steet geschrieben an der
prücken; und die prücken hatt er darum gepaut, wann ein groß
15 volgk dar chompt als [3] einher, das man über die prücken zich und
nicht durch das pain; aber wer durch wunders willen durch das
pain will zihen, der mag es wol thun und von obentheur wegen,
das er davon müg gesagen; und das ist hie zu land ein unglaub-
lich ding unnd ist sicher also.

20   48. (45.) [Die verschiedenen heidnischen religionen.]
   [D]ie haiden haben fünfferlai glauben.
   Der erst glauben ist das ettlich glauben an in, der hatt ge-
haissen Ali [4] und ist ein grosser ächter der Christen gewesen.
   Der ander glaub ist, das sie glauben an ain hatt gehayssen
25 Molva [5] und der ist ein haydnischer priester gewesen.
   Der tritt glaub ist, das ettlich glauben als die heylligen drey

---

1 Bruun verlegt die hier im text angeführte »mit baumöl bestri-
chene und deshalb von einem vermoderten riesenknochen nicht leicht
zu unterscheidende (alte) brücke« in die nähe der beiden ehemaligen
festungen Kerak und Schaubek in der sog. Araba, südlich vom roten meer.
Mit mehr berechtigung werden wir wohl an eine natürliche felsenbrücke
denken dürfen, welche durch ein naturspiel die form eines mensch-
lichen beines darbot.   2 Mit aufbietung vielen scharfsinnes kommt
hier Bruun zu dem ergebnis, daß der ägyptische sultan Alkamil, der
neffe Saladins, der erbauer der neuen brücke war.   3 bisweilen (?).
4 Die Schiiten, welche den vierten khalifen Ali für den rechtmäßigen
nachfolger des propheten erklären.   5 Der molla Hassan, stifter der
Assassinensekte (Bruun).

chönig glaubten ee das sie recht worden verchert durch die predig
der zwelffpoten [1].

Der vierd glaub ist, das etlich glauben an das feur [2], das ist
in solcher maynung do Adams sun genant Abell sein opfer pracht
5 dem almächtigen Gott da nummen die flammen des feurs das opfer
und darumb glauben sie an das feur.

Der fünfft glaub ist, das der mainst tail der haiden glauben
an ainen hatt gehaissen Machmet und von dem glauben will ich
ein wenig sagen, als es hernach geschrieben stet.

10 **49. (46.) [Mohammed und seine wirksamkeit als prophet.]**

[D]es Machmett vatter und mutter ist ein arms völckel ge-
wesen und ist pürtig gewesen auß Arabia nnd do er XIII jar alt
was do ging er auß von vater und muter in das elend und cham
zu chauffleuten und die wolten zihen in Egiptenlant und do pat
15 er sie, das sie in mitt in liessen; unnd do namen sie in auff zu
ainem knecht und must in der kamel und der roß hüten. Es ist
auch ze mercken, als ich gehört han von den haiden woe der Mach-
met stund oder ging, so stund allweg ein schwartz wolcken ob im
und do die chauffleut chamen in Egiptennlandt so, do schlugen sie
20 sich nyder pey ainem dorff und dieselben zeitt was Egipten alles
christen und in dem dorff was ein pfarrer und der ging zu den
chauffleiten und lued sie ze hauß, das sie mitt im äsen; und do die
chauffleut zu dem tisch gingen, da must der Machmet die weyl
bey den camelen unnd pey den rössern pleyben und do sie alle in
25 des pfarrers hauß chamen, da fragt der pfarrer, ob sie alle do
wären, do sprachen sie, [sie] weren alle do, dann ein hnab wer pey
den camelen und pey den rössern; also lugt der pfarrer hinauß,
do sach er ein schwartz wolcken steen ob den camelen, do der
Machmet was. Es hätt der priester gelesen in ainer prophezei, das
30 ainer solt geboren werden von zwaierlai geschlecht und der solt
ein glauben auffpringen wider cristlichen glauben und zu ainem
zaichen, woe der mensch ging oder stün, so solt ein schwartz
wolcken ob im steen; und do er die schwartzen wolcken sach, do
erchandt er wol nach der prophecei, das der Machmet der mensch

*

1 Unter dieser religion ist wahrscheinlich, wie oben s. 40, der Bud-
dhismus zu verstehen. 2 Der Parsismus, die lehre Zoroasters (Neumann).

wär, der den glauben solt auffpringen, und do pat der pfarrer die
chauffleutt, das sie den chnaben zu im prächten; und do prachten
die chauffleutt den Machmet zu dem pfarrer; und do fragt der
priester den Machmet wie er hyeß; und do sagt er im sein nam;
5 und das fragt er in dorumb, wann er auch gelesen hett, wie er
solt'Machmet gehaissen werden und solt ein mächtiger herre wer-
den und solt auch die cristenhaitt vast beschweren; und sein glaub
solt nicht zu thausent jaren chomen und dornach solt er wider ab-
nemen; und da der pfarrer vernam, das er Machmet hyeß und die
10 schwartzen wolcken ob im sag steen, do west er wol, das der knab
der mensch was, der den glauben solt auffpringen, und nam den
Machmet unnd satzt in über die chauffleut an den tisch und erpot
im grosse ere; und do sie asen do fragt der priester die chauffleut,
ob sie nicht westen, wer er wär; [sie sprachen: „Nein; nun er
15 was zu uns kumen und hat uns gepetten, das wir in mit uns in
Egipten faren liessen.] Und also hub der priester auff und sagt
in, wie er gelesen het in ainer prophecei von dem knaben, wie er
ain glauben auff solt pringen und durch den glauben solten die
Christen vast getrückt werden; und do fragten sie den priester wie
20 ers west, das der knab ein glauben solt auffpringen; do sagt er
in, wie ers gelesen het, und zu ainem zaichen solt alweg ein
schwartz wolcken ob im steen; und do zaigt er in die wolcken, die
ob dem Machmet stund, und auch woe der Machmet hinging, do
ging die wolcken ob im. Und dornach sprach der priester zu dem
25 Machmet: Du würdst ein grosser lerär und würdst ein besundren
glauben setzen unter den haiden und würdst die Christen vast
trücken und krencken mitt deinem gewalt und dein geschlächt
würdt grossen gewalt gewinnen; nun pitt ich dich, das du mein
geschlächt, das sein die Armeny, mitt frid haltest." Und das ver-
30 hyeß im der Machmet; und do zugen die chauffleut und der Mach-
met mit in gen Babilon.

Unnd der Machmet wardt ain grosser maister in haidni-
scher geschrifft und dornach predigt er den haiden vor, sie
solten glauben an Got, der himel und erden beschaffen hett, und
35 solten nicht glauben an die abtgötter, wann sie sein mensches
geschöph unnd sie haben oren und gehören nicht, augen und
gesehen nicht, mundt und reden nicht und haben füß und gen
nicht und mochten in nitt helffen weder an leyb noch an sele; und

becherat den chönig zu Babilon und vil volcks domitt und dor-
nach nam in der chönig zu im und gab im vollen gewalt über das
landt und dornach richat er das gantz chönigreich; und do der
chönig starb, da nam der Machmet die chönigin und wardt gewal-
tiger calpha und das ist als vil als ain chönig. Unnd der Macha-
met hett vier man pey im, die waren wol gelert inn haydnischer
geschrifft; und den vier mannen entpfalh er iglichem ain ampt;
dem ersten entpfal er das geistlich gericht und der was genant
Omar; dem anderen entpfalh er das weltlich gericht und der was
genandt Ottman; dem tritten entpfalch er die wag und die hant-
wercher, das ydlicher sein hantwerch getreulich vorprächt unnd
der hyeß Abubäck; dem vierden entpfalh er das schwert und
macht in hauptman über sein volgk, und der was genandt Aly und
den schicket er in Arabia und wer sich nicht vercheren wolt, den
pracht er mit dem schwert darzu; und man list auch in dem haid-
nischen puch, das genandt ist Alkaron, das er auff ein tag neuntzig
thausendt man erschlagen hatt in Arabia von Machametz glauben wegen.

50. [Religionsvorschriften des Islam.]

[D]er Machmet hatt den heyden gepoten und auffgesatzt zu
ainem gesetz: Am ersten wann ein thegenchindt geporen wirdt,
so müssen sie es besneyden als dann die Juden ir chindt beschney-
den auch; die heyden beschneyden sie auch, wenn es XIII jar alt
wirt. Auch hatt er in fünff tagzeitt gesetzt, die sie täglich sollen
vorpringen; die ersten tagzeitt müssen sie verpringen, wenn der
tag herget; das ander zu mittem tag; das tritt ums vesperzeitt,
das fierd so die sunn untergeet; das fünfft wann sich tag und nacht
scheydt [1]; mitt den vier tagzeiten loben sie Gott, der himel und
erden beschaffen hatt und mitt der fünfften tagzeitt piten sie den
Machmet, das er ir pot sey gen Gott; und zu ydlicher tagzeitt
müssen sie in den tempell gen. Sie müssen am ersten den munt
und die augen waschen, ee das sie in den tempell gen; und wann
ainer mitt seinem leyb sündt, so tar er nicht in den tempell gen
piß er sich überal an dem leyb wescht; und das thun sie in ainer

1 Das erste gebet bei tagesanbruch heißt subh, das am mittag
duhr, das am nachmittag, etwa 1½ stunden vor sonnenuntergang, asr,
das bei sonnenuntergang maghrib und das letzte, welches eine stunde
nach sonnenuntergang verrichtet wird, ascha (Bädeker, Ägypten s. 162).

solchen maynung, sam wir uns peichten, wann der haiden maynt
wann er sich wasch, so sey er als reyn als ein Christ, der sich,
mit andacht und mitt rechter reu peicht ainem priester; und wann
sie in den tempel gen, so zihen sie vor dem tempel die schuh ab
5 und gen parvus in den tempel; auch thüren sie chain waffen noch
chain schneydens dingk mitt in inn den tempel nicht tragen; und
die weyl sie inn dem tempel sein, so lassen sie chain frauen hinein.
Wann sie in den tempel chomen, so steen sie nach ainander und
legen die hendt für sich und naigen sich und küssen die erden;
10 so sitzt ir priester vor in auff ainem stul und hebt in dann das
pet an, so sprechen si yms nach; es ist auch ze mercken, das
chainer mit dem andern nicht redt in dem tempel noch chainer den
andern anlugt, huntz sie ir pet vorpringen; sie setzen auch chain
fuß für den andern nicht, sie setzens neben ainander; sie lugen
15 auch nicht hin und her in dem tempel, noch gen nicht hin und
her im tempel, sie sten still an ainer stadt und haben die
hendtt neben ainander und halten sich diemutiglichen, huntz
sie ir pet vorpringen; und wann sie ir pet vorpringen, so
grüst ainer den andern [1] und geen auß dem tempel. Es ist
20 auch ze mercken, das sie chainerlay thier lassen in den tempel.
Sie haben auch chain gemel noch chain pild in irem tempel, dann
ir geschrifft und gewechß von plumen und rosen gemalt. Sie lassen
auch mitt wissen chainen Christen in iren tempell. Es ist auch
ze mercken, das chain haiden tar außwerffen oder husten noch
25 nyesen noch chainerlai solchs thun; und wann ir ainer ain solchß
thut, so muß er auß dem tempel gen und muß sich rainigen und
waschen, dartzu muß er vil red leyden von den haiden; wann
ainer husten will oder außwerffen oder nysen, der muß auß dem
tempel gen und muß vor dem tempel vorpringen und muß sich
30 dann dornach waschen.

Es ist auch zu mercken, das sie den freytag feyern als wir
den suntag und wer nicht in den tempel get an dem freyttag, so
nympt man in und pint in auff ain laytter und tragen in inn der

*

1 Nach beendigung des gebetes greifen die Moslemin ihren bart
an und kehren sich rechts und links, um die beiden schreiber engel,
welche ihnen nach ihrer meinung zur seite stehen, zu begrüßen; der
zur rechten schreibt die guten, der zur linken die bösen handlungen
auf (Bädeker s. 96).

stat umb von ainer gassen zu der andern und dornach pinten sie
in für den tempel huntz das sie ir pet verpringen und schlagen in
XXV mal auff ploß haut mitt ainer ruten, er sey reich oder arm;
so schmähen sie in also. Item was in von irem viech würdt von
5 milch an irem feyertag, das geben sie alles inn das spital und an-
deren armen leutten. Es sprechen auch ir priester, wann sie ir pet
vorpringen an irem feyertag, so mögen sie wol arbeyten, wann sie
sprechen, arbaiten sein heylig und der mensch pring mer sünde mit
müßgen, dan mitt arbaitten; darumb erlauben sie irem volck zu
10 arbaiten an irem feyertag. Auch an dem feyertag so sie ir pet
verpringen in dem tempel, so heben sie ir hendt auff gen Gott und
piten roch über die cristenhaitt all mit ainer stym und sprechen:
„Almächtiger Got, wir biten dich, das du den Christen chain aini-
gung gebst“; wann sie sprechen, wann die christenhaitt ains mitt
15 ainander wären und das sie frid mitt ainander hielten, so legen
sie uns ob, was sie mitt uns anhüben.

Es ist auch ze mercken, das sie treyerlai tempel haben; ain,
do sie gemainiglich ein gen und der ist als ein pfarr und der ist
genandt meesgitt; der ander ist, da die priester inn sein und der ist
20 als ain closter und der ist genandt sephia[1]; der tritt tempell ist
da die chönig und die mächtigen herren ir grebnuß haben und der
haist emarad und in dem beherbrigt man arm leut durch Gottes
willen, es sein Christen, haiden oder Juden, und den gibt man auch
ze essen und ze trincken durch Gottes willenn.

25 Es ist auch ze mercken, das sie chain toten begraben in den
rechten tempel, der genant ist meesgitt, noch umb den tempel; sie
grabens auff das velt bey den landtstrassen; unnd das thun sie
darumb, wer do für gee oder ziech, das der Got für sie pitt, die
do begraben sein. Auch wann ainer sterben will, so steen sie umb
30 in, so sprechen sie im zu, das er an Got gedenck und Gott anruff,
das er sich erparm über in; und wann er gestirbt, so waschen sie
den leychnam aussen und inn und tragen in dann die priester mit
gesang zu dem grab und begraben in. Es ist auch ze mercken, das sie
auff den toten leychnam chain chot legen; ist er reich gewesen, so

*

1 sephia ist wahrscheinlich (durch vermittlung von sevia) verän-
derte lesart für zawiya (vergl. das glossar). Der im text beigefügten
erklärung entspricht allerdings die lesart der handschriften DH »me-
drassa« (medresse, moscheenschule) besser.

machen sie im ein truchen oder mauren im das grab; ist er aber arm, so
stecken sie holtz über in und werffen dann das chot dorauff; und der tot
leyt ledig, das in das chot nicht beschwert; und das thun sie darumb,
wan sie ein glauben haben, das ains soll chomen in das grab und
5 das haissen sie schoruntzy unnd soll den toten nemen oben pey dem
leychtuch, wann sie die leychtücher oben bey dem kopff zupinten
und doselben soll es den toten schüten und soll in fragen, wen er
angehöre oder wes er sey; und leycht der tot spricht von forcht
wegen: „Ich gehöre dich an", so soll sein sel verloren sein; spricht
10 er aber trey stund: „Ich gehöre den allmächtigen Got an"; so soll
sein sele behalten sein; und darumb sein die greber hol [1]. Auch
wann sie ein begraben, so fliehen sie ze handt von dem grab, da-
rumb das sie den toten nicht hören reden, wann sie maynen, wer
in hör reden, der muß des selbingen jars sterben.

16   ## 51. [Das mohammedanische fastengebot.]

[E]s ist auch ze mercken das die haiden ein monadt in dem
jar vasten; und die vasten vercheret sich alle jare in ainen anderen
monadt, das ist inn das nächst monadt dornach; und vasten den
gantzen tag hintz nacht, das sie weder essen noch trincken hintz
20 bis sie die stern an dem himel sehen; dornach so geet dann der
priester auf den thuren und rufft dem volgk zu dem pet; so geen
sie dann in iren tempel und verpringen ir pet und wann die das
pete vorpringen, so geen sie dann haim in ire heuser und essen
dann die gantzen nacht piß tag fleysch und was sie dann haben.
25 Auch ligen die mann pey iren frauen die gantzen vasten nicht.
Die swangern frauen und die inn den chindelpett ligen, die mögen
in ir vasten wol essen und sein nicht schuldig ze vasten und auch
die siech sein, die mögen wol essen. Auch nemen sie chain zinß
in ir vasten noch von heusern noch von anderen dingen das zins-
30 par ist.

* * *

1 Die beiden frage-engel Munkar und Nekir setzen sich nach der
lehre des Islam in der nacht nach der beerdigung eines toten neben
die beiden denksteine, die sich auf jedem mohammedanischen grabe be-
finden, und halten die prüfung mit der seele, welche noch eine nacht bei
der leiche bleiben muss, ab. Die gewölbten kammern der gräber sind da-
her so hoch, daß sich die toten aufrecht setzen können (Bädeker s. 96. 106).

52. (47.) [Das Beiramfest.]

[E]s ist auch ze mercken von der haiden ostertag. Wann die
haiden ir vasten verpringenn, die ain monadt werdt, so haben sie
dann dornach trey tag ostern; und deß morgens an dem ostertag
5 so gen sie in den tempel und verpringen ir pett noch ir gewonhait;
und wann sie ir pet verpringen, so geet das gemain volgk hin
und legt harnasch an und chomen für des obersten priesters hauß
und all herren und knecht; so nemen sie dann ein tabernakel, der
inn des obersten priesters hauß stet und ziren den thabernackel mitt
10 gülden und sameten tüchern; so nemen dann die obrigsten und
die pesten, die in der stat sein, den thabernackel und tragen,in für
den tempel und vor dem thabernackell tragen sie ir paner, und
allerlai spilleut, die man gehaben mag, die geen voran hin; und
wann sie den thabernackel für den tempel pringen, so setzen sie
15 in für den tempel nyder; so geet dann der obrist priester in den
thabernackell und predigt dann den haiden; und wann er die predig
verpringt, so nympt er dann ein swert und zeucht das auß und
nymptz in die hant und spricht gen dem volgk: „Rufft Gott an, das
er uns macht und crafft geb, das wir mitt dem schwert allen den
20 obligen, die wider deß Machmetz glauben sein.“ So recken die
haiden all die hend auff und pitenn unsern herren, das das geschech,
und dornach gen die mächtigen herren in den tempel und peten;
so muß das gemain volgk die weyl des thabernackels hüten und wenn
die herren ir pet vorpringen, so nemen sie den thabernackel und
25 den priester darinn und tragen in haim in sein hauß in dem tha-
bernackel und das panir, und die spilleut gen voran hin vor dem
thabernackel; und wann sie das verpringen, so gen sie dornach
haim in ir heuser und haben grosse freud den tag.

(48.) Item dornach über ein monadt so haben die haiden aber
30 ein osteren Sant Abraham zu eren [1]; und stechen dann lember und
ochsen und geben das armen leuten durch Gottes willen; und das
thun sie darumb Sant Abraham zu eren, das er Gott untertänig
was und wolt Got seinen sun Ysaack geopfert haben. Auch in der
zeitt so gen die haiden zu Machametz grab und zu dem tempel, den

*

1 Das zweite Beiramfest, zur erinnerung an Abrahams opfer, wird
70 tage nach dem ersten gefeiert (Bruun).

Abraham hat gepaut ¹, der vor der stat stet, da der Machmet sein
grab hatt ², und die stat ist genandt Mâchka; und chönig soldan
überlegt des Abrahams tempel mitt ainem schwartzen sammet und
ein priester ist pey dem tuch und gelt ainem idlichen haiden, die
⁵ en chirchferten dohin chommenn ein fleckel von dem sammanten
tuch zu ainem zaichen, das sie da sein gewesenn.

53. (49.) [Religionsvorschriften des Islam.]

[Zu]m ersten hatt der Machmet verpoten den haiden, das chain
haid darff sein part abscheren; und sprechen, wer den part ab-
¹⁰ schere, der thu wider das gepot Gottes, wann der almächtig Gott
habe den ersten menschen Adam in seiner götlichen gestalt [be-
schaffen] und sprechen auch, wer sich anders verchere, dann in
Got beschaffen hab, der thue wider das gepot Gottes; und sprechen
auch, wer den part abscher, der thue es in übermut und in hoffart,
¹⁵ wann er zir sich gegen der welt und domit versmach er das ge-
pschepff Gottes; und sprechen: „Das thun die Cristen und dynen
iren frauen domitt und ist ein grosse widerwärtigkaitt an den
Cristen, das sie die gestalt vercheren, da sie Gott inn beschaffen
hat." Auch hat der Machmet poten den haiden, das chainer gegen
²⁰ dem andern das haupt soll plössen noch gein chönig noch gein
chaiser, und das halten die haiden; aber wann ein mächtiger herre
für einen gett, so naigt er sich und knyet für in nider. Sie spre-
chen, welchem vater, muter oder freund sterben, gegen demselben
soll man das haupt plössen; und das halten dy; wann das ist, das
²⁵ sie ain clagen, so zigen sie den hut ab oder was sie auff dem haupt
haben und werffens auff die erde und domitt clagt ainer den andern.

Auch hatt der Machmet erlaubt den haiden, das ainer als
vil weyber mag nemen, als er erneren mag. Auch ist ir gesetz,
wann ein weyb schwanger ist, so chompt der man zu ir nicht, pys
³⁰ sie des chindes genist und viertzehen tag dornach; er mag die

*

1 Es ist die würfelförmig gebaute Kaaba gemeint, in deren einer
ecke der schwarze stein eingemauert ist, welchen Gabriel dem Abra-
ham vom himmel brachte; dies heiligtum ist im innern mit teppichen
geschmückt und auch von außen mit einem großen teppich bedeckt,
auf dem in goldschrift die hauptglaubenslehre gestickt ist: »Es gibt
keinen gott außer gott« u. s w.   2 Fast in allen reisebeschreibungen
des mittelalters findet sich Mekka als grabstätte Mohammeds angegeben.

weyl wol ein schlaffweyb gehaben. Es sprechen auch die haiden,
das sie nach dem jüngsten tag werden in dem himellreich englisch
frauen haben und werden die beschlaffen und pleyben doch all-
wegen junckfrauen und sprechen auch, es hab Gott nur den [1]
5 beschaffen, die inn des Machmetz glauben sterben. In hatt auch
der Machmet gepoten, das sie chainerlai thir noch fögell sollen
essen, dann sie schneyden in dann die cragen am ersten ab und
lassen das plut von in rynnen; und das halten sie auch. Er hat
in auch verpoten das schweinefleysch.

10 (50.) Es ist auch ze mercken, das der Machmet den haiden den
wein hat verpoten unnd trinckt auch chain haiden chain wein;
und das hatt er darumb dann [2], als dan die haiden sprechen, das
der Machmet ains mals ging mitt seinen dynern für ein weinhauß
und do was vil volcks inn und hetten groß freud; do fragt der
15 Machmet, warumb das volgk als frölich wer, da sagt im seiner
dyner ainer, sie weren von dem wein als frölich; da sprach der
Machmet, es wer ain saligs trangk, das das volgk als frölich da-
von würd. Und dornach umb den abendt, da gieng der Machmet
wider für das weinhauß und do schlugen weyb und man an ainan-
20 der und zwen wurden erschlagen; do fragt der Machmet, was das
wer, da sprach seiner dyener ainer, das vorig volgk, das also frö-
lich ist gewesen, die schlagen ytzund an ainander; do fragt der
Machmet, warumb das wer, do sagten im seine dyner, sie wären
von iren synnen chomen, wann sie hetten des weins ze vil getrun-
25 cken und sie westen nicht, was sie deten. Da sprach der Mach-
met: „Nun verpeut ich allen den, die inn meinem glauben sein, sie
sein gaistlich oder weltlich, chaiser oder chönige, hertzog oder
graff, richter oder scherch und den gemainiglich, die in meinem
glauben sein, das sie chain wein trincken nymmer nicht, sie sein
30 gesunt oder siech." Und darumb, als da oben geschriben stet,
hatt er den haiden den wein verpoten; und also han ichs von den
haiden gehört.

In hat auch der Machmet gepoten, das sie die Christen
und alle die wider sein glauben sein suchaten pey tag und pei
35 nacht, dann außgenommen die Ermeny, die sollen frey sein
unter in; und woe sie hinter den haiden sitzen, so sollen die hai-
den nicht mer zinß von in nemen, dann zwen pfennige ain monad;

1 dat. plur. 2 gethan.

und das hatt in der Machmet auch gepoten; unnd das verhyeß der
Machmet dem ermenischen priester, der in ze hauß lud, do der
Machmet mit den chauffleuten zoch gegen Babilony, als vor ge-
schrieben stet. `Auch hatt der Machmet gepoten den haiden, wann
⁵ sie den Christen obligen und vahens, so sollen sis nit töten, aber
sie sollens vercheren in iren glauben unnd sollen iren glauben
damit stercken und gemeren.

54. (51.) [Die Assassinen.]

[E]s hatt der Machmet XL dyner gehabt die zeitt, und er auff
¹⁰ erd gelebt hatt; und von den XL dyneren ist ain besundere gesel-
schafft auffgestanden und die geselschaft haben die haiden unter
in und die haben ein besunder gesatz: wer in der geselschafft will
sein, der muß schweren, wo er ain Christen anchom, den soll er
töten und soll in nicht gefangen nemen, weder von gunst noch
¹⁵ von guts wegen; und wer das, das er nicht pei ainem vechten
möcht gesein, wann die haiden mit den Christen vächten, so soll
er ein Christen chauffen und soll in töten. Und welch in der ge-
sellschafft sein, die haist man thei und der sein vil in der Türckey;
daz ist ir gesatz, daz sie allwegen müßen zihen auff die Christen.

²⁰ ## 55. (52.) [Ceremoniel beim übertritt eines Christen zum Islam.]

[W]ann ain Christ zu ainem haiden will werden, so muß er
am ersten ein finger auffrecken vor aller mainiglich und muß die
wort sprechen: „La illach illalach Machmet rasul ullach." Und
das spricht zu teutzsch also: „War Got almächtiger und der Mach-
²⁵ met sein warer pot." Und wenn er das spricht, so füren in die
haiden für den obersten priester und muß dann die obgeschriben
wort aber sprechen vor dem prister und muß dann den cristen-
lichen glauben verlaugen und wann er das thut, so legen sie im
ain neuß clait an und dornach pint im der prister ein weyß tuch
³⁰ umb das haupt und das thun sie dorumb, das man sech, das er ein
haiden sey, wann alle haiden tragen weysse pinttücher umb das
haupt, und die Christen, die in der haidenschafft sein, tragen ploue
pinttücher umb das haupt und die Juden tragen gelbe. Darnach
peutt der prister alles volgk, das sie harnasch anlegen und chomen
³⁵ zu im, ˙und wer zu reytten hab, das der reyt, und müssen auch alle
prister chomen, die in derselben gegen sein. Und wann dann das

volgk chompt, so setzt dann der oberst prister den, der zu ainem
haiden ist worden, auff ein pferdt; so muß dann das gemain volgk
vor im an hin rayten und gen, und die priester hinten nach und
pfeuffer und trumeter und paucker die reyten mitt und füren in
5 dann in der stat umb, und zwen prister reyten neben im; und die
haiden schreyen mitt ainer stym und loben den Machmet, und wann
sie in ein gassen chomen, so sprechen im die zwen prister dise
wort vor: „Thary bir dur, Messe kuli dur, Mariam kara baschi dur
Machmet rasuli dur." Und das ist als vil gesprochen: „Es ist ain
10 Got und Messias sein knecht und Maria sein dyern und Machmet
sein libster pot." Und wann sie in überal umb füren in der stadt,
so füren sie in dornach in den tempel und beschneyden in; und
dornach, ist er arm, so samen sie im groß gut und die grossen
herren eren in besunder und machen in reych und das thun sie
15 dorumb, das sich die Christen dester gerner vercheren in iren glau-
ben. Auch wann sich ein Christin verchert in iren glauben, so
füren sis auch für den obersten prister, so muß sie die obgeschriben
wort sprechen; so nympt dann der brister der frauen gürtel und
schneytt sie vonn ainander und macht ain creutz darauß, so muß
20 dann die frau trey stund dorauff treten nnd muß christenlichens
glauben verlaugen und muß dann die obgeschriebenn wort sprechen.

56. [Moralgesetze der Mohammedaner.]

[E]s haben die haiden ein gewonhait und ein gesetz unter in
mitt ir chauffmanschafft, wann ainer von dem andern chauffen will,
25 welcherlai es sey und spricht er gen dem, dovon er chauffen will,
das er im ein götlichen gewin ze chauffen geb, das er sich auch
generen müg; so gibt er ims ze chauffen und nympt nicht mer von
im ze gewin, dann an XL ℥ ain ℥ und an XL fl ein fl und nicht
mer und daz heyssen sie ein göttlichen gewin; und das hat in auch
30 der Machmet gepoten, der worten das sich ainer mitt dem andern
generen mug, die armen mitt den reychen. In sagt auch allweg ir
prister an ir predig, daz sie hilfflich sein gegen ainander unnd
unterthänig sein iren obersten und diemutig di armen gegen den
reychen; und sprechen dann ir priester, wann sie das thun, so geb
35 in Gott, der almächtig Got, macht und chrafft gegen iren veinden.
Auch was in ir prister vorsagt von götlichen dingen, des sein sie
im gehorsam. Und das obgeschrieben stet ist der haiden gesatz,

daz in der Machmet hat geben und das han ich nur von den hai-
den vernommen; sie haben noch mer gesatz, das ich nit wayß noch
vernommen han von in.

57. (53.) [Jesus nach der vorstellung der Mohammedaner.]

[D]ie haiden glauben, das Jhesus von ainer jungkfrauen geporen
sei worden, und nach der gepurt jungfrau sey pliben; auch glauben
sie, do Jhesus geporen wardt, do rett er mit seiner mutter und tröst
sie. Sie glauben auch, das Jhesus der höchst prophet sey Gottes
unter allen propheten und hab nye chain sünd than; sie glauben
nit das Jhesus gekreutzigt sey worden, es sey ain ander gecreutzigt
worden, der war im gleich; darumb sprechen sie, die Christen
haben ain pösen glauben, das sie sprechen das Jhesus gecreutzigt
sey worden, wann er was Gottes liebster freundt und hett nye
chain sündt gethan; so wer Got nicht ain rechter richter, wann
daz Jhesus getöt sollt werden umb unschuld[1]. Auch wann man mit
in redt von Got dem vater und sun und heylgen gaist, so spre-
chen sie: „Es sein trey person und nicht ain Got.“ Wann ir puch
Allkoron sagt nicht vonn der trivaltigkaitt. Wann man spricht,
das Jhesus sey ein wort Gottes, so sprechen sie: „Das wißen wir
wool, das [er] Got[s] wort gesprochen hat; anderst er war nit
Got.“ Auch wann man zu in spricht, das die weyßhait sey der
gottessun, der von ainem wort von der jungkfrauen Maria geporen
wardt, da[s] ir der engel küntet, [und] das was von aines wortz
wegen, das wir alle wüssen ersten und für gericht chamen, so
sprechen sie, es sey war, das wider das wort Gottes nymant mag
widersten; auch sprechen sie, das die sterck von dem wort Gottes
nymandt müg erchennen; und darumb spricht ir puch Allkoron
und gibt in zaichen pey dem wort, das der engell zu Maria sprach,
das Jhesus von dem wort Gots geporen würd. Sie sprechen, das
Abraham Gottes freunt sey gewesen und Moyses Gotts prop[h]ett
und Jhesus sey das wort von Got und Machmet sey gewesen der
war pot von Got; sie sprechen auch, das Jhesus von den vieren der

1 Nach mohammedanischer anschauung steht die kreuzigung Christi
im widerspruch mit der gerechtigkeit gottes, »der keinen menschen für
die sünden eines andern büßen lässt.« Wie im Koran steht, wurde auch
nicht Christus, sondern statt seiner ein ungläubiger Jude gekreuzigt,
welchem gott die gestalt Christi verlieh (Weil, Mohammed s. 235).

wirdigst sey und der höchst pey Got und soll auch daz jüngst
gericht Gotz richten über all menschen.

58. (54.) [Mohammedanisches urteil über die Christen.]

[E]s sprechen auch die haiden, die landt, die sie besessen
5 haben von den Christen, das haben sie nicht von ir macht
noch von ir weyßhait noch heyligkait noch von ir diemütigkait;
sie habens von der Cristen unrechtigkait und widerwertigkait und
übermut, die sie haben unter in; da hab der almächtig Got ver-
hengt, das sie den Christen ir landt haben angewonnen und noch
10 gewinnen, wann sie füren ire recht nicht noch der rechtigkaitt,
gaistlich und weltlich, sie sechen nur gunst und gut an mit iren
rechten und die reichen die trücken die armen mit ir hoffart und
sein iren armen leuten nit hilfflich, es sey mit gut oder mitt recht
und sie halten den glauben nicht, den in Messias gesetzt hatt.
15 Auch sprechen die haiden, sie lesens und vindens in ir prophezey,
das die Christen die haiden werden vortreyben vor dem jüngsten
tag und werden ire landt wider besitzen, das wissen sie wol; aber
die weyl die Christen in solcher sünd und widerwertikait sein, und
in dem unordenlichen leben sein geistlich und ir weltlich herren,
20 so förcht wir uns nit, daz sie uns vertreyben vonn unseren landen,
wann wir Got förchten und thun allzeit das, daz unserem glauben
zugehört, recht und redlich und pillich Got zu lob und zu eren
und unserem prophetenn Machmet, der uns ain rechten glauben
geben hat mit seiner lere, dem sein wir gehorsam und volgenn sei-
25 nem gepot allezeit williglich, die in dem puch sten Allkoron.

(55.) Es sprechen auch die haiden, das die Cristen nit halten
Messias gepot noch den glauben, den in Messias gesetzt hat; sie
halten auch nicht die gepot des puchß Inzil, das da haist Ewan-
gely, noch die recht, die in dem puch stan; sie haben in besundere
30 recht gemacht, gaistlich und weltlich, wider die recht und gepot,
die Messias gesetzt hat. Die gepot deß puchß Inzil und die recht,
die er dorinn gesetzt hatt und gepoten, die sein alle heylig und
gerecht; aber den glauben und die recht, die sie gemacht und ge-
ticht haben, das sey alles ungerecht und valsch; wann die recht,
35 die sie gemacht haben, das sey nur durch guts wegen und das sey
alles wider Gott und wider sein liebe propheten; und dorumb,

was sie unglick und gepresten haben, das sey alles von Got ein verhengniß von ir ungerechtikait und widerwärtikait wegenn.

59. (56) [Wunderereignis bei Mohammeds geburt.]

[E]s ist ze mercken die zeitt, und der Machmet ist geporen worden, da hatt man zelt von Christ gepurt sechßhundert jar und neun jar. Und die haiden mayn an dem tag, da der Machmet geporen sey, da sein thausent kirchen und ein kirchen von in selber nyder gangen und geprochen; und das sol sein gescheen zn ainem zaichen, das er die christenhait solt vast krenken und übergan pey seinen zeittenn.

60. [Die sprachen des griechischen religionsgebietes. Verschiedenheit des ceremoniels bei Syrern und Griechen.]

Item die erst sprach ist Kriechen sprach, do sie ir pücher nach schreyben; und die Türcken haissens Urrum.

Item der Raussen sprach; und die haiden hayssentz Orrus. Item Pulgren sprach; und die haiden hayssentz Wullgar. Item Winden sprach; und die Türcken hayssentz Arrnaut. Item der Walachen sprach; die haiden hayssentz Yfl[l]ach.

Item der Yessen sprache; und die haiden haissentz Asß. Item der Churin sprach; und die haiden hayssentz That. Item der Sigum sprach; und die haiden haissentz Scerckas. Item der Abuckasan sprach; und die haiden haissentz Apkas. Item der Gorgiter sprach; und die haiden haissentz Kurtzy. Item der Megrillen sprach; und die haiden haissentz auch also.

Item zwischen Surion glauben und Krichen glauben ist nur ain unterschaid und dorumb sprechen sie, die Surion sprach sey auch ire glauben. Doch sein die Surion Jacobiter und halten Sant Jacobs glauben und haben ein solche unterschaid, das ein iglicher prister muß das oblat mit sein selbs handt machen, da er Gots leychnam mit wandelt; und wann er den taig macht, so nympt er ein har von seinem part und legt es in das oblat und wandelt dann Gottes leychnam domitt; und das ist die unterschid zwischen den Krichen und der Surion gelauben. Auch was der Surion priester lesen oder singen in ir kirchen, das [ist] Surion sprach und nicht Kriechen sprach.

61. [Hochzeitsgebrauch bei Georgiern und Osseten.]

[E]s haben die Gorgetter und die Yassen ein gewonhait in iren landen. Wann sie ein junckfrauen wollen verheyraten, so dingen des preutgams vater und muter mitt der prautmuter, das ir tochter
5 ain rayne jungkfrau sey; und wann sie nit ein junckfrau wer, so wer die ee auch nicht, die da gemacht wär; und also machent sie ir ee. Und wann sie ein hochzeit haben, so füren die junckfrauen die praut mit gesang zu dem pett, do sie dann soll peyligen und legen sie dann nyder; so chompt dann der preutgam mitt den
10 jünglingen für das pett mitt einem plossen schwert und schlecht ein stund mit dem schwert und sitzt dann mit den jünglingen nyder für das pett und essen und trincken vor dem pett und haben grosse freud mitt tantzen und mit singenn; und wann sie nu das ver-pringen, so zihen sie dann den preutgam auß huntz in das hemmat,
15 so geen sie dann all auß; so legt sich dann der preutgam zu der praut, so chompt dann sein pruder oder seiner nächstenn freund ainer und hüt der thür, huntz das er auff stet, mit ainem plossen schwert. Und wann der preutgam die praut nit ein junckfrau findet, so latt ers sein muter wissen, so gett des preutgam muter
20 mit iren freunden zu dem pett und beschauen die leylach; und wann sie chain zaichen vinden als ein junckfrau soll haben, so werden sie alle traurig; und wann der praut vater und muter chomen deß morgens mitt iren freunden inn die hochzeitt, so hatt des preutgams muter ein trinckschirr berayt, und das hatt mit-
25 ten an dem poden ein loch, und fült das trinckschir mit wein und habt [1] ein finger für das loch und peutt der prauttmuter ze trincken und thut den finger dann von dem loch, so rint der wein unten auß; so spricht des preutgams muter zu der preutmuter: „Als gantz ist dein tochter gewesen". Und das ist der preut vater
30 und muter und allen iren freunden ein grosse schmach und geben dann die praut irem vater und muter, das sis haim füren; und sprechen dann, sie wolten irem sun ein raine jungkfrau gehabt haben, das wer ir tochter nit gewesen; so chomen dann ir prister und die pesten, die da sein, und piten des preutgams vater und
35 muter, so gen sie dann zu irem sun und fragen yn, was sein will

*

1 Bavarismus für hat (hält).

sey, ob er sie haben wolle oder nicht; spricht er, das er sie ha-
benn wolle, so gewert sein vater und muter die prister und die
erbaren leutt, die darumb peten haben; spricht er aber, er woll ir
nicht, so sein sie geschaiden on alle recht; und was sie im pracht
⁵ hat von heyratgut, das gibt er ir alles wider, und was er ir geben
hat von cleynet, das muß sie im auch wider geben und dornach
mag er wol ain ander weyb nemen und sie ainen anderen man.
Man vindt auch vil leut in Ermenia, die die gewonhait und recht
auch halten.

¹⁰   Die haiden hayssendt die Georgiter Kurtzy und die Jassen Asß.

62. [Schiltbergers aufenthalt in Armenien. Beschreibung dieses landes.]

[I]n Armenia pin ich vil gewesen. Nachdem da der Themur-
lin starb, do cham ich zu des Themurlins sun, wann zwey chönig-
¹⁵ reich in Armenia hett der Themurlin inn, und die zeit, do ich
dynnen was, da hettz des Themurlins sun inn, der genandt was
Scharoch; und der was geren in Armenia, wann es ist gar ein
schöne haid da und do lag er den winter auff mit seinem gesind,
und ist gar gute waide und fleust ein groß wasser durch die haid
²⁰ und das haist Kurman, es haist auch Tigris; und inn dem land
würdt die pest seyden pey. dem wasser; und die haid haysset in
haidnischer sprach Karabag. Die stete in Armenia haben die
haiden all besessen, aber die dörffer sein alles armeny, sie müssen
aber den haiden zinspar sein; und zu den Armenigen hett ich
²⁵ alleweg mein wonung, wann sie sein den Theutzschen gar holt und
darumb, das ich ein Theutzscher was, do heten sie mich schön und
lerten mich ir sprach; sie hayssen die Theutzschenn Nimitzsch.
Armenia hatt drey chönigreich, aines haisset Tifflis; das ander
haist Siß; das trit haist Ersingen, die Armeny haissentz Zesing-
³⁰ kan, und das ist das clain Armeny; sie haben auch Babilon lang
inn gehabt; sie haben aber chaine mer inn, dann Tifflis und Er-
singen hett des Themurlins sun die zeit, und ich inn der haiden-
schafft was; und das genandt ist Siß hatt chönig soldan inn und
ist gewunnen worden, da man zalt von Christ gepurt zwelffhundert
³⁵ jar und LXVII jar; do hatt es chönig soldan gewonnen.

7 *

63. [Gründung der armenischen kirche durch Gregor den erleuchter.]

[D]ie Armenigen gelauben an die helgen trivaltikeit. Ich hab es wol hören predigen in iren kirchen, ich pin viel zu ir meß
5 gangen, wer iren glauben bestett hab, und die sein gewesen Sant Bartholmeß und Sant Thatee, die zween zwelffpoten, und die haben die Armenigen bechert zu christenlichen glauben; aber sie haben sich offt wider umbgeschlagen gehabt.

Es ist gewesen ein heylliger man, hat gehaissen Sant Gre-
10 gorius, und der chönig zu Armenia ist sein vetter gewesen und ist zu der zeit gewesen, do Sant Silvester pabst ze Rom ist gewesen. Und der chönig zu Armenia starb und ist ein guter Christ gewesen; und do wart sein sun chönig, der hyeß Derthat und was gar ain starck man und hett viertzig ochsen crafft und was die zugen
15 oder huben, das hub er allain; und der selb chönig hat gepaut die grossen kirchen pey Betlehem als vor geschrieben stet[1]; und do er chönig wart noch seinem vater, do schlug er umb und wart zu ainem haiden und was ein grosser ächter der cristenhait; und er vieng seinen vettern Gregorium und sprach im zu, er solt sein
20 aptgot anbeten und des wolt der salig man nicht thun und do legt er in inn ein grub und do waren vil nattern inn und vil pös gewürme und die solten in essen, sie deten im aber nichts; und do lag er zwelff jar.

Und in der selben zeitt waren heylge jungkfrauen chomen
25 von welschen landen gen Armenia und predigten christenlichen glauben; und do es der chönig erhört, da hyeß er sie für in pringen; do was aine unter in, die hyeß Susanna und die was gar schön und die hyeß er im füren in sein gemach und wolt sie bezwungen haben zu unkeusch, und wie starck er was,
30 noch chunt er der junckfrauen nichts angewinnen mit aller seiner crafft, wann Got was mit ir. Und das wardt dem heylgen man Gregorio gesait inn der fancknuß und der sprach: „O das pöeß schwein". Und an der stund wardt der chönig ein schwein und viel ab dem chönigsstul und lieff gen holtz. Also wardt ein grosse

1 An keiner früheren stelle findet sich eine beschreibung von Bethlehem und der dortigen basilika, welche übrigens von kaiser Konstantin erbaut ward.

irrung in dem land und do berieten sich die herren des landß und
namen Gregorium auß der gruben und paten in, ob er dem chönig
gehelffen möcht; do antwort er in, er wolt im helffen mit Gottes
hilff; wolt er und sein herren sich verkeren in cristenlichen glau-
5 ben, so wolt er im helffen, das er wider zu ainem menschen würd;
und daz verhiessen im die herren deß landß an des chönigs stat;
do sprach Gregorius zu den herren: „Reytt hin und sucht in zu
holtz und pringt in." Und do riten sie hin gen holtz und funden
in und prachten in für Sant Gregory; und alspald er Gregorium
10 ersach, do lieff er hin und küst im sein füß; do knyet Gregorius
auff sein chnye und pat den almächtigen Gott, das er sein genade
mit dem menschen erzaiget und [in] gesundt macht. Unnd das
geschach; und also wardt der chönig wider zu ainem menschen.

Und dornach vercherat sich der chönig und das gantz· landt
15 wurden gut Cristen; und dornach zog er gen Babilon an die haiden
und gewan Babilon und das gantz landt und bechert treu chönig-
reich zu Cristenglauben; und erwelt Gregorium ein obersten der
pristerschafft und aller gaistlicher ordenung; und also wardt ir glaub
bestät vonn dem chönig Derthat und von dem [heylgen] man Gre-
20 gorio und gewonnen den haiden vil landt an und zwungen sie zu
cristelichen glauben mit dem schwert. Sie haben aber nu ir chönig-
reich alle verloren; sie sein streitpar leut. Es ist nit lang zeit, das
sie ain chönigreich haben verloren und ein gute hauptstadt und die
haysß Siß und die hat chönig soldan inn; es sitzt ir patriarch
25 do, er muß aber grosssen zinß geben dem soldan. Der chönig
von Cipern hat vil herren an seinem hoff von Armenia, wann es
ist im nachant gelegen.

Und do, wardt Gregorio gesagt von Sant Silvester pabst das
groß wunder und zaichen, das er than het an Constantino, der die
30 zeit chaiser was, und het in gesunt gemacht an dem sundersichtum
und die chint alle erlöst hett, die dohin pracht wurden, das man sie
solt töten, als im dann die ertzt geraten hetten, das man den chaiser
mitt der chind plut solt waschen, so solt er gesunt sein worden.

(64.) Und do gedacht sich der selig man Gregorius und ging
35 zu dem chönig und sprach zu im· „Der gewalt, den du mir geben
hast, der hat nit chrafft, ich hett in dann von dem stul zu Rom
von dem heylgen vater Silvester." Und sagt dem chönig von dem
wunder und zaichen, das der heylig vater Silvester het than mit

dem chaiser Constantino ; und do sprach der chönig, er wolt in
auch geren sehen und wolt mit im zihen. Und do berayttet sich
der chönig und besorgt sein landt und nam zu im viertzig thau-
sent man gutter ritter und knecht und nam zu im groß gut und
5 vil edel gestain und darmit wolt er den heylgen Silvester eren ;
und Gregorius nam zu im die pesten und gelersten, die er unter
im hett; und zogen von Babilon auß durch Persia und durch das
groß Armenia und durch vil andere landt und zugen durch die
eysnen porten, das da ligt zwischen zwaier mer, und chomen in die
10 großen Tatrei und gan Reussen und in die Walachei und durch
die Pulgrei und auch Ungeren und Firgaul unnd durch Lamparten
und durch Duschan; und also chamen sie mit truckem fuß gen
Rom von Babilóni, das [1] sie nit über mer furen. Und da sie
naheten [2] zu Rom, da schickt Sant Silvester alle die plinten und
15 lam und krancke entgegen Gregorio, die er dann vandt; und wolt
versuchen domit sein hailigkait. Und do der chönig Derthat das
volg sach, do wardt er zornig und wänt, der pabst Sant Silvester
spottet ir darmitt; do sprach Gregorius zu dem chönig: „Du solt
nicht zürnen, ich waiß wol, was er maynt domit.“ Und hyeß im
20 dornach ein wasser pringen und knyet nyder und rufft den almäch-
tigen Got an, alle die er mitt dem wasser sprenget, das die ge-
sundt würden; und do er sein pet verpracht, do nam er ein pat-
swam mitt ainem steblin in die handt und gieng unter die chran-
cken und sprengat das wasser auff sie und wen er mitt dem wasser
25 traff, der ward gesunt, er wäre plint oder lam. Und do das erhört
Sant Silvester, do zoch er im entgegen mitt aller seiner prister-
schafft und mitt der gantzen stadt zu Rom mitt grossen eren und
wirden. Es ist auch ze mercken, das sie jar und tag waren ge-
zogen von Babilon huntz gen Rom über landt. Und do pat Gre-
30 gorius Sant Silvestrum den pabst, das er im gewalt geb über sein
pristerschafft und über alles sein volgk, wann es wer alß verr, das
er nicht alleweg möcht chomen zu dem stul und die sein [3]; da gab
er im ains patriarchens gewalt und wer den gewalt wolt haben,
der solt in nyndert anderßwoe nemen, dann zu Rom und in treyen
35 jaren ain stund solt er sein potschafft haben zu dem stul zu Rom;
und das gelobt er dem heylgen vatter; und setzt dorauff, alle die

1 darum daß.   2 sich näherten.   3 die seinen.

seines glauben wären, geystlich und weltlich die solten dem stul
zu Rom unterthan sein, und wer deß nicht thet, der solt in des
pabsts pan sein, es wer chönig oder pischolff, reich oder arm, in
seinem land; und das gelüb det der chönig auch mit aller seiner
5 ritterschafft. Es weret treuhundert jar noch Gregory, das die Ar-
menigen dem stul ze Rom unterthänig waren; seind sein sie nicht
zu dem stul chomen gen Rom und welen in selber ein patriarchen
Sie haissen iren patriarchen kathagaes[1] und ainen chönig haissentz
takchaw[o]r[2].

10 64. (65.) [König Tiridates erlöst die Römer von einem lind-
wurm und einem einhorn. Die trennung der armenischen
kirche von Rom.]

[E]s was in der selbigen zeitt pei Rom in ainem pirg ein
lintwurm nnd ein einhoren und die thetenn grossen schaden den
15 leuten auff der straß und die chant nymant verdilgen. Do pat
Sant Silvester den chönig von Armenia und sprach, wie er ein
starcker man wer und das er das durch Gots willen thet und ver-
sucht, ob er das ainhoren und den lintwurm möcht vertilgen. Also
ging der chönig allain auß und schaut, woe sie ir wonung hetten;
20 und do cham er darzu, daß sie sich mitt 'ainander pissen und do
lugat er in zu; und do gab der lintwurm die flucht, do jaget in
das ainhorn in ein höl an ein velß, also cheret sich der lintwurm
umb in der höl und werat sich, da schlug daz ainhoren mit der
zungen nach dem lintwurm und wolt in auß der höl zihen und do
25 begraiff der lintwurm des ainhorns zungen und zugen mit ainander;
also zoch das ainhoren den lintwurm auß der höl huntz an den
hals das aines das ander nicht mocht gelassen; und die weyl lieff
der chönig zu und schlug dem lintwurm den kopff ab und mitt
den zihen, das das ainhoren hett gethan, do viel es mitt dem kopff
30 den vels ab; do sprang im der chönig nach und schlug das ain-
horen auch ze tot. Und dornach gieng er inn die stadt gen Rom
und schuff, das man die köpff prächt; und das geschach und an
des lintwurms kopff hett ein wagen genug zetragen; und also er-
löst der chönig Derthat die Römer von dem wurm und vonn dem

*

1 Entstellt aus »katholikos«. (Neumann.)   2 »Takavor« bedeutet
wörtlich »kronenträger« (tah, krone; avor, inhaber).

ainhoren; da entpot der paB́st Sant Silvester mit der gantzen stadt
grosse ere dem chönig und allem seinem volgk.

Darnach ging Gregorius zu Sant Silvester und pat in umb die
artickel des cristenlichen glauben und die gab im der pabst; und
5 dornach zog Gregorius und der chönig wider in ir landt; und dor-
nach lernat Gregorius cristenlichen glauben sein volgk die Armeny,
als er in pracht hett von Sant Silvester; unnd das weret treu
hundert jar nach dem heylgen man Gregorio, dornach schlugen
sie sich von dem stul zu Rom unnd machten in selbs ein patriar-
10 chen. Es ist auch ze mercken, wann sie ein patriarcheň machendt,
so müssen zwelff pischolff da sein und vier ertzpischolff und die
machen ein patriarchen. Es ist auch ze mercken, das sie der ar-
tickel vil verchert haben, die in Gregorius pracht von Sant Sil-
vester; und also sein sie getailt von der heiligen kirchen zu Rom.

15 **65. [Liturgie und kirchengebote der Armenier.]**

[I]r prister machent das sacrament mit unerhaben prot; und
das prot macht nymandt, dann der priester, der dormit meß will
haben, und macht nicht mere dann ains; und die weyl er es macht,
so lesen die anderen priester den psalter gantz und hatt er nicht
20 priester, so muß er den psalter selbs außlesen; sie sprechen es sey
grosse sünd, das ain lay, es sey frau oder man, das prot machen
soll, do sich Gott ein wandelt; sie sprechen auch, es sey nicht
gerecht, das man das prot verchauffen soll als ander prot. Sie
wandeln das sacrament nur mit wein und nemen chain wasser
25 dortzu. Es steendt die priester all mitt ainander, die dann meß
wollen haben und darff ainer vor dem andern nicht wandeln, huntz
der auf dem hauptaltare der kirchen gewandelt; so wandeln die
anderň all mitt im. Sie lesen das ewangely gegen auffganck der
sonnen. Auch welcher prister meß hat, der tar noch metten des
30 selben tags nicht schlaffen; auch wann er meß will haben, soll er
vor drey nacht von seinem weyb sein und aine hinnach. Sie
lassen chain dyacon noch chain geweichten man zu dem altar, er
sey dann ein priester. Es soll auch chain man pey der meß stan
noch chain frau, sie habe dann gepeycht. Es soll auch chain frau
35 in die kirchen gan, wann sie den frauensichtum haben. Auch wer
gen seinem nächsten neyd und haß treyt oder veintschafft hat, der
tar auch nicht in die kirchen; er muß vor der kirchen stan, man

läst in nicht hinein, piß das er wirt verricht mit seinem widertayl.
Es singen weyb und man den pater noster uud den glauben inn
der kirchen mitt dem prister, der dann die meß hatt. Sie geben
den jungen chinden das sacrament. Es scheren auch ir priester
⁵ den part nicht, noch chain har. Sie haben den balsam zu dem
heylgen öl, wann ir patriarch geyt groß gut chönig soldan umb
balsam und den schickt er dann auß in seine pistum ¹.

Auch wann ainer prister würdt, so muß er dornach viertzig tag
und nächt in der kirchen sein und wann die viertzig tag vergeen, so
¹⁰ singt er dann sein erste meß; so fürt man in dann haim in sein hauß
mit seinem meßgewandt, so chompt sein haußfrau und chnyet für in
nider, so geit er ir den segen, so chomen dann die freund des
pristers und seiner haußfrauen und pringen ir opfer und alle die
dahin geladen sein; und der prister hatt dann ein grösßer hoch-
¹⁵ zeit, dann da er sein weyb nam; man legt im sein weyb nicht zu,
piß das er viertzig tag meß hat nach ainander, dornach legt man
sie zu ainander.

Wann sie ein chint thauffen, so hebt es nur ain man auß
der tauff und chain weyb, wann sie sprechen, unsern herrn
²⁰ hab nur ain man taufft und chain weyb und es sey sünd, das
man ein weyb zu der tauff nem; sie haben die tauff in grossen
eren und woe in ir gevatter entgegent, so knyen sie für in nider
und neygen sich auff die erden gegen im nyder; und halten die
gevatterschafft mitt heyrat huntz an die vierden sipp. Sie machen
²⁵ vil gevattern unsers glaubens. Sie geen gern in unser kirchen zu
der meß, das thun die Krichen nicht; sie sprechen, zwischen un-
sers glaubens unnd irs glaubens sey nur ein har, aber zwischenn
der Kriechen. glauben und irs glauben sey ein grosser perck.

Sie vasten in der wochen den mitwochen und den freitag; sie
³⁰ vasten das advent nicht; sie vasten die ostervasten fünfftzig tag und
essen nur von öl; aber sie essen in dem, wie offt sie wöllen noch mit-
temtag; sie vasten Sant Jörgen ein wochen; sie haben ein heylgen
der haist Dauexencius und der ist ein artzt gewesen, dem vasten
sie auch ein wochen; auch vasten sie den heylgen creitztag, der
³⁵ da ist in dem September; sie vasten auch dem grossen Sant Jacob

¹ Der katholikos ist allein berechtigt, das salböl (miron) herstellen
zu lassen; aus dem verkauf desselben an die bischöfe bezieht er einen
teil seiner einnahmen.

ein wochen; auch vasten sie unser frauen Augusti XV tag [1]; auch
vasten sie den heylligen drey chönigen ein wochen; sie habenn
auch ein heylgen, der ist ein ritter gewesen, der haist Serchis,
den ruffen sie gar vast an, woe sie in streiten sein oder in nöten,
5 und dem vasten sie auch ein wochen; man vindt vil edeler leut
und ritter, die im drey tag vasten und nichts essen oder trincken,
wann er ist ein grosser nothelffer; und dem vasten sie in dem
Februario. Sie halten ir heyllig tag nur an dem sampßtag; an
dem heylligen osterabendt, so haben sie nach vesperzeit meß und
10 das ist umb die zeitt, als der schein auffget von dem heylligen
grab zu Jherusalem. Sie haben nur den ostertag mit uns und den
pfingstag und auffartag; und die andern heylgen zeit haben sie an
besundern tagenn; die weynachten halten sie an epiphania domini
unnd haben auch meß an dem selbigen obent nach der vesper; sie
15 sprechen an dem tag, do Jhesus geporen sey worden, darnach über
treyssigk jar sey er an dem selben tag getaufft worden und do-
rumb halten sie Crist gepurt und sein taufftag an eim tag und das
ist der sechst tag January. Sie vasten den heylgen zwelffpoten
ein wochen und feyern in ain tag den sampßtag. Sie peten das
20 ave Maria nur ain stund im jar und das thun sie an unser frauen
tag in der vasten.

Sie halten ir ee nicht alß wir; wann siech zwai eleut mitt
ainander zetragen und das ir ains das ander nicht will, so scheitt
man sie zu pett und zu tisch; ist aber, das sie paide ainander
25 nit haben wollen, so scheitt man sie gantz und gar von ainander
und mugen sie paide wol anderßwo heyraten; haben sie chinder,
die gibt man dem vater.

Ir kirchen sein all frey, das sie nymandt erbt, noch verchauffen
mage; wann ein prister ein kirchen will pauen von seinem gut, so muß
30 ers in die gemain geben, das nymandt von seinen erben dorüber ze pie-
ten noch ze schaffen hatt noch seinem tod oder sie lassen in nicht
pauen; auch ein herre oder ein purger, der ein kirchen will pauen, die
müssen auch deßgleichen thun. Es ist ein gewonhait unter in gewesen,
wann ein prister oder ein lay ein kirchen hat gestifft, nach seinem
35 tod so haben die freund die kirchen geerbt in der maß, als das
ander gut und habens dann umb zinß hin gelassen oder sie habens
verchaufft als ir ander gut; und das haben sie abgenommen unnd

1 Am 15 August, Mariä himmelfahrt.

wollen es nymer gut lassen sein und sprechen, ein- iglichß gots-
hauß soll frey sein.

Es singen ir prister all nacht metten und das thun der
Kriechen prister nicht. Auch ir reych leutt lassen [sich] vil pei
⁵ iren lebenting besingen, wann sie sprechen, es sey pesser, es
chönt ein mensch ein liecht mitt seiner handt an, dann das es
ain anders anchönt; mitt dem main sie, wer pey sein leben-
ting sein sel nicht versorg, der werd nach seinem tod hart ver-
sorgt von den freunden, wann die freund kriegen nur umb.das gut
¹⁰ und der sel achten sie nicht; auch sprechen sie, was ein mensch
mitt seiner hant seiner sele guts thue, das sei Got geneme. Wann
ein Armeny stirbt, an Gottes leychnam oder an peycht, so gewint
man im den freythoff von dem pischolff oder. von seinem gewalt;
so legt man in in den freythoff und stecken ein hochen stain auff
¹⁵ das grab und schreiben Gottes namen dorauff und des toten namen,
der unter dem stain ligt, und das thun sie zu ainem zeichen, das
der also tot sey. Wann ein pischolff oder ain priester stirbt, so
legen sie in an, als er ob dem altar soll steen; und prister machen
das grab und tragen in gen kirchen und setzen in auff ein stul inn
²⁰ das grab; und den ersten tag begraben sie in huntz an die gürttel;
und gen all tag zu dem grab und lesen den psalter ob im und ein
yder prister wurfft ein hauffen erden auff in und das thun sie alle
tag huntz an den achteten; so graben sie in dann gar zu. Auch
wann ain jüngling oder ein junckfrau stirbt, die legen sie in ire
²⁵ peste clayder an von seyden oder von sameten röcken und gulde
ring an die hend und in die oren; und also begraben sie die jungen
leut, die nicht eeleut sein gewesen.

Auch wann ainer ein weyb nimpt, die ein jungkfrau soll sein, vindt
er sie nicht ein junckfrauen, so schickt er sie wieder zu irem vater und
³⁰ muter und nympt ir nicht, es sey dann das man im mer guts geb, dann
man im verhaissen hatt; so mag er sie wol nemen, ob er will, er mag
auch wol ain andere nemen zu der ee und die ersten lassen gen.

In ir kirchen machen sie nur ein creutz und nicht mer; sie spre-
chen es sey sündt, das man unsers [herrn] marter mer dann aine[st]
³⁵ mach in ain kirchen. Sie haben nicht pild auff iren altaren. Ir
patriarch und pischolff geben nicht antlaß den kirchen; sie spre-
chen gnad und antlaß sey pei dem almächtigen Gott; gee ein
mensch mit andacht und mit reu in die kirchen, so geb im Got

von seiner parmhertzigkait genade und antlaß seiner sünden. Wann
ein priester meß gehabt, so gibt er den segen nicht; er geet herab
von dem altar, so geent man und frauen für in, so greufft er in auff
das haupt ainem noch dem andern und spricht: „Asswatz tog u
5 chu miegk"; das spricht: „Got vergeb dir dein sünd." Sie lesen
ir stillmeß[1] laut, das es yderman hört. Wann sie piten umb die,
die in entpfolhen sein in der meß und auch umb gaistlich und welt-
lich ordnung und umb den römischen chaiser und umb alle chönig
und hertzog, freyen und graven und umb alle ritterschafft, die er
10 unter im hat, so knyet das volgk nyder, die weyl er also pitt und
haben[2] ir hendt auff gen Got und sprechenn: „Ogormia!" „Herre,
erparme dich!", Und die weyl der prister pitt, die weyl sprechen
sie die wort, man und frauen. Sie sten auch mitt grosser andacht
in ir kirchen, sie lugen nicht hin und her, sie reden mit ainander
15 nicht, die weyl sie pey der meß sten. Sie zirenn ir kirchen gar
schöne und haben gute meßgewandt von samet und von guten
seyden tüchern allerlay farb.

Es tar chain lay chain ewangely nicht lesen, als unser gelert layen
thun, wann sie über ein puch chomen, so lesen sie was sie dorinn vinden;
20 und das soll nicht sein; welcher lay unter in ein ewangely sicht, das tar
er nicht lesen, list ers, so ist er inn des patriarchen pan; sie spre-
chen, es soll das ewangely nymandt lesen, dann der priester. Sie
rauchen alle sampßtag in iren heusern und alle feyerobendt und
nemen chain ander weyrach, dann weyß weyrach, das in Arabia
25 wechst; er wechst auch in India. Sie essen nur auff der erden, als
die haiden thun, ire prister und layen. Sie haben nicht vil pre-
diger unter iren pristern, wann sie lassen nicht einen ydlichen
predigen, wann ir prediger muß ain maister sein der heylligen ge-
schrifft und muß gewalt haben von irem patriarchen zu predigen;
30 und wann er den gewalt hat, so hatt er gewalt ein pischolff zu
straffen; und die prediger hayssen sie warthabiet und das ist als
vil gesprochen als ein legat und der ist mer dann ainer und zie-
chen von ainer stat zu der andern und predigen und wann ein
pischolff oder ein prister unrecht thut, so straffen sie ine dorumb;
35 sie sprechen, es sünd ein priester der das gotswort sprech und
die heyligen geschrifft nicht vorstee.

*

1 S. das glossar.   2 heben.

66. [Ursache der feindschaft zwischen Griechen und Armeniern.]

[E]s sein die Kriechen den Armenigen alleweg veindt; und die
ursach will ich kürtzlich hören lassen, als ichß dann vernomen
han von den Armeny. Es sein die Tattern chomen in Kriechen-
5 landt mit viertzigk thausent mann und haben grossen schaden ge-
than in dem land und haben sich für Constantinopel gelegt mit
gewalt. Do schickt der chaiser von Constantinopell zu dem chönig
von Armenia und pat in umb hilff. Da fragt der chönig von Ar-
menia, wievil der haiden wären; da sagt im der pot, ir weren
10 XL thausendt; do erwelt der chönig von Armenia XL ritter, die
pesten als ers het in seinem land und sprach zu dem poten: „Da
will ich dem kayser schicken XL ritter, die sollen mitt der hilff
Gottes XL thausendt haiden niderlegen und sollen sie auß dem
land mit gewalt schlagen." Unnd do die ritter gen Constantinopel
15 chomen für den chaiser, da sagt im der pot, als im der chönigk
entpfolhen hett. Do hett es der chaiser für ain gespött und
maynt der chönig von Armenia spottat sein darmit. Und an dem
tritten tag do gingen die ritter zu dem chaiser und paten in, das
er in erlaubt zu den veinden. Do sprach der chaiser, was sie
20 XL thausent mannen wolten angewinnen; und do paten sie in
wider, das er sie hinauß ließ und das thor nach in wider zu tät;
sie wolten den almächtigen Gott entvor nemen unnd wolten mit in
vächten durch cristenlichs glauben willen, wann sie weren darumb
chomen und wolten darumb sterben. Und do erlaubt in der chaiser
25 und do ließ man sie hinauß unter die veindt und vachten mitt den
veinden und schlugen ir XI hundert ze tot; und do das der chaiser
hört, do erschrack er. Unnd sie chamen an das thor mitt den ge-
fangen, die sie hetten gefangen und do wolt sie der chaiser nicht
hinein lassen, sie tötten dann die gefangen; und das deten sie und
30 schlugen die gefangen vor dem thor zu tod; und da sie das ver-
prachten, do erschrack der [chaiser] ob in und hett grosse sorg
auff sie und erpot ins gar wol und hett sie schön. Und das triben
sie alle tag mitt den veinden und deten in grossen schaden an
dem volgk und vertriben die veint in churtzer zeit vonn der stat
35 und schlugen sie auß dem landt. Und do die ritter die Tatteren
vertriben, do gingen sie zu dem chaiser und paten in umb urlaub

und wolten wider zu irem herren. Do beryett sich der chaiser,
wie ers zu wegen precht, das er sie umb das leben prächt und
patt sie, das sie drey tag pei im pliben, so wolt er in groß ere
und zucht erpieten. Und do berieff er ein hoff auf trey tag, wer
5 essen und trincken und wol leben wolt, der chäm an des chaysers
hoff; und do er den hoff hett, do schenckt er ainem ydlichen ritter
ein keusche junckfrauen und ainem ydlichen ain besundere herberig
und das thett er darumb, das die ritter die junckfrauen beschlieffen
und den samen do liesen, wann der chaiser hett gen seinen herren
10 gesprochen, er wolt die frucht von den paumen nemen und wolt
die paum nider schlagen; wann der chaiser maynt, wann er die
ritter tötet, so müst im dann der chönig von Armenia unterthänig
sein. Und ann der tritten nacht schuff der chaiser, das man die
ritter alle tötet; und das geschach; dann ainer der wardt gewarnt
15 von der junckfrawen, die er pey im hett; und der cham dorvon
und cham zu seinem herren zu dem chönig und clagt im, wie sein
gesellen alle erschlagen wären von dem chaiser.

Und do das der chönig hört, der wardt traurig umb sein frum ritter,
die er verloren hett und verschrayb dem chaiser von Constantinopell,
20 wie er im viertzig ritter geschickt, und gelihen hett, die viertzig
thausent mann wert wären gewesen; er solt wissen, das er im wolt
chomen und wolt im viertzig thausent umb ein töten. Und der chönig
von Armeny schickt gen Babilon zu dem kalipha und pat in umb hilff
zu zihen auff den chaiser gen Constantinopell; und do cham im
25 der kalipha mit sein selbs leyb [1] ze hilff mit grossem volgk. Und
do zoch der chönig von Armenia und der kalipha mitt vierhundert
thausent mannen an den chaiser von Constantinopel; und das er-
hört der chaiser und zoch im entgegen mit einem grossen volck
und vacht mit in; es werat aber nit lang und gab die flucht gen
30 Constantinopell in die stat; und do zugen sie im nach pyß an das
mer gegen Constantinopel über und do schlagen sie sich nider und
der chönig pat den kalipha, was er von mannen ving, das er im
die geb, so wolt er im das gutt alles geben, das er in Kriechen
gewünn. Und das thet der kalipha und gab im all gefangen; und
35 der chönig nam die gefangen und prachtt sie gegen der stadt und
schlug sie alle ze tot; unnd schlug on ains viertzig stund viertzig

1 persönlich.

thausent man ze tot und macht den arm von dem mere rott von
plut, wann er hett geschworen, er wolt das mer plutrot machen.
Und do er das vorpracht, do hett er dannoch als vil gefangen, das
man XXX Kriechen umb ein zwivel gab; und das thett er dem
5 chaiser zu ainer smähe, das er mocht sprechen, er hett XXX Krie-
chen umb ein zwivel geben oder verkaufft. Und umb das sein die
Chrichen den Armenigen veint und all jar an dem mittichen in
der marterwochen, so stet der patriarch der Krichen zu Sant So-
phia auff ainen hochen stul und flucht den Armenigen und allen
10 den, die wider sein stul sein und glauben. Und also rach der
chönig von Armeny sein ritter und zoch wider haim in sein chönig-
reich unnd der kalipha mit im.

Es ist ein getreues volgk um die Armenig; woe sie sein pey
Christen oder pey haiden, so sten sie in treulich pey; sie sein auch
15 clug leut mit arbait und machen schöne tücher vonn sammet und
von purpuren und von seyden und güldene tücher, als dann die
haiden würchen.

67. [Schiltbergers heimreise von Konstantinopel.]

Nun vernembt und merckt, wie ich zu lannd chomen sey.
20 Unns schickt der chaiser von Constantinopel auff ainer galein zu
ainem sloß, das haist Gily und do selbst fleust die Thonau inn das
mer. Und pey dem schloß schied ich von meinen gesellen, die auß
der haidenschafft mit mir chomen waren und cham zu chauffleuten;
mitt den zoch ich inn ein stat, die haist inn theutzscher sprach
25 Weyßstadt, die ligt inn der Walachei. Und dornach inn ein stat,
die haist Aspasery. Unnd cham dornach mer zu ainer stat haist
Sedschopff und ist hauptstadt in der clainen Walachei. Ich cham
auch dornach zu ainer stadt, haist in teutzsch Lempurgk und ist
ein hauptstadt in clain Reyssen[1]; do lag ich dreu monadt kranck
30 unnd cham dornach gen Krokau, die ist ein hauptstadt in Polandt.
Und dornach cham ich in das landt zu Sachsen; dornach gen
Meychsen; dornach gen Preßlau, die in der Schlesy ain hauptstadt
ist; und kam dornach inn ein stadt, die haist Eger; von Eger gen

1 Die hauptstadt von Kleinreußen ist Kjew, während Lemberg
früher die hauptstadt von Rotreußen war.

Regensßpurgk; dornach gen Landßhuett; und von Landßhut gen
Freysing, da mein wesenn ist gewesen [1].

Gott dem [almächtigen] sey gedanckt, das mir der macht und
chrafft gegeben hat und mich behüett unnd beschirmet hatt zwai
5 und dreyssig jar, die ich, Hanß Schiltberger, inn der haidenschafft
gewesen pin und alles, das vorgeschrieben stet, erfaren und ge-
sehen han!

*

1 Die beiden anderen handschriften haben hier die variante: da-
bey ich nachen geporen bin. Diese lesart wird durch den umstand
beglaubigt, daß das halbwegs zwischen Freising und München gelegene
landgut Hollern (unweit der station Lohof) zu jener zeit sich im besitze
der familie Schiltberger befand und demnach als geburtsort unseres
reisenden angenommen werden kann. (Mitteilung von herrn ober-
stabsarzt ritter von Schiltberg).

Lesarten.

N bezeichnet die Nürnberger handschrift; Na die zweite hand der Nürnberger handschrift; D die Donaueschinger handschrift; H die Heidelberger handschrift; S die sanct Galler handschrift.

In ( ) sind die parallelen lesarten einer andern handschrift beigefügt; z. b. von sant (sanct H) Katherinenberg DH.

In [ ] finden sich die nur in einer handschrift vorkommenden worte angegeben, z. b. Warumb [der H] Machmet den hayden [den H] win verbott DH.

S. 1. Das ganze einleitungskapitel fehlt bei S. z. 1 Johanns DH. S drützehenhundert und in dem vier und nünczigisten (viertzigosten C) jar mit ainem herren genant Lienhart Richartinger DH 4 und bis mit fehlt DH. 8. Und was ich die zit in dem der haydenschafft strites und wunders herfaren und och was ich hoptstett und wassers gesehen und gemercken mügen hab, davon vindent ir bienach geschriben, villicht nicht gar volkomenlich, dorumb das ich ein gefangen man und nicht mein (mim C) selbs was. Aber sovil ich das hon begriffen und mercken mocht, so hon ich die land und die stett genant nach den sprachen der land, und hon gesetzt und mach, och hierinne offenbar (offembar C) vil hüpscher und fremder aubentürei die wol ze hören sint DH.

1.

S. 2. z. 1. Kein neues kapitel bei DH, weshalb hier auch die überschrift fehlt; bei S fehlen sämmtliche kapitel-aufschriften, bei N sind solche nur hier und kap. 10 vorhanden. 9. Padein D Pudem H Pudon S. 11. er gab N gab DHS. 15. nicht DHS uffgeben H strytvolk H. 19. Schiltaw NHS' Schiltow D.

S. 3. z. 1 Nitopoly D Nicopoly H. 5. sechtzehentusent H. 6. Merterwaywod DH merterwaywodt S. 8. des gewert in der kunig (konig S) DHS. 15. erst DHS anryten DH anrennen S. 16. Burgony D Burgundie S. 17. verblantz N so verr (ferr S) lands (landes H) DHS.

19. anryten DH anrennen S. 21. pot bis und fehlt DHS. 22. erst fehlt DHS vorryten DH vorreyten S. 28. umbzogen DH umbgeben und umbzogen S als sein S pferden DHS.

S. 4. z. 2. rait aber DHS. 3. mitt fehlt DHS die türcken die N die die türcken DHS. 4. hin fehlt S. 5. Richartinger DH Reichartinger S. 6. gestochen S. 7. Schiltberger DH. 13. Syrifey DS Irifey H. 14. Dispot S. 19 Aly DH Ali S. 23. das N. 24. Tunow DH Tunaw S.

S. 5. z. 2. Tunow DH Tunaw S Richartinger DHS. 3. Werenher D Wernher H Bernber S Pintzenawer N Bencznöwer D Pentznawer HS Kuchler DHS Claimenstamer DH Klamensteiner S. 4. vier fehlt DHS panerherren H. 7. maystail D maysttail H meystteyl S. 8. Burgony DH Burgundien S. 9. Puczukardo D Putzokardo H Putzukardo S Centumaranco D. 10. groff N grauff D graf S.

2.

z. 13. Wie der türkisch künig den gefangen tet DH. 15. Weyasat DH. 17. zug DHS.

S. 6. z. 5. 7. Burgony DH Burgundien S. 8. in fristett N im gäb DHS an dem leben fehlt DHS. 9. desselben S. 10. Stiffan S. 11. Symiher DH Schmiecher S Podin N Bodem DH. 19. Greiff DH den greifen S der Na DHS lands ein herr DHS.

S. 7. z. 3. willen und DHS enworten D derworten H deworten S. 12. Adranopoli S. 16. Burgony DH Burgundien S. 19. windischy DH windenische S.

3.

z. 26. Wie der Wyasit (Wysit H) ain gantz land uffhub DH.

S. 8. z. 1. Saw NHS Sw D. 2. Miccrocz D Mitrotz S. 3. Petaw NDH Betaw S. 7. und bis Thürckey fehlt DHS. 9. Karipoli DH. 14. Hodor DH Hodar S. 16. erung DHS. 22. andrew N andre DH die andern S.

S. 9. z. 4. sechs DH VI S. 5. 6. zwölff DH XII S. 6. geschriben von stuck ze stucken DHS.

4.

z. 7. Wie der Wyasitt (Wyasit H) mit sinem schwagerkriegot und in tott (ertodt H) DH. 10. Karanda DHS. 12. anderthalb hundert tusent DH. 23. böckgen D baucken S feuermachen NS sinem wachen DH.

S. 10. z. 26. sprach drystot (drystunt H dreystund S), DHS zu seinem volgk fehlt DHS wer N was D das HS sich ainer DHS unterwund DH unterstund S. 27. und bis trittenmal fehlt DHS. 28. und erst sum dritten mal kam einer und underwand DHS.

S. 11. z. 7. solchen mächtigen herrn solt oder unterwünden zu töten Na sollichen mächtigen herren ze töten solt so bald undorwinden DH solchen mechtigen hern zu töten so bald unter winden solt S. 11. pelder Na ee DHS. 13. Karanda HS. 24. des Karamans sun oder der sinen einer DHS. 31. hantwerck DH hantwerg S. 33. lieben herren fehlt DHS. 35. von unsern wegen DHS.

S. 12. z. 5. und die schlussen zu den türn D und die schlussen uff den turn H und die slußel zu den thorn S. 9. herauf N uß sinem (aus seinem S) zelt DHS.

5.

z. 17. Wie der Weyasit den künig von Sebast vertraib [etc. H] DH. 10. die ist genant bis lands fehlt DH. 25. 30. Wurthanadin DH. 25. Wurthunadin S.

6.

S. 13. z. 8. Wie unser sechtzig cristen über ain wurden [ob wir davon komen D] DH. 5. und sie bis pleyben fehlt DHS. 11. als bis hetten fehlt DHS. 13. das N darinn D dorum H gehorsam DH. 26.´ stund DH or S. 29. lip D leib S 30. also bis ainander fehlt DHS. 34. stät DH stet und fest S. 35. das wir uns fehlt D.

S. 14. z 10. icht DS geton DH genomen S in dem lande fehlt DHS. 11. Er sprach nein DHS 14. eltoster D eltester H eltster S. Mirmirsiriana D Mirmirsiana H Mirunsirianan S. 17. stelen S.

7.

z. 19. Wie der Wyasit die stat Samson gewan H. 21. Gänick N Genyk D Genyck H Ganick S. 22. Sampson D die bis gepaut hatt fehlt D. 23. der stat und fehlt S und des lands fehlt DH. 24. hieß nach dem land (der stat S) DHS Zyinaid D Zymaid H fehlt S. 25. und das gantz land fehlt DHS. 26. das gantz DHS.

8.

S. 15. z. 1. Von schlangen und nattern H. 4. Sampson D. 8. Sampson DH. 9 Tryenik D Tryenick H Ganick S. 11. streiten getorst DHS. 12. vorsorgen des gewürms H. 13. nücz (nuntz H nichts noch S) keinen DHS schaden fehlt S. 15. zeichen und ein verhengnus DHS 16. slangen und [die S] natren (natern S) DHS. 18. volck

8*

in der statt DHS. 21. holtznatern DHS morgens (morgen H morges S) frü DHS. 28. stat Samson DHS.

S. 16. z. 1. gegen einander und von einander DHS. 3. der gehört N. 5. ein hertzog genant DHS 6. Pulgrey sun DHS. 7. von bürgen und von stetten DH von slossen und von stetten S. 8. drü hundert schloß DH IIIC slos S. 10. bekeret DHS. 12. genant Ganick S genant (gewan H) Zyenick DH. 13. vatters DS sins vaterland H.

9.

z. 14. Wie die heiden mit irm vich ze veld winter und sumer ligen H. 20. 21. Tamascht D Tamast H Sebast S. 21. heist N byß Na hieß DHS.

S. 17. z. 3 zoch heim DHS urlaub und wissen DHS. 5. zehen fehlt DHS. 7. pferd hinden nach DHS. 11. wisen (wiß DH), da der Otman (Ottman S) mit sinem volk inne lag DHS. 19. ers DH sein fehlt DHS geloben DH glauben und het es für ein gespot S. 21. des lugen DHS. 29. ferrer fliehen (geflihen S) DHS. 30 da nam bis geschlossen haben fehlt DS.

S 18 z. 4. Tamasch D Tamastk H Damaschk S. · 6. so wolt er in frid und sicherheit geben DHS. 10. das er dan den burgern riet S. 12. ob bis gewerten fehlt DHS. 17. ist dann das N und sidt DH und seyt S. 19. und nicht den Ottman fehlt DHS. 21. sach N hort DH sahe S. 22. aller zugehörde D allem zuhören H allen zugehoren S. 23. ließ H. 25. es H. ,28. der künig DH der könig S Ottman fehlt DHS in der stat S. 30. der in der stat was fehlt DHS wissi Tartari D wissen Tartary H den weissen Tatern S.

S. 19. z. 2. auch fehlt DHS syn S sin willen H weyll fehlt S da fehlt DHS. 3. Tamaschen DH Damaschken S. 6. von der stat fehlt DH. 13. maynt N wond DH want S. 18. das sein N da sin DH do dann sein S. 20. hett sie gern [wider S] umb bracht (umb kert S) DHS. 22. an bis tag fehlt DHS. 25. und fehlt DHS des wolten sie nit tun DHS also bis stat fehlt DHS. 29. eltsten DHS. 30. fußgengel der statt ze hilff H. 34. mit zwaytusent DH. 35. mochten vinden DH mochten dannen getreiben S.

S. 20. z. 2. selber geritten fehlt DHS volk dortzü DH. 4. nohent N schier DHS 11. des zelt N das gut D des guts H. 13. das viech und gutt fehlt DHS in das pirg fehlt DHS. 14. und dornach bis landt fehlt DH zoch bis also fehlt S. 22. Gevast D Damaschk H.

10.

z. 25. Wie der Weyasit dem soldan ain land ab (an H) gewan DH. 29. Malachea D.

S. 21. z. 9. die stadt und fehlt DHS.

11.

z. 11. Ohne überschrift NDS kein neues kapitel H. 14. Angarus DH
Angari S. 15. eltesten DHS. 25. gehort DHS.
S. 22. z. 2. kämell D kamel H Cammel S. 4. 5. kamel DHS.

12.

z. 6. Von küng Soldän D Von könig soldan H. 8. Warchhoch H
Warchahoch S. 10. ainer genant krieget D einer gewan den krig S.
11. Joseph H. 14. Joseph DH. 15. soldan fehlt DH. 18. all DHS.
19. in der wüsten fehlt DHS.

13.

z. 21. Wie der Tamerlin (Temerlin H) das küngrich Sebast gewan DH.
24. 27. Tamasck H. 25. Tamerlin DS Tämerlin H. 27. wol wölt ge-
wunnen haben D wol gewonnen (gewunen S) haben wolt HS.
S. 23. z. 1. im hinder das küngrich hülff DHS. 2. zu gewynnen
fehlt DHS 8. XM man S. 10. stattmur DHS enden NH syten D
stelen S. 11. XVM S. 16. zerbrach DHS. 18. vertriben H.

14.

z. 21. Der Wyasit gewan das klain Armeni D Der Weyasit gewan
das clein Ermenia H. 26. ab S. 27. Ersingen DH Ersingan S.
28. Tarathan DH Thamerlin S. 30. ab gewunnen HS VI mal CM
mannen S. 32. IIII mal CM mannen S.
S. 24. z. 3. Tartaren D Tararien H Tartarn S. 4. und da N
noch DH dennoch S. 5. ab S. 6. mer dan dreyhundert S. 7. man solt
sie an den strit führen. Das beschach und furten och sie mit einan-
der DH. 10. gepirg DHS. 11. das pirg DH das gepirg S.

15.

z. 22. Wie der Tamerlin (Tämerlin H) mit küng soldan krieget DH.
27. funfhundert S 8 in in N. 28. Hallaff D
S. 25. z. 1. wol CM heuser S. 7. das volk, das er darinne vieng,
das hieß er in der (den D) stat graben werfen DHS. 9. kat H kraut S.
10. funf claftern S. 11. eyttel N ein guter DHS vilczs D. 12. be-
setzt DHS. 13. Rumkula D Brumkula H Vrumkula S. 17. Wehës-
sum DHS. 20. Syria DH. 21 Damasch D. Damaschk H. 22. 26. Da-
masch D Tamasch H. 26. tor DH thurn S 28. und in yeder
wochen am frytag, so brinnent DH und an yrem wochen freytag, so
prynen S. 30. die dann fehlt DH dann fehlt S. 33 pfärden D

Alkkeyr Na (das l ist von der zweiten hand geschrieben an stelle eines ausradierten buchstabens) Alchei D   Alchei terchei H   Durckeier S. 34. an nåch D   ain nachen H   ein nahent S.   35. in die stat fehlt DH gen Tamaschen DH.

S. 26. z. 4. die stat fehlt DHS.   5. Damaschen D   Tamaschen H. 12. Seit DH   Seyt S.   13. und batt genad DH.   17. von schirms wegen DHS.   22. umb DH   scheyb umb fehlt S.   23. zünden DHS.   26. türn DH   thurn S.   31. geliden fehlt S   wann bis gelegen DHS   da im D dorinne H   wan im S.   32. spis zerran DH   speyß zuran D   wider fehlt DH   land und ließ das lant und besatzt die stette DH.

16.

z. 33. Wie der Tamerlin (Tåmerlin H) Babiloni gewan DH. 35. VICM S.

S. 27. z. 4. die stattmur DH   der stat maur S.   5. brechen DH umbackern S.   6. wåstin D   nücz D   nüntz H   anders S.   7. umberen DH.   8. veste und slos, die lag S.   8. wasser, da hett der künig sin schatz uff. Aber er kund der vest (mocht das slos S) vor dem wasser nütz (nicht S) [ab D   an H] gewinnen DHS.   10. vol silber und gold (golds S) DHS.   11. hetten die DHS.

17.

z. 20. Wie der Tåmerlin das clein India gewan DH.   22. wochen S. 25. XIII N   vier DH   X S.   26. XII S.   27. funf S.   28. und bis lassen fehlt S.   29. da DH.   33. hochs gepirg DHS.

S. 28. z. 4. wir S   timir N   temir DHS   relldi N   gilden DH gildi S.   5. Dergib S.   9. C fehlt S.   9. 10. 14 17. 21. 23. 25. 26. 31. 34. elemanten D.   10. thuren bis ydlichem fehlt H.   12. werhaffter man D   werhafftiger man H   streitper man S   beraytt bis streyt fehlt DH.   14. hin DHS.   16. nücz D   nuntz H   angebynnen N   ab gewinnen DH   angewinnen S   vor den elevanten fehlt DHS.   17. schuoh-tent DH   scheuheten S.   19. zihen (riten DH) und hett siner rätt rätt (rät raut H   rete rat S) DHS.   20. mitt faren fehlt DHS.   21. angesigen DHS   mit den el. DHS.   22. Suleymanscbach DHS.   24. das bis were fehlt DHS.   24. solt die kamel DHS.   25 die bis feur fehlt DHS. 27. zwey M S.   kamel und hieß in yeczo gescbryben (itz geschribner S obgeschribner H) weiß zurichten DHS.   28 als bis hett fehlt DHS.

S. 29. z. 2. und bis geschray fehlt H   Tamerlins folk wart ouch schryen (schreyen S) DS.   4. fluhen DH.   5. erhaben DH   beheben S. 8. er wider DH.   10. tädinget DH   zweyhundert S.   11. zentner DHS.

18.

z. 17. Wie ein landsherr dem Tamerlin (Tåmerlin H) gros gut empfurt DH. 20 Ehebackch D Ehebackh H Chebackh S. 21. Solcania D. 23. Prissia D. 26. Massander DH. 27. funftzehen S. 30 Masandera D Massenderan H Massandaran S.

S. 30. z 3. die im bisher genommen fehlt DHS. 8. und das landt gewünnen fehlt DHS. 9. zwue S. 12. zugen sie haim ungeschaffot (on geschäfft H) DH und zugen heym ungeschaft aus dem land S.

19.

z. 14. Wie (Wier H) der Tämerlin by drü tusent (MMM H) kint tot DH. S. 31. z. 5. und schickte sie wider in die stat mit gewalt und kam hinyn (haim D) und ließ im das statvolk vahen DH. 7. tag fehlt S. 11. zwen thurn S. 16. sein reyte S. 25. zwirent DH. 27. in sin stat H. 28. Somerchant D.

20.

z. 30. [Wie D] der Tamerlin (Tämerlin H) wolt mit dem grossen chan gestritten hon DH. 33. kan chönig Na kam küng D Chan küng H Ketten N Kattey Na Kathey D Chetey H Chathey S.

S 32. z. 1. an in DHS. 2. versessen und vorgehalten DHS. 4. hein H. 7. mit sin (sein S) selbs lib (leib S) DHS und bis im fehlt DHS. 9. in NS gein H fehlt D Chetten N Chattey Na Ehectan D Cetey H Chatey S. 10. achtmal S. 12. siben S. 13. zwen S tagweid DHS. 14. von wassers not S.

21.

z. 19. Von des Tamerlis tedt (Tämerlins tod H) DH. 22. in fehlt DHS. 23. sach DHS. 24. die ander ist zu merken DHS. 26. in der zeitt fehlt DHS. 27. sich mit einem sinem (seiner S) landsherren vermischet DHS 28. heim kam DHS. 29. wib (weib S) mit einem sinem (seinem S) landsherren bekümert und irn (ir HS) krautz (chan S) zerbrochen hett DHS. 31. si sprach S sie (er D) kam zu im und sprach DH wiltu bis so fehlt DHS kum zu ir DHS. 35. in ir DH.

S. 33. z. 4. landesherr on alle gevärd DH landsherr ongeferd S und bis zu fehlt DHS. 8. da 'n sein N den bis gehabt fehlt DHS. 17. hünot D honot H heunet S gereit H. 18. da bis lag fehlt DHS. 19. armüsen H darumb D dorum H dorumb S. 20. hünen DH heunen S beraiten DH. 29. da by (bey S) und [da S] mit ich och was DHS.

22.

z. 30. Von des Tämerlins sünen H. 33. Scharoch DH Scharach S und bis Miranschach fehlt DHS.

S. 34. z. 1. derselb S Scharoch fehlt DHS. 3. sünen dem Scha-
roch und dem Miranschalk (Miraschach C) DH sün Scharoch und Mi-
ranschach S. 6. Horossen DH Harassan S. 7. Berren D Herren H
Heyren S.

23.

z. 8. Hie bleib der Schiltberger by des Tämerlins sun Miraschach etc. H
13. Thäres D Thaures HS. 14. Josep DS jungen fehlt DHS Mira-
schalk D Miraschach H. 15. Das embott (enbott H) er sinem bruder
Scharoch DHS. 19 genant Josep fehlt DHS 20. XXXIIM. S Joseph H
und fehlt DH. der vernam das und zoch DH. und der vernam do zohe
er S. 23. den andern nicht überwinden mocht DHS. 24. und bis ain-
ander fehlt DHS. 25. Mireschalch D. 25. 28. Mirenschach H. 27. Jo-
seph DH. 28. Miraschalch D
S. 35. z. 2. Ehurtten D. 5. Miranschach fehlt DHS. 7. pei dem
Miranschach fehlt DHS.

24.

z. 8. Wie Joseph Mirenschach ließ köpffen und sin land alles innam H.
9. Dornach beleib (bleib S) der Mirenschalch (Mirenschach H Miran-
schach S) ein jar mit ruw (ruee HS) und nach dem jar kam der Jo-
seph (Josep S) mit einem grossen volk in sin land DHS. 12. vier
hundert DH. 13. Scharabach DH. 14. 16. 18. Mirenschalch D Miren-
schach H. 15. 16 Joseph DH. 17. Museri S. 18. Zychanger DH.
25. dorumb DHS belder DH ee S.

25.

S. 36. z. 1. Wie Joseph einen küng erobert und in köpfft H.
3. 8. 14. 15. 19 Joseph H. 7. darzu fehlt DHS nun DH. 12. dem ver-
maint er das künigrich DHS. 16. Achtum DH Achccum S. 19. in
ainem hauß fehlt DHS.

26.

z. 21. Als der Schiltberger zu Mirenschach kam etc. H. 23. Mira-
schalch D Miraschach H. 24. von bis steht fehlt DHS. 26. Abuba-
chir D Aububachir H Abubarchir S. 27. Joseph H.
S. 37. z. 1. 3. 8. Abubachir DH. 1. Abubarckir S. 3. Abubar-
chair S. 8. Abubachir S. 1. Kray DHS. 4 Ebron S. 10. an dem
pfeyl fehlt DHS. 11. der schafft (schaf S) in dem wagensun belaib
(wagechs plaib S) DHS denselben DHS wagessen S. 19. und [das H]
beschach by des Tämerlins lebendigen ziten DH und das geschahe
bey des Tamerlins leben S.

27.

z. 20. Von eins küngs sun DH. 22. Abubachir DHS. 25. Abu-
bachir DH Abubarchir S Das tett (det S) er DHS.

S. 38. z. 1. Gursey DH. 4. Lochinschan DH Lamssan S. 8. Ta-
masch DH Kaffar D Kaffer H Kassur S Wursa DH. 10. Lickcha
DH Lucka S sämit D samat H. 12. Smabram DH Sambram S.
13. in tartarischer (tarterscher H) sprach DHS. 14. Temurtapit DH
Temirapit S. 16. Origens DH. 19. Seczulet D Setzulet H Setzilet S.
21. barfußen D beyerfussen H. 22. künnent D kunen S. 25. Das
pater noster steht bei DH am ende der handschriften; auch bei S fehlt
es an dieser stelle. Atha voysum chy DH. 26. kockta D kellesun N
senung fehlt D. 27. balsun D balsamin H semung D aley gierda
ukokchca D ukiokchta H wer wisum DH. 28. sun N ottmekchu-
muson wongun DH wisum DH jasochin DH wis dache DH. 29. coyel-
leum DH wysum D ensun H jasochlomusin dache DH koyma
wisni DH simamacha D sunamachamachka H. 30. illa DH garche D
garthe H wisni DH.

S. 39. z. 1. bekert S besterckt DH krichischem S 2. und ver-
sten fehlt DHS 4. der bis stet fehlt DHS. 8. und do er kam, da lag
DHS. 11. Ibissiburr D Ibissibur HS in der grossen Thartarei fehlt
DH. 16. es ist bis Thartarei fehlt H. 18. und allwegen fehlt DHS.
19. müssen sin hundert (fünf S) tusent [man S] hüten DHS. 20. nun
bis an fehlt DHS. 21. Ibissibur DH Ibissibar S. 22. zwölf tag S.
23. pirg das DH ist bis unnd fehlt DHS XXXII meil S. 25. pirgs DH.
26. ein ende DHS. 28. 31. 34. pirg DH. 29. überall DHS. 30. ant-
lüt DH. 34. dreu bis perg fehlt DH.

S. 40. z. 3. Ibissibur DS fehlt H in dem wintter fehlt DHS.
4. watseck DH weytseck S. 7. in DHS. 8. Christi H Betlahem S.
13. Ugrine DH Ugine S. 14. Tartaria DH. 24. trincken dahin DHS. 27. wy-
sents D wissents H weysen sie S wider bis oder fehlt DHS. 28. mäß D
mauß H. 29. als ob er S als ob man DH. 30. nücz denn böm D.

28.

S. 41. z. 1. Wie ain her nach dem andern her ward H. 2. 8.
9. 11. Egidi S. 2. Ibissibur DH. 3. Wäler N Walher H. 4. zugen DHS.
6. Schedichbethan D Sedichbechan H Schedichbathan S. 11. Pales S.
13. Segelalladin DH Segollalladin S chönig Polet. fehlt S. 14. Und
bis des fehlt S Tamir DS fehlt H. 15. vierczehen DHS. 16. Und
bis monadt fehlt H Segelalladin D Segellalladin S hin D der bis

vertriben fehlt DS. 17. Tamir D Tamur S. 18. auch XIIII S.
19. Ehebackh D Thebachk H Thoback S der Cheback fehlt DHS.
S. 42. z. 1. schoß (schossen H) in ze DHS. 3. Kerimberdin DHS.
5. der bis pruder den fehlt DH. Chebeck S herwider fehlt S. 6. Ke-
rimberdin DH Kerinrdin S. 7. 9. 12. 13. Egidi S. 9. der fehlt DH
den Czeggra fehlt DHS ze künig DH zu einem könig S. 10. dann
fehlt DH versprochen DHS nün DH neun S. 11, 12 16. 17. 23. Mach-
met H. 13. Distihüpschach D Distihipschach H destahipschach S
und bis gefangen fehlt H wardt bis Machamet fehlt D. 15 Waroch D.
17. besampnot D besamet HS darnach bis wart chönig fehlt D. 19.
21. Doblabderdi N. 19. Dobladberd H Dopoliberdi S. 21 Doblab-
derdi N Doblabardi D Dobladbardi H Doplaberdi S. 23. do bis
chönigk fehlt S der obgenant fehlt D kam min herrr Machmet H.
26. Machmet HS.
   Mit diesem kapitel endet die sanct Galler handschrift.

29.

   S. 43. z. 1. Von ainer heideschen frowen, die vier tusent junck-
frowen hett H. 3. Sadurmelich D Sadurmelickh H. 18. der frowen
iren man DH. 17. dalast fehlt DH. 17. gewesen NaDH.

30.

   z 19. [Wie und D] durch wölche land ich heruß [komen bin H] DH.
Bei DH ist dieses kapitel der erste teil des 67sten. 21. unden (under H)
lag als vor menglich geschrieben ist DH und erschlagen wardt fehlt DH.
23. rauczher D rautsherr H. 28. jare halp N halp jare Na halbs
jar DH. 29. tartarisch D tartersche H.
   S. 44. z. 1. in das land DH. 3. und bis Abasa fehlt DH. 5. Der
Manntzuch zoch DH. 11. Mathan N Bothan D Rothan H. 13 herwertz DH
wir wurdent sin aber nit gewert DH. 14. Wir huben uns uß der stat DH.
15 untz an den vierden tag DH. 17. wol fehlt DH verre fehlt DH. 18. bis
zenacht DH 20. lüt uff einer züllen DH 23 was lüt wir wärent DH. 24. wir
sind (syen D) Cristen und sind gefangen worden (gewesen und wurden D)
da der künig von Unger vor Nicopoli niedergelegen ist und sint mit
der hilff Gottes bis her komen; möcht wir nun fürbas über mer komen,
so hetten wir einen gedingen und hoffnung zu got, wir käment noch
heim zu unserm wesen und zu christenlichem glouben. Sie woltent
uns nit gelouben und sprachent, ob wir den pater noster, das ave
Maria und den glouben kündent. Wir sprachen ja und sprachen in
den DH. 32. sagten in, wie wir mit in geredt hetten; er schuff das
man uns hollot (prächt C); sie kamen mit züllen und fürten DH.
35. galien DH. 38. gebynnen N.

S. 45. z. 1. Sant Malicia D Sant Masicia H 8. fürbaß D für-
der H. 13. ain monat uff dem mer ee das wir gein Constantinoppoli
kamen; und als wir nun dahin kamen, da beliben ich und min ge-
sellen; und die kock fur hindurch das tor in wälsche land DH. 16. Wir
sprachent, wir sint in der heidenschafft gefangen gewesen und sint
darvon komen und woltent wider zu cristenlichem gelouben; da fürten
sie uns DH. 22. und bis wolten fehlt DH. 23. wie wir bis landt
fehlt DH. 25. nicht nicht N. 26. den DH. 27. die DH sitzent DH.
28. der by der künigin zu Unger wär DH. 29. galien DH so N do-
ruff DH auff der galein fehlt DH. 31. pey dem patriarchen fehlt DH.
32. Bei DH ist der text von diesem satze an bis zum schluß des ka-
pitels zwischen das 60te und 61te kapitel als zwei neue kapitel einge-
schoben. Der satz »Es ist bis thuren« findet sich bei DH nochmals im
67ten kapitel in der folge, wie hier bei N, mit folgendem wortlaut: Ir
sond (solt H) mercken, das Constantinoppel achtzehen wälscher milen
mit der rinckmur umbfangen ist und die rinckmur hat fünfftzehen
hundert turn. In dem neuen hapitel bei DH (das bei H überschrieben
ist: Von constantinoppel) lautet dieser satz folgendermaßen: Constan-
tinoppel ist gar ain schönu grossu (schöne grosse H) wolgebuvene stat
und ist och (wol H) zehen wälsche mil umbfangen in der rinckmur
und hat fünfftzehenhundert turen dorinn.

S. 46. z. 6. Genöu D milen lant DH. 7. graben DH. 8. in
einander fliessent gemacht DH. 8. groß schwarcz D. 9. Tonou D Tu-
nou H. 11. Gassa DH. 12. Samson H. 13.`helffandt N haissents in
Poges DH. 14. überfart D. 15. über DH. Skuter H waren D.
17. Troy D. 21. ain DH innen wol DH. 26. von was D. 31. er
ein DH. 32. heiden. Aber nur (nun H) hat er des gewalts nit mer,
so ist och der apfel dannen (fuder H) DH. 33. Hier beginnt bei DH
ein neues kapitel (bei H mit der überschrift: Von den Kriechen).

S. 47. z. 1. so man sie yndert (nindert H) vinden mag in India
DH. 3. rein H. 5. gänd ze kirchen alle die D. 6. in [gen D] kirch-
ferten DH. 14. als wir umb unser sünde gen Rom gen DH. 7. der
chaiser fehlt DH. 9 mitten und DH oben fehlt H und aber D 10. ist
als wit, gros und dick DH. 11. Janol fehlt DH gewunnen H.
12. kriechen D. 17. Bei DH findet sich nochmals folgende beschrei-
bung der Sophienkirche im schlußkapitel (67): So hat die stat
tusent und ain kirchen. Und die hoptkirch heist Sant Sophia und ist
gepuwt mit ußgeporten marmelstein und ist och damit gepflastert.
Und wenn einer in den tempel gat, der vor nit dorinn gewesen ist,
do dunckt in, es sy die kirch vol (wol H) wassers, also schint der
marmel; sie ist gantz gewelbt und mit ply bedeckt; sie hat drühundert

und sechzig turn und under den sint hundert gantz messin (messi H)
DH. Diese stelle folgt nach dem satze: und die rinckmaur hatt XV C
thuren (s. 45). 21 Ich hett es gern durchschout, es mocht aber nit
gesin, wann der keyser hets uns verbotten, aber doch dennocht (noch
dann H) giengent wir underwylen uß mit des patriarchen diener DH.

31.

z. 25. Die Kriechen gloubent nit an die hailigen driväl ti D Von
der Kriechen gelouben H.
S. 48. z. 1. ooh nit an den stul zu Rome DH. 2. baupst zu
Rome DH. 3. erhabem DH müschen D. 4. gots lichnam verwan-
delt DH. 5. antlüt DH. 6 nit würdig DH. 7. die fehlt DH gehapt
hat DH. 8. davon er das sacrament gemacht hat DH. 9. schüssel DH.
10. sin schüler DH. 12. prossura DH. 13. die noch rain ist fehlt DH.
16. weitz Na wis D weis H. 18. yetlich mensch gein himel und gen
hell darnach er verdient hat DH. 20. alter D. 21. nit haben DH.
23. wann die kriechische sprach sy in dem glouben DH. 25. syen D
sint H. 26. allain N nun DH. 27. all handwercklüt H allerhand
werklüt D. 30. sust D. 31. wann N das DH bischoff DH. 32. und
möcht nit mer DH.
S. 49. z. 2. orden H. 3. mag DH. 5. hett ratten D hyroten H. 8. voran
fehlt D vor H hin fehlt DH. 12. sie sprechent mit ledigen frouen sy nit
sünd ze schaffen haben und sunder es sy nit ein todsünd, wann es sy
natürlich DH. 14. zwen DH. 17. an der mitwochen DH. 18. von
fehlt DH. 20. getürrent DH. 22. mit der lincken hand DH. 23. krannck
bis das es fehlt DH. 27. in der (ir H) kirchen und in dem (den H)
kor DH. 28. schib D schibwise H. 30. hatt fehlt D. 32. und ain
ydliche frau fehlt DH bringent DH. 33. krisempfad DH oder ein
DH. 37. wann es nit götlich sy, wenn [sye D] es von unküusch (un-
küsch H) wegen und den frouen zu gevallen tund (geschach H) DH.
S. 50 z. 2. geschwollen DH waissen D. 3. nach der DH. 4. co-
leba DH. 7. ir bis wein fehlt DH. 8. priester und leyen DH. 12. Bei
DH ist hier der nachstehende satz angefügt: Item die Chriechen habent
die urstende (urstendi D) unsers hern Jesu Cristi nit mit uns; sie hal-
tent [in H] des nächsten frytag nach dem hailgen ostertag; so singent
sie: »Cristos anesti«. Das ist als vil gessprochen: »Cristus ist erstan-
den.« 13. Hier beginnt bei DH ein neues kapitel mit der überschrift:
Wie die stat Constantinoppel gepuwen sy worden. 13. patriarchen DH.
14. und fallent D selber fehlt DH ouch all gotzgab DH herr zu DH
15. rechten DH 16. chaiser fehlt DH Sant Constantinus H. 17. vil
kocken H galienen D galeen H. 20. und sich nit umb DH. 21. bis

an bis reytten DH. 22. wol bis tag DH. 23. nachent was DH zu
der D selben statt DH. 28. vil verfült DH. 29. Es ist aber DH.
S. 51. z. 1. sin bas DH. 3. getüll DH. 5. dem chaiser fehlt DH
Sant Constantin DH. 9. gehört ob dem altar DH so bis will fehlt
DH. 10. uff ain Esel D mit ertrich DH. 11. das sie nur einest im
iar singent DH. 14. nun DH. 15. gotheit DH. 17. leyson fehlt DH.
18. christen N tümütiklich D deumütiglich H. 20. dem haubt fehlt
DH sich dümütiklich D sich deumütiglich H. 21. thespotha DH.
22. im fehlt DH sin hopt uff des leyen hopt DH. 23. efflon H es-
senam DH. 25. wa sie einem priester engegen gänd (engegent H) DH.
27. das sie innen werden fehlt DH. 28. nit kind DH wann bis chindt
fehlt DH. 31. betten vor den D. 33. vil priester DH nur fehlt DH.

32.

S. 52. Dieses kapitel folgt bei DH auf kap. 29. z. 1. In welchem
land ich gewesen bin DH. 2. Der anfang lautet bei DH: Nun hab ich
üch vorgeschriben die strit und die vechten, die by den ziten, so ich
in der heidenschafft gewesen bin, geschehen sint. Nun will ich üch
beschriben (schriben H) und benemmen (benennen H) die land, da
inn ich nach dem als ich ze Bayern (Bayren H) ußgezogen bin
DH. 7. Agrich DH Türkisch DH. 9. niderleg DH. 10 koffman-
schats H. 11. in der Walachei fehlt DH. 12. cristenlichen globen
helt DH. 15. Siltenpurgen N Sibennpurgen Na Siltenburger D Sy-
benburgen H. 17. Hormenstad D Hermenstad H und zwrczenland D
und zwürtzenland H. 18. Casaw N Tassaw DH.

33.

z. 21. In wölchem land (welchen landen H) ich gewesen bin, die
zwischen der Tonow und dem mer [ligent D] DH. 22. Nnn sond DH.
25. ysnin DH. 27. Ternöu D. 29. Kallacerka DH.
S. 53. z 2. Andranapoli DH. 4. der ist genandt fehlt DH.
5. Sanctiniter DH. 7. sust DH. 11. tütschen künig DH. 12. Ehali-
poli DH. 14. dry monat DH. 18. herberget DH. 19. on ußgenomen
DH. 20. sint DH. 21. genant Asia DH 23. Eydein D Edein H die
zu land H heist es hohes DH. 25 bischoff DH. 26. Maganasa. DH.
28. Dongusta D. 30. zwirent DH. 31. Es bis land fehlt H.
S. 54. z. 1. Saraten D. 3. Kachey DH. 4. Kennan DH. 5. An-
guri DH. 6. heist och Siguri DH. 7. erminischen DH. 11. gefürt
haben DH. 13. Weguraisari D Wegureisari H. 16. Karanda Na.
17. Schenisis DH. 20. verporgen fehlt DH. 23. Basilien DH. 27. Sam-
son DH. 29. in den allen DH. 30. Zepun DH.

34.

S. 55. z. 1. Bei DH beginnt erst mit dem nächsten satze ein neues kapitel. 3. Trabesanda DH. 7. Kapitelüberschrift bei H: Von der sperwerburg, wie die bewacht wirt. 10. nützt slafft DH. 11. erlich DH. 12 volbringt D vollbring H 15. entgegen fehlt DH. 16. unnd drey nacht fehlt D. 17. gedienet und gewachet DH welcher und erber sach [das ist H] DH. 18 und bis gewert N und das beschicht DH. 19. hochvart DH. 20. unküschait DH gitikait D gittigkeit H. 21. alles fehlt DH daz sie nit mer DH mügen D mögen H. 22. Hier beginnt bei DH ein neues kapitel, welches bei H die überschrift hat: Wie ain arm gesell dem sperwer wachet. 22. Es was och einsmals DH. 24. do der bis stet fehlt DH. 27. Wes beyerstu DH erberlichen D erberlichi H sach ist D.

S. 56. z 1. nücz (nicht H) anders DH. 3. von ir fehlt DH. 6. dorinne der sperwer stund; der sperwer schrey, die junckfro kam heruß und empfieng in und sprach wes begerstu das weltlich und erber sach sy; er batt nit mer, denn er sprach er wär DH. 9. und hett kein husfrow und begertin (begert H) ir zu DH. 11. gerochen DH. 12. den du hast N fehlt DH. 13. Johanniter orden DH. 14. drey bis tag fehlt DH do bis stund fehlt DH. 16. eins bütels DH. 17. wie bis näme fehlt DH 18. der du DH. 19. dich so das DH. 22. Bei DH beginnt hier ein neues kapitel, überschrieben bei H: Aber von der sperwer burg. 24. unser gesellen einer da beliben sin und mainet gewacht haben DH. 28 es ist och die burg verwachsen, das niemant wol weist dar ze kument DH. 33. Lasia DH. 37. Rayburt D Kayburt H gantz landt N.

S. 57. z. 6. sampt H waist DH. 12. Churt DH. 13. Bestan DH. 14. Kursi DH. 18. Zuchtim DH. 21. Megral DH. 22. Bathon D Kathon H. 26. bin ich allen gewesen und hon ir aigenschafft erfaren DH.

35.

S. 58. z. 1. In welchem land die seyden wechst und Persia und andern küngrichen H. 3. 4. Thaures DH. 3. mer guts DH. 4. wann der N 5. grosse koffmanschafft DH. 11. gehaissen H der cristenhait DH. 12 Raphak DH. 13. Nachsuon D Nachson H. 16. Es sint och die dry stett, aine genant Maragure (Muragare H); die ander Gelat und die drit Kirna, die habent guter land drü DH. 21. Maga DH 4 ordens und sint in DH. 24. Es ist ein ruchs land genant Silan; da wachset nütz DH. 25. bomwol H. 27. Seß D. 29. Strauba N Struba D Strawba H.

S. 59. s. 2. scheybumb fehlt DH. 4. Alnicze D Alnitze H. 5. Ta-
merlins DH. 6. guts fehlt DH. 8. Scheckehy D Scheckhy H. 11. Scho-
machy DH. 13. Hispahan DH. 16. Hore DH. 17. Hier ist bei DH
nachfolgende stelle angefügt: In dem selbigen land und küngrich was
[zu D] den ziten, als ich in der haidenschafft was, ain man, der was
drühundert und fünfftzig jar alt. Also saiten (sagten `H) die heiden.
Sin negel an den henden waren eins dnmes lang, sin braue ob den
ogen giengen im über die wang (den wangen H) herab. Im waren
sin zen zwürent uß gefallen und zům dritten mal waren im zen
(zwen H) gewachsen, die waren weich und nit hört als zen sullen sin;
und mocht och damit nit kuwen und mocht nit geessen, man must in
eczsen (ätzen H); sin har in den oren gieng im an den kinbacken;
der bart gieng im uff die knie; uff sinem hopt hatt er kein har und
mocht nit reden (gereden H); aber er bedut (betütet H) mit zögen
(zaigen H); man must in tragen, wann er mocht nit gän (gen H).
Den selben man betten die heiden für einen haillgen man und giengen
zu im in kirchverten, als man zu den hailgen tut; und sprachen, der
almächtig Got hett in im usserkoren, wann in tusent jaren nie kein
mensch so lang gelept hett als diser mensch; und wer den eret (erot H),
der ert den almächtigen Got, wann er sin wunder und zeichen mit im
tätt. Dieser man was geheissen Phiradamschyech. 19. land, dorinn
laut (lat H) man kain Cristan (Cristen H) nach koffmanschafft faren,
besonder in die stat DH. 21. Korman D. 22. Keschon DH. 23. ba-
rill D berel H. 24. Hognuß D Hognus H. 27. land, dorinne vindt
man vil edels gesteins in dem land, das dortzu gehört DH. 28. dort-
zu der stat gehaissen (gehaischen H) Kaff DH. 29. edels bis vil fehlt
DH. 30. über mere fehlt DH. 31. Walaschoen DH. 34. heruß DH.

36.

S. 60. z. 3. Von dem turn so zu Babilony hat gros höbe H. 4. 23.
24. 35. Babilony D Babilonien H. 4 5 33 Babiloni D, 5. Waydat DH
Babilonie H. 7. cupiten D cubicen H. 9. Babilonien H. 11. hoch
fehlt H. 14. Kalda DH. 15. tracken DH. 18. Marburtirudt DH lam-
persche D. 20. guter schrit DH. 21. nün untz DH. 24. Babilonien D.
24. 33. 35. Babilony H. 27. tacel D taltal H 30. und die nottern
fehlt DH unzübel D unzüber H. 31. nieman abgewinnen DH von
bis wegen fehlt DH. 33. man fehlt DH vint H. 34. perschischen H.
35. lang und wit DH.

S. 61. z. 1. und vermacht fehlt DH. 2. dorinne sie ußziehen DH.
5. Dyli D Dily H. 6. suruasa DH. 8. auff fehlt DH. 12. Zekatay

DH. 14. und sie ist halb türkisch und halb perschisch (persisch H) DH.
18. als ich DH. 19. landen allen DH.

37.

z. 21. Von der grossen Tartaria H. 22. Tartaria DH. 23. das sie
in dem land nit anders buwen DH. 24. denn prom D. 26. und auch
anderlay fleisch fehlt DH. 32. dem viltz fehlt DH. 33. das einem
bis zelt fehlt DH.

S 62. z. 2. Tartaren D Tarteren H sein fehlt DH und die och
in kriegen und raysen baß geliden mügen, denn sie DH. 3. wann ich
von in gesehen han und die (das sie die H) andern geschlahen DH.
5. das selb plut DH. 6. geessen DH. 7. und bis gethan fehltt DH.
ainer fehlt DH. 8. schnident (schniden H) es dünn DH und thun bis
tüch fehlt DH. 10. und essents, wenn sie hungert DH so bis rochs
fehlt DH. 12. wirmin D. 13. würt mar under dem sattel von dem
ryten DH.

38.

z. 19. Hie ist ze merkent in welchen landen ich gewesen bin D In
welchen landen ich gewesen bin, die zu der Tararien gehörent H.
23. Horosman D Horoşaman H Orden DH. 28. Hatzicherchon N
Haitzicherchon DH. 30. sal DH. 31. ein stat DH das fehlt DH das
hat D die hat H

S. 63. z. 2. fichs D vichs H. 3. galien D visch uß dem land
und farent gen DH. 4. Genou D. 5. Epheşczach D Ephepsczach H.
6. Eulchat D Silchat H. 7. Kassa DH in der ainen DH. 9. heuser.
Hier folgt bei DH der satz: und do bis meres. 10. heuser. Hier folgt
bei DH der satz: und in bis tempel. 11. und hatt bis ligen. Dieser satz
ist bei DH nach »tempel« eingefügt. 13. glaub fehlt DH ermänischer DH.
14. bischoff DH ermänischer H. 16. in der stat fehlt DH. 17. zwo
samlung DH auch in der stat fehlt DH. 19. Karkeri DH. 20. Suti
DH. 24. Serucherinan H. 25. Starcbas D Scarchas H. 28. dem N.
32. selbigen fehlt H. 33. und essen und trincken fehlt DH.

S. 64. z. 1. lemmer D. 3. wenn jarszit komet DH. 7. Rüschen D
Reuschen H. 10. Kaiat D Kayat H Mugal DH. 11. Tartary DH
drü [mond H] tagwaid braît (wit H) ist bereit eben DH. 12. nicht
fehlt DH. 13. gewarach DH.

39.

z. 25. Wie vil küng soldan gewesen syen (sy H) syd den ziten und
(die wil H) ich da in gewesen bin [in der heidenschafft H] DH. 29. Wa-
rachloch DH.

S. 65. z. 1. Mathaß D. 3. mitt ainer säg fehlt DH. 5. Jusuph DH. 8. Zechem H. 9. Schiachin D Schyachin H. 12. dem andern oblit DH. 14. darczu berait DH. 19. Malekhascharpff D Malleck-hascharff H rufft DH hochtzit DH.

S. 66. z. 1. aller D allen H allem land D Nun sond ir sin schriben mercken, wie sin tytel (titel H) und sin übergeschrifft was (überschrifft sy H) DH. 4. Wir Galbinander D Wir Galmander H vor D Bartugo D Karthago H 5. Saracien DH Buspillen D. 7. siedent DH. 8. nefftil N niffel D. 9. nefftill N neff NaDH. Synay von DH Calpharum ND Talpharum H. 10. Germoni DH. 14. rynnen und fehlt DH. 15 hellen H. 16. Kailam D Kaylamer H. 17. Galgarie D.

S. 67. z. 1. begraben DH. 2. zugt DH zum letsten H. 3. Romany D Rumany H. 4. veramunder DH bewarender DH. 7. magt N mag NaDH. 9. hochtzyt haben wolt DH gen Rom fehlt DH in der DH. 12. frouen in der wochen so ir firtag ist fry sint DH. 14. lust, dawider [mügent D] ir (ire H) man noch niemant anders gereden (redet H) DH. 17. stat rit oder das fremd land (landes lüt H) zu im komen DH das man in dorunder nit gesehen mag DH. 18. oder bis aber fehlt DH. 19. Und wie ein mächtiger gat, so DH. 20. knüwen DH.

S 68. z 2. so büt er im blosse hand DH. 3. zucht DH ermel DH dar fehlt DH. 4. ist bis küssenn fehlt DH. 7. in seim land fehlt DH albeg N fehlt DH. 8. herberg DH mit allen zugehörden DH. 9. groß fehlt DH. 10. scellen fehlt DH tuch bis er schier zu der herberg kompt so bint ers uff DH. 13. pfärd, das ers bereit vind; so rit er zu der andren herberg, da vindt er och eins bereit DH. 17. hin fehlt H geschickt het DH. 20. woe bis thutt er fehlt DH. 22. aim maister D am meysten H Archeyen D Archey H gen fehlt D. Tamaagen DH. 23. ezwischen H wie das zücht D wie man die tuben zucht H. 25. jung fehlt DH. 26. gässe D geässe H. 27. sie sich dann wol erkennent DH. 28. man dann die tuben DH. 29. zeichnet D bezeichnet H. 30. einen DH. 33. unter das gaß fehlt DH 34. da er vor gewesen ist und zogen (erzogen H) DH. 35. dester DH. dahin flieg fehlt H. 36. under den flug DH.

S. 69. z. 1. und bis fliegen fehlt DH ains fliegens DH in die stat und fehlt DH. 2. und bis sicht fehlt DH. 6. wenn DH. 7. prieff fehlt D zögt H sait D. 9. würdigkeit DH. 10. dann fehlt DH zu einer stat in die ander DH. 13. oder fehlt DH uß fremden land DH. 15. andern fehlt DH. 18. und lät (laut H) süben fürheng vor im hangen (für in hahen H) DH. 23. hand, die küst er im dann und DH.

40.

Bei DH beginnt hier kein neues kapitel. 26. haidenisch fehlt DH. 27. eins fehlt DH kranch DH. 30. gancz und schwarcz D gants schwartz H. 31. vornan (vor H) an sinem hals DH. 32. ains aimers fehlt H uß ainem sumer wasser in D ain fehlt H. 34. wol fehlt DH vol wassers DH.

S. 70. z. 1. dann bis trincken fehlt DH. 2. davon vacht er im denn der vogel zu ainer spis DH. 5. zucht, da er begraben ist DH.

41.

z. 6. Von sant (sanct H) Katherinen berg DH. 7. welisch fehlt D. 10. und man fert gen Sant Katherinen dorüber und wer es tun wil uff den berg Sinay, doruff bin ich DH. 13. frembden bis dovon fehlt DH. 15. Muntagi DH. 16. schinung DH. 17. in schein fehlt DH. 18. closter, dorinn sind Kriechen und hat ein grosses convent und lebent als ainsidel DH.

S. 71. z. 1. von bis die fehlt DH uff den berg gen Sant Katherinen DH. 3. und bis thun fehlt DH. 5. in dem brinnenden busch DH in feur weyß fehlt DH. 10. bilgrin D pilgerin H hailtum DH. 11. ein wenig fehlt DH. 12. hailtum und bain DH. 13. beder N öl fehlt D bilgeren DH. 16. wunderzeichen DH. 17. munich in diesem closter ist DH. 18. und wenn ein münich sterben wil, so nempt ain ampel ab und wenn sie erlischt so stürpt er DH. 20. des bis ist fehlt DH stürbt, so vindt der der in besinget nach der meß DH. 23. ampel DH. 25. apti DH. 27. aptye DH. 28. an der stat fehlt DH.

S. 72. z. 1. das holl DH. 5. gebuwen D gepuwt H. 9. der bis stadt fehlt DH. 11. nach DH.

42.

z. 14. Von dem dürren bom DH. 15. das dorff H. 17. Carpe DH. 23. grossen herren H. 24. vallenden DH. 25. siechtagen D siechtag H und wenn in einer by im treit DH. 26. hatt er an im fehlt DH dorumb sin wol ze hüten ist DH. 29. etwen D etwein H.

S. 73. z. 1. ertzengel H. 2. nu nünts DH. 3. wegen so die Cristen dahin bringen, das niement sie und sind in doch vind DH. 5. turen DH.

43.

z. 7. Von Jherusalem und [von H] dem heiligen grab DH. 9. da was ich DH. 11. nit all wol DH. 12. aber doch etliche DH. 13. stånd D

stant H zwirot zu Jherusalem DH mit einem koldigen DH Joseph
DH. 16. Kurtzychalil N Kurtzitalil DH. 19. schiblecht D schiblich H
gewesen bis stadt fehlt bei den handschriften, stebt jedoch in den in-
cunabeln. 22. zu dem grab fehlt DH. 25. ampel DH von ir selber
fehlt DH. 26. so erlischt sie und entzündt sich an dem ostertag (den
ostern H) wider DH. 27. auß fehlt H. 30. Suria Na Siria DH.

S. 74. z. 1. da bis Calvarie fehlt DH. 4. altar N sciblar D
statt dieses wortes ist eine lücke bei H. 9. din kind DH. 11. uffen
bas H. 14. porten DH. 15. vor NDH. 18. niderhalb DH. 19. datz
der grossen DH.

S. 75. z. 1. und da zwüschent DH. 3. haur uß DH. 6. schiblecht D
schiblich H. 9. ze nacht by D. 11. lincke DH. 13. nit bis tempel
fehlt DH. schöne fehlt DH.

S. 76. z. 10. byschoff D bischof H. 11. wol fehlt DH. 13. es ist
och die statt da, da unser DH. 15. hailligen zwölffbotten DH. 16. sein
A den DH. 20. begraben küng soldan und künig David und vil DH.

S. 77. z. 1. inhalb D enhalb H und DH von N. 4. ist ein
perg fehlt DH Daniel D Dayel H. 6. zweschent H. 8. und do geet
man fehlt DH. 9. zu dem grab fehlt DH. 11. zunächst bis pèrg
fehlt D. 13. rot NDH seind bis mer fehlt H. 14. rot ND 16. ge-
meinlich DH. 20. see DH. 21. pirg DH.

S. 78. z. 3. uns nun D uns nu H. 4. Kriechen daby H. 9. Phi-
listen DH. 11. da DH. 13. so [sie H] do DH. 19. do bis auch fehlt
DH. 21. vast fehlt DH.

S. 79. z. 1. appotecker mit mangerley DH wöllen fehlt DH.
2. luter DH gelbfar D gelbvarb H. 3. guten DH schmack D.
4. nim DH heb DH. 5. gein die H. 6. wann (denn H) dich DH du
habest DH gar fehlt DH. 8. hab in gegen einer glut DH verbrint
DH. 9. nim DH. 10. rür DH und tu DH.

44.

z. 13. Von dem brunnen in dem paradys mit IIII wassern H. 16. Ry-
son D Rison H. 19. Azia D. 23. menge jar DH.

45.

z. 25. Wie in India der pfeffer wehst H. 27. inne wachst DH.

S. 80. z. 1. Von erst hon ich vornomen von in und gehört, er
wachs DH 2. wald, den heissent sie Lambor; der selb wald ist wol
DH. 5. bilden N 7. sein fehlt H. 8. denn bricht mans (man H) ab
und leits als die winber DH. 10. weysser fehlt DH. 14. nateren Na
schlangen DH da das macht die hitz DH begen N 18. nit mer frucht
DH. 19. livon DH. 22. ymber DH.

46.

5. z. 24. Von Allexandria DH. 26. schöne hüpsche DH. 28. dann bis wasser fehlt DH es fehlt D zwistern H. 30. Genou D. 31. besunder DH. 32. ir besunder chauffhauß fehlt DH. 33. Walhen DH türren nit lenger hinfür in der statt gesin DH. 35. an lip D.

S. 81. z. 1. so kompt er und tut wider DH. 2. Walhen H. 3. statt ab, an des sie D ainest DH. 6. in fehlt DH. 7. wann bis furen fehlt DH. 8. und was DH. 10. kund in doch nütz DH abge-winnen D oder bis wegen fehlt DH. 13. wär sach, das DH. 16. und bis urlaub fehlt DH. 17. brechen, das er im das erloupt wann er [sich H] cristenlichs gelobens verlognen (verlogen H) must DH. 19. doch das er das tette DH und nit mit wercken, noch mit dem hertzen DH. 20. von cristenliches gelouben wegen DH. 21. heiden durch den spiegel DH. 22. unnd cham fehlt DH kert sich DH. 24. leret sie heidenschen DH. 26. eren und wunderten H.

S. 82. z. 2. desselben tempels DH. 4. war DH er fehlt DH. 5. galienen D galleyen H. 6. gewalt und das er gedächt, wann er dẽ spiegel zerbräch, das dann [die D] galieß (galleyen H) da wern, das er doruff käm DH. 9. früe fehlt DH er schlug in den spiegel dry schleg DH. 10. grossen fehlt DH zerschlug DH. 12. und umbvielen in, das er nit davon mocht DH. 13. uß dem turen DH. 14. vienster H. 17. und do mocht er nit beliben DH. 18. und fürt wib und kint mit lib und mit gut mit im hin DH.

47.

z. 20. Von einem grossen recken DH. 22. Allenklaisser DH und der bis ist gewesen fehlt DH. 23. in dem land ist ein statt geheissen Missir DH. 24. und ist bis reck fehlt DH. 25. in der selben statt sint zwöff tusent bachöfen; nun ist der benante reck so starck gewesen, das er in dem tag ainost (einest H) ain bürdin (bürde H) holcz haim (hinin H) getragen hat, damit man die öfen all gehaist (geheitzt H) hät und och an der einen bürden holtz genug gehapt hat DH. 27. ze prennen fehlt DH. 28. ze lon; das macht zwölff tusent brot; die auß er och alle eins tags DH. 29. obgenanten fehlt DH. 31. tieffs tal, da (das H) ist ain ytaliger vels DH.

S. 83. z. 1. nun susen DH. 2. schönbain D ains fehlt DH. 4. strassen das kofflüt DH. 7. frysen gech DH. 9. man fehlt H bomöl D bomlut H. 13. als dann die zal an der pruck geschriben stat. Dorumb wenn ain [grosser D] herr mit grossem volk dahin kumpt DH. 15. als einher fehlt DH das er DH. 16. nit über D bein

zeiche H. 17. und bis wegen fehlt DH. 18. und fehlt DH das doch
in diesem land ein ungeloblich ding ist und doch sicherlichen war ist.
Und wär es nit war [oder H] das ich es nit gesehen hett, ich wolt es
nit reden oder schriben DH.

48.

z. 20. Von der haiden glouben D Wie vil die heiden glouben ha-
bent H. 22. an einen recken DH. 23. grosser fehlt D durchächter
DH. 25. Moluä N Molwa DH.

S. 84. z. 1. ee das sie sind getöfft worden DH. 5. da nummen
fehlt DH was das DH. 6. an das opffer DH. 7. Zu dem fünfften ge-
lobent etlich, das der maisttail der haiden gelobten, an einen DH.
8. und bis stet fehlt DH.

49.

z. 10. Von Machmet und wie er uff komen ist D Wie der Machmet
und sin gelob uff komen sind H. 11. Hie ist ze mercken von dem
Machmet und wie er uff komen ist und wie er sin geloben uff bracht
hat. Item sin vater und muter DH volk DH. 13. von bis muter
fehlt DH. 15. auff fehlt D zu ainem knecht fehlt DH 16. doch das
er must DH es bis haiden fehlt DH 17. und wa der DH. 19. Egip-
ten DH. 20. nun waren die zyt cristen in Egipten DH. 22. ze hauß
fehlt DH ässen; sie tetten das und schuffen mit dem Machmet, das er
in der roß und der kamel hüten solt; das beschach; und nun als sie
in des pfarrers DH. 26. die kufflüt sprachen, wir sigent alle da DH
27. also bis was ist bei DH nach »ob im steen« (z. 33) gesetzt. gieng
DH. 28. ob dem kneblin DH. 31. wie dier D. 32. mensch sin würd,
da würd DH. 33. und als er in nun gesehen hett, da DH. 34. er-
chandt bis do fehlt DH.

S. 85. z. 1. batt er DH. 2. sie brachten in DH 3. zu dem pfarrer
fehlt DH der pfarrer fragt in DH. 4. er sprach: Machmet; das hett
der priester och in den prophecien funden, und mer, wie er ein mäch-
tiger [her und H] man solt werden DH. 8. jaren fehlt D langen DH.
10. da verstund er, das das der mensch was DH. 11. disen DH. 12. an
sin DH. 13. und nach dem essen fragt der pfarrer DH. 14. ob sie den
knaben kannten DH. sie bis liessen DH nu H. 16. an DH. 17. von
dem knaben fehlt DH wie dieser knab wider die Cristen einen gelo-
ben DH. 18. und fehlt DH dordurch sie vast gedrungen werden
solten DH. 19. und bis gelesen het fehlt DH. 21. albeg N 22. und
zögt iny (in H) den wolken und sprach, als er uff der galleyen was,
do was och der wolck ob im [und nun als er herin kommen ist, so
ständ die wolken obnen ob im D] und sprach zu dem knaben DH.

27. und krencken fehlt DH. 29. das sein die fehlt DH habst DH.
32. in fehlt DH. 35. abgötter DH wann es wär eins menschen ge-
schäfft (geschöpft H) DH. 36. hettent DH gehörtent DH sie hetten
ogen und gesähent DH. 37. redtent DH hettent DH giengent DH
38. sie enmochtent inen och nit gehelffen DH.

S. 86. z 1. mit im DH. 2. mit im DH vollen fehlt DH. 3. land,
das richt (richtet H) er uß DH. 4. des künigs hußfrouen DH. 5. als
vil gesprochen als ein pabst DH. 6. gelert nach DH. 7. und bis
mannen fehlt DH der yetlichem empfalch er ein DH. 8. empfalch DH.
9. Amor H entpfalh er fehlt DH. 10. und das handwerck, so das der
dorob wär, das ain yetlicher DH. 12. Abubach DH. 14. Arabia, das
er die Cristen verkert, wann die zit Cristen' dorinne waren DH.
15. drung DH. 16. Alkoray DH. 17. wegen und bekärt das gantz
land in Arabia DH.

50.

Bei DH beginnt hier kein neues kapitel. 19. Da gab in Machmet
ein gesetz, wie sie sich halten sollen gegen got der himel und erd
beschaffen (geschaffen H) hat; und das [gancz D] geseczt (gesetz H)
der haiden hept sich also an DH. 21. verschniden DH als bis sie
auch fehlt DH. 22. wann es kumpt zu drytzehen jaren DH. 24. das
erst gebett (bett H) ist, so der tag erst herbricht DH. 26. ee das die
sunn undergieng DH. 28. geschaffen DH dem fünfften DH tagzeitt
fehlt DH nnd dortzu hend, füß, oren und ogen DH. 32. mit sinem
wib DH gen fehlt DH 33. sich an allem sinem lib gewäscht DH
in sollicher meinung als wir Cristen pichten DH.

S. 87. z. 2. der sich mit gantzer rüw vor den priestern gebicht hat
DH. 4. gon wöllent DH dem tempel fehlt DH. 5. barfuß hinyn DH.
6. mit in fehlt DH nicht fehlt D. 9. hend neben (nauch D) einander
DH. 10. dann fehlt DH. 12. nicht fehlt DH. 13. ouch in den (dem H)
tempel DH. 14. nicht fehlt DH. 15. in dem tempel fehlt DH. 16. im
tempel fehlt DH sunder sie stond DH legent ir hend nebent DH.
17. und bis diemutiglichen fehlt DH untz so lang das sie DH. 18. gantz
verbringent DH sie das gancz volbracht (verpracht H) habent DH. 19. und
denn erst gond sie DH. 20. kein tür nit [offen H] laussent DH. 21. ge-
mäld D nur DH. 22. und fehlt DH gewechßt D von fehlt DH
rosen und plumen habent sie dorinn DH. 23. hinin DH mer ist zu
DH. 24. heiden in irem tempel nit ußspyen tar, nit husten, noch nütz
sollichs getun DH. 26 tett so müst DH dem tempel fehlt DH und
müst sich waschen DH. 27. müst DH. 29. heruß gon DH und bis

vorpringen fehlt DH. 30. dann fehlt DH 31. fyrrent DH. 32. sonnotag DH an irem firtag DH.

S. 88. z. 1. umb fehlt DH von ainer statt zu der anderen oder gassen zu der andern D. 2. bis ir bett volbracht ist DH. 3. zu fünff und zwaintzig malen uff blossen lib DH. 4. so bis also fehlt DH von milch fehlt DH. 5. an dem fritag DH und bis leutten fehlt DH. 7. sie sprechen fehlt DH. 8. sy DH verpring Na begang D begee H. 9. müssig geen DH. 10. zu arbeiten am firtag wann sie ir gebett volbracht haben DH. 11. in dem tempel fehlt DH habent DH. 12. rach DH mit gemeiner stim DH. 13. einung DH. 14. wann sich die Cristen mit einander vereinen DH. 15. habent DH so ligent sie under DH. 16. was bis anhüben fehlt DH. 17. einen, dorinne sie all gen DH. 18. und das ist sam ein pfarrkirch DH und bis meesgitt bei DH unten. 19. dorinne die priester gen und das ist ainer (eins H) als ein closter und sie habent och ir pfründ dorinne DH. 20. und bis sephia bei DH unten 20. tempell fehlt DH. 21. dorinne DH landsherren DH inne händ D und bis emarad bei DH unten. 22. und dorinne beherbergent sie DH. 23. Juden, und der tempel ist als ein spital; es haist och der erst mesgit, der ander medrassa, der dritt amarat DH und bis willenn fehlt DH. 25. nit begrabent DH. 26. noch nit dorumb DH. 27. veld und uff die DH. 28. wer für sie gang DH oder ziech fehlt DH die bis sein fehlt DH. 30. und sprechent [zu im H] DH. 31. sie in DH 32. und inn fehlt DH dann fehlt D. 33. Der text von »Es ist« bis zum ende des kapitels fehlt bei DH.

51.

S. 89. z. 15. Bei DH beginnt hier kein neues kapitel. 18. das bis dornach fehlt DH. 19. hintz bis weder fehlt DH ungessen (ungeessen H) und ungetruncken DH. 20. dien stern D den sternen H. 22. wann sie dann ir gebett volbringent (verbringent H) dann erst so gond sie haim in iere hüser (ir hus H) DH. 24. dann fehlt DH an den tag DH sie gehaben mügen DH. 25. wibern DH in irer (irem H) fasten DH. 26. und wann ein frou schwanger würt oder in der kindbette ligt, die mag des tags wol essen und och die siechen desgelichen DH. 29. weder von DH von keinerlei ding DH.

52.

S. 90. z. 1. Von der heiden ostertag DH. 2. also wenn sie die vier wochen ir vasten verpringent DH. 4. und bis ostertag fehlt D. 7. kumen darnach DH. 8. und all fehlt DH knecht der stat; und niement dornach in des [selben H] priesters hus und zierent den [sel-

ben H] DH. 10. obristen DH. 11. die in bis thabernackel fehlt DH
dein A tragents für DH. 12. und für den DH tregt man ir DH.
13. man denn DH gond och für DH. 14. sie es für DH setzens DH.
15. in bis tempel fehlt DH ir obroster D ir obrister H. 16. predigot
in darinn DH und wann er gar prediget (geprediget H) DH. 17. so
gebent sie im ein schwert in die hand, das zuckt er uss und spricht
DH. 18. ruffent DH. 19 uns gen allen den DH. 20. deß fehlt DH
reckens DH die haiden fehlt DH. 23. hüten und der herren DH
wenn sie DH. 24. sie dann das DH. 25. in hin in sin hus noch mit
den spillüten und mit ierem (ir H) paner; und nach dem gond sie
dann in ir hus und habent gros fröd die dry tag DH. 29. Hier be-
ginnt bei DH ein neues kapitel mit der überschrift: Von der hayden
ostertag D Von dem andern ostertag H 29. mond DH. 30. ostertag DH
Sant fehlt DH ze eren D zebe H da stekent sye D doruff stechen
sie H dann fehlt DH. 31. durch Gottes willen fehlt D und bis Sant
fehlt DH. 32. dorumb das DH Gott fehlt DH. 33. Ysaack fehlt DH
und in DH. 34. Machmets DH.

S. 91. z. 1. der ligt vor DH. 2. Mächa Na Madina DH. 2. und
an dem ostertag DH. 3. einem sametin (samat H) tuch, das ist swarts
und dorab schnit ir priester ainem yetlichen heidenschen kirchferter
der dahin kompt einen fleck, das er den mit im hintrag zu einem zei-
chen, das er da gewesen sy DH.

53.

z. 7. Von der heiden gesetzt DH. 8. Mer (Es H) ist ouch hie zu
mercken von dem bott des Machmets, das er den heiden zu einem ge-
setzt geben hat. Zum ersten hat er DH das sie ir bärt (gebärt H)
nit türren abschniden noch süllen, wann es wider das gebot gots sy,
wann er Adam den DH. 11. götlicher H beschaffen hat DH. 12. och
die heiden DH dann als DH. 13. der fehlt D tut DH Gots, er sy
jung oder alt DH. 14. sinen part abschnit DH. 15. so das er sich
gegen der welt ziere (zieren H) und der ein wolgefallen damit tut und
versmähen das geschäfft (geschöpfft H) gottes und sunder tuen das
die Cristen DH. 17. und das sy DH. 18. umb hochvart verkeren DH
die in got beschaffen hot DH. 20. den andern den hut abtun sull
noch emplossen, weder gegen kunig, keisern, edelen, noch unedeln, das
haltens och DH. 22. für in DH. 23. wenn einem vater und muter
oder ein ander fründ stirpt, gegen dem DH. 24. das tund sie och
also DH wenn sie einen klagent DH. 25. oder bis haben fehlt DH.
26. werffent in (den och H) von in DH und denn klagens in DH.

27. der fehlt DH   den haiden fehlt DH.   28. er ir H.   29. frou DH
wirt DH   bis sie herfür gat des kindes genist DH.

S. 92.   z. 2. werden bis himellreich fehlt DH [och H] elich frouen
haben süllen DH.   4. nur nie D   nur die ee H.   7. nun (nu H) sie schni-
den in den kragen ab DH.   8. saigen DH   und fehlt DH   haltens DH
sie auch fehlt DH   Sie essen och kein schwininflaisch [nit D], wann in
das Machmet och verbotten hat DH.   10. Hier beginnt bei DH ein neues
kapitel mit der überschrift: Worumb [der H] Machmet dien (den H)
hayden [den H] win verbott DH   10. der fehlt DH.   11. unnd bis er fehlt
DH.   12. dann fehlt DH   dan fehlt DH.   13. eins tags DH   leuthus DH.
14. gros volk DH   och grosse fröd dorinn DH.   16. es wär von win DH
als frölich fehlt DH.   17. es ist D   ist es H   sollich tranck DH   das die
(sie H) lüt so DH.   18. werdent DH   und nun an dem aubent DH.   19. das
weinbauß fehlt DH   da was ein gros geschrey und es schlugen DH.   20. und
darunder wurden (waren H) zwen DH   er fragt aber und sprach was
das wär; einer siner diener sprach, das volk das vor frölich was, das
ist nun von sinen DH.   24. zu vil zu in genomen DH   da verbot
Machmet allen den die in dem win gelouben warent (gelouben schwä-
ren ban H) es wärent DH.   27. oder, oder fehlt DH   hertzogen, fryen,
grauffen, rittter und knecht, schergen und allen den die DH.   29. sind
DH   mer trinckent, sie sigent DH.   30. als bis stet fehlt DH.   31. als
mir die heiden gesagt haben DH.   34. allen den, die DH   ächten
söllen DH.   35. Armeny H   armen D.   36. und wa dann die Armeny
under in sind DH.

S. 93.   z. 1. und bis gepoten fehlt DH.   2. armenischen DH   der
in bis Babilony fehlt DH.   3. vor berürt ist DH.   5. und vahens fehlt
DH.   6. sollent sie DH   in iren glauben fehlt DH.   7. meren und be-
stercken DH.

54.

z. 8. Von der (einer H) geselschafft die die haiden [under in haben H]
DH.   9. den ziten als er uff ertrich gewesen ist DH.   10. dieselben
haben ein besundere geselschafft und einen punt gemacht wider die
cristenheit; und das ist ihr gesatz DH.   11. und bis unter in fehlt
DH.   13. ankäm, das er in nit leben lassen wöll noch gefangen niem
DH.   14. gunsts DH.   16. das die heiden mit den Cristen tätten DH.
17. welich H   wöllin D.   18. chei N   they DH.

55.

z. 20. Wie ein Cristen zu einem heiden wirt (würt H) DH.   21. Och
ist ze mercken wie ein Cristen zu dem ersten zu einem heiden wirt;

wenn ein Cristen DH. 22. am ersten fehlt DH. mänglich DH. 23. ro-
sul N rasull D rasul bis Machmet fehlt H und bis also fehlt D.
24. warer D. 27. dann fehlt DH cristenlichs gloubens (gelobes H)
verlögnen DH. 28. geton hat DH im denn DH. 29. nüwes tuch DH.
31. alle bis und fehlt DH. 32. die bis sein fehlt DH plaue tüche DH.
33. ir höpter DH. gelby (geli H) tücher DH. 34. allem DH und bis
im fehlt DH. 35. das fehlt DH müssen auch fehlt DH. 36. chomen
fehlt DH.

S. 94. z. 1. so setzent sie in DH der bis worden fehlt DH.
3. im fehlt DH. 4. mit busönern, böggern und pfiffern (pusuner, pöcker
und pfiffer H) DH die reyten mitt fehlt DH. 6. mit luter (heller H)
stim DH den fehlt DH Machmeten DH wann bis so fehlt DH.
7. zwen fehlt D 8. wirdur DH waschidur N. 9. rafulidur N rassu-
lidur D kassuldur H 10. dirn DH. 11. fürent von einer gassen zu
der andren DH. 12. und dornach fehlt DH. 13. samlent D samelnt H
gut und gebens im DH grösten DH. 16. auch bis glauben fehlt DH.
19. krancz D. 20. cristenliches globes verlögnen DH. 21. muß die
ander obgeschriben DH.

56.

Kein neues kapitel bei DH. 23. gut gewonhait DH und ein gesetz
fehlt DH. 24. koffmanschatz DH. 25. welcherlai (dryerlay H) koff-
manschafft das sy und spricht der koffer gegen dem hingeber, das DH.
26. göttlichen köffe DH damit DH. 27. gibt bis und fehlt DH nimpt
er DH. 28. pfenningen DH pfennig D pfenning H guldin, guldin DH.
29. koff und gewin DH. 31. och sagent in DH. 32. vor an DH an
einander DH. 33. obrosten DH und die richen gegen den armen dü-
mütig DH. 34. sprechen bis priester fehlt DH so git in der DH.
36. des sind sie gehorsam und underthänig. Und das ist des Mach-
mets geloub, den er den heiden geben hat und sin gesetz als vil syen;
wie ichs dann gehört han von in DH.

S. 95. z. 2. sie bis in fehlt DH.

57.

z. 4. Was die heiden von Cristo geloubent DH. 5. Es ist och se
mercken das die heiden geloubent das Jhesus DH. 6. worden fehlt DH.
7. das er redt DH. 10. sunder es sy DH gecreutzigt worden fehlt DH.
11. der sy im glich gewesen DH sprechen sie fehlt DH. 14. dorumb
wär got DH richter gewesen, wenn Jesus solt crücxgot sin worden
umb DH. 16. Got fehlt DH. 18. Alkaron DH. 19. das wort got DH
wool wir N wir wool NaDH. 20. er fehlt NDH got N gotz DH

Die lesart »er Gots« findet sich in der Frankfurter ausgabe von Wei-
gandt Han. 20. wär DH. 21. zu in fehlt DH. 23. das DH die engel
künten DH und fehlt NDH das wer D das wort H. 24. komen
DH. 25. nieman gesin mag DH. 27. Alkaron DH. 30. propheten DH.
32. bott Gots DH vieren wirdigsten DH.
   S. 96. z. 2. Gotz fehlt D.

58.

   z. 3. Was die heiden sprechen von [den H] Cristen DH. 5. 6. irer DH
noch och nit von irer DH noch von ir diemütigkait fehlt DH. 7. sun-
der sie DH ungerechtigkeit DH widerwertikait D 8. den DH wider
in; dorumb hab DH. 9. abgewunnen D und noch gewinnen fehlt DH.
10. gerechtikait D gerechtigkeit H. 11. in iren H in ierem D.
12. hochfart H und sie sint DH. 14 hab D. 15. prophetien DH.
16. noch vor DH. 17. tag von iren landen DH ir DH besetzen H.
18. widerwärtigkeit H sint DH 19. in sollichem DH sind DH ir
steht bei DH vor geistlich. 21. alweg DH das, daz fehlt DH 22. gnug
zugehörd D redlich und würdiglich DH lieb DH. 23. und fehlt DH
Machmet etc. N Machmeten, der gots liebster bot ist DH. 24. sind
DH sinem gebotten DH. 25. willeklich nach D Alkaron (Alkoron H),
als es vor offt berürt ist DH. 26. Hier beginnt ein neues kapitel bei
DH mit der überschrift: Wie die Cristen nit den globen söllen halten H.
26. das fehlt DH halten nit DH. 27. bott DH hab DH. 28. puchß
fehlt D. 29. stond DH sie behalten in DH. 30. gemacht steht bei
DH vor »wider«. 31. in Messias DH. 32. er fehlt DH und gepoten
fehlt DH sind DH. 33. den sie D. 34. unrecht DH wann die recht
fehlt D. 35. ist nur von guts wegen und von gunst, das doch alles
ist DH.
   S. 97. z. 1. ungelücks und prestens DH ein verhengniß fehlt DH.
2. und wiederwärtikait fehlt DH wegen über sie verhengen (ver-
henge H) DH.

59.

   z. 3. Wie lang es sy [gewesen D] das der Machmet ist gesin (ge-
wesen ist H) DH. 4. Item es ist DH als der DH uff ertrich sy ge-
poren DH. 6. mainen DH tag [das D] er DH. 7. von ir selbs DH.
8. und geprochen fehlt DH sol sein fehlt DH beschehen DH. 9. soll
DH und übergan fehlt DH.

60.

Kein neues kapitel bei DH. 13. Och ist hie ze mercken wie vil sprau-

chen in kriechischem gelouben sint Die erst ist DH. 14. geschriben
haben DH. 15. Die ander ist Russen DH. 16. Die drit Pulgrey DH die
haissent die haissen D Die vierd DH. 17. Türcken fehlt DH Arnau H
Die fünfft Walachy sprauch DH. 18. Yfflach DH. 19. Die sechst
Yassen sprauch DH Affs D Afs H Die sübent Ruthia (Kuthia H)
sprauch DH. 20. Thatt DH. Die acht Sygun DH. 21. sprach fehlt
DH Ischerkas H Ischerbas D Die nünd Abukasen DH. 22. sprach
fehlt DH Appkas DH Gorgiler N Die zehent sprauch Gorchillas DH.
23. Die ölff (ailfft H) Megrellen DH. 25. Zurian DH. 26. 27. Schu-
rian DH. 27. sind DH Jacobis H. 28. ein solche unterschaid fehlt
DH das fehlt D. 29. prister fehlt H das (dacz D) oblat muß DH
machen sol H. 30. inne verwandlen wil DH denn den H der den D
tag D. 31. oblatmus H. 32. ist ain grosser underscheid DH. 33. der
bis auch fehlt DH was fehlt D. 33. 34. Schurian DH. 34. list oder
singt DH in kriechen D ist DH.

61.

S. 98. z. 1. Von den Jassen, wie die brütloff haben H. 2. Gar-
getter DH Jassen DH. 4. 24. 28. brügolts D. 6. auch fehlt DH die
sie gemacht hetten DH. 7. sie die junkfrouen die brut ist DH. 8. da-
ran DH ligen D. 9. brütgolt D. 11. ainost (einest H) doruff DH
mit dem schwert fehlt DH dornach DH nyder fehlt DH. 12. vor
dem pett fehlt DH 13. nun DH. 14. untz DH hemd DH. 16. oder
sust sin nächst fründ DH. 18. der prut DH ein fehlt DH. 21. sie
dann DH. 23. zu der DH. 26. dafür DH das loch fehlt DH. 27. von
dannen DH von dem loch fehlt DH. 29 so gantz ist die DH. 30. und
allen iren freunden fehlt DH schand DH. 41. der brutt D irem fehlt
DH das sy sin (sie sie H) hin DH magt DH. 33. das sy DH. 34. sint
DH. 35. sun dem brügolt (prütgolt H) DH was bis sey fehlt DH.

S. 99. z. 1. sie noch DH oder nicht fehlt DH er ja (jaw D) so
gebens im die priester und die erberen (erbern H) lüt DH. 3. aber
nein DH er woll ir nicht fehlt DH. 4. alles DH. 5. von heyratgut
fehlt DH das gend sie ir DH ir dann DH. 6. von cleidern DH.
7. ander fehlt DH. 8. Armenia D und recht fehlt DH. 9. auch fehlt
DH haben DH. 10. heissents DH Gorgiten DH in die Jassen hais-
sents Afs (Affs H) DH.

62.

z. 11. Von Armenia DH. 13. och vil DH nachdem und DH. 14. zu
sinem sun, der hett zway küngrich von Armenia in, haiste Scharoch
DH. 18. sinem volk DH. 19. und es rint DH· mitten durch DH.
20. Chur DH dem selben DH. 22. Karawag DH stete in Armenia

fehlt DH. 23. besessen und stand doch in Ermenia DH in den dörf-
fern DH alles fehlt DH Armenier DH. 24. zins geben DH Arme-
nier DH. 25. 27. Tütschen DH. 26. Tütscher DH gar schön DH.
27. ir pater noster und ir sprach (sprauch H) DH. · Nymitsch DH.
28. sint drü DH Tifflifs D Tiffliss H. 29. Syos DH haissent Isinckau
(Isingkan H) DH. 30. Armenia DH Babiloni DH. 31.ʳ aber nun keins
DH inn dann fehlt DH Ersing DH. 32. da inn (dinn H) was DH.
33. und das genandt ist fehlt DH. 34. Siffs D Sifs H hant DH.
34. ölffh D. 35. es der soldan von Alkenier DH.

63.

S. 100. z. 1. Von Armeni gelouben H. 3. Armeni DH an fehlt
DH heilligen DH hab och von ieren priestern offt in der kirchen
hören predigen, wann die zu der meß gangen und in ir kirchen gewe-
sen pin, das Sant Bartlome und Sant Thattee die heilligen zwölff[s
otten D] botten sie zu cristemgelouben bekert haben (habet H); aber
sie habent sich [dik D] offt widerumb kert (verkert H) gehept DH.
7. christemlichen N. 9. Sant fehlt DH. 10. Armeni DH. 11. den ziten
DH baupst DH. 13. Derthart N. 14. ain fehlt DH man fehlt DH
wann er hett DH. 17. und fehlt DH wart N waid D weid H.
18. und acht die cristen gar ser DH. 20. abgot DH sälig DH. 21. nat-
tern und slangen DH vil anders DH. 22. gessen DH nütz DH.
25. in DH Ermenia cristen gelouben von der Armenen (Ermenen H)
gelouben DH. 28. im fehlt DH infüren D. 29. gedrungen H unkü-
schen wercken DH und fehlt DH. 30. nütz tun noch angewinnen DH.
31. demselben DH heylgen fehlt DH · man fehlt H. 32. Gregorio fehlt DH.
der fehlt DH. 33. ze stund DH ze einem schwin DH. 34. hin gein DH.
S. 101. z. 1. und fehlt DH doch DH. 3. er antwürt (antwort H)
in und sprach, er wolt im nit helffen, der Cristengot wölt (möcht H)
im [wol H] helffen, ob sie mit im zu Cristen werden wölten DH. 6. mit
sampt des DH. 7. zu den herren fehlt DH ritent DH suchent DH.
8. bringent DH und funden in fehlt DH. 9. für Gregorium DH.
10. ansach DH er zu im DH. 11. nider uff DH. 12. teilt DH in DH
macheti DH und das geschach fehlt DH. 14. und ward mit allem
sinem volk wider zu Cristen DH. 17. zu einem DH. 19. Die einschal-
tung dürfte sich durch einen vergleich mit s. 100 z. 32 rechtfertigen
lassen. 20. ab DH nun DH. 22. und sint doch DH zeit fehlt DH.
24. heist DH Sifs DH sie DH och ir DH. 27. nun nachent DH.
28. Gregorius D von dem baupst Silv. DH. 29. und fehlt H das er
fehlt DH an fehlt DH der fehlt DH die zit er DH. 30. was zu
Rom DH rein DH von DH den H sundersiechen D sundersichtig H.

31. alle sament dahin bracht hett, das man sie getött solt haben von dem tod [er sie D] erlöst [hett H]; wann den keiser die DH. 32. gelert DH das er sich mit DH. 33. gesund von siner sundersiechung (sundersüchtige ·H) DH. 34. Hier beginnt bei DH ein neues kapitel mit der überschrift: Von eim Sant Gregorius H. 34. Sich bedächt (Ich gedaucht H) Gregorius und sprach zu dem künig DH. 35. den gewalt NDH dem H mir N dich DH. 36. von bis Rom fehlt DH. 37. Silvestro DH sag D. 38. grossen wunder DH und fehlt H Silvester fehlt DH von dem D.

S. 102. z. 5. edels gesteins DH vater Sant Silvester DH. 6 besten gelerten DH zoch DH Babiloni DH. 8 zugen fehlt D. 9. ysnen DH kamen DH. 10. Tartari DH und fehlt DH Rüwschen H durch die Walchey (Walchi H), Pulgrey, durch Ungern, Frigul (Frigaul H) DH. 12. Duschgan D Duschtan H mit fehlt DH truckens D truckes H. 13. von Babiloni fehlt DH da H. 14. nachent gein Rom kamen DH schickt in DH Sant fehlt DH. 15. lamen DH krancken DH. 6. dann fehlt DH und er maint in damit zu versuchent sin heilligkeit DH. 17. meint DH Sant Silvester fehlt DH. 18. darmitt fehlt DH zu bis solt fehlt DH. 19. domit fehlt DH. 20. dornach fehlt DH knyet uff sin knye und batt den DH. 21. an fehlt DH wer mit dem wasser gesprengt werd DH. 22. und bis verpracht fehlt DH. 23. an ain stabel (stachel D) DH in bis chrancken fehlt DH. 24. und sprengt die lüt damit DH damit traff DH 25. gesund, die plinden wurden gesehen DH oder lam fehlt DH. 26. Sant fehlt DH. Silvester der baupst DH. 28. es bis das fehlt DH Sie waren och DH ein gantz jar DH und tag fehlt DH. 29. Babilony DH huntz fehlt DH. 30. Sant fehlt DH gäb, das er sin priesterschafft uß gerichten möcht und sin volk DH. 81. so verr DH. 32. chomen fehlt DH. 34. nieman D niemen H andersch wa D. 35. ain stund fehlt DH zu dem stul fehlt DH. 10. er im DH.

S. 103. z. 1. oder DH. 2. wer es DH. 3. chönig oder fehlt DH bischoff, herr oder knecht, rich DH. 4. gelüpt DH. 5. das sie DH. 6. ze Rom fehlt DH dornach sint sie nit mer DH. 7. gen Rom fehlt DH. 8. kathagnes DH. 9. takchauer DH.

64.

z. 10. Von ainem lintwurm und ainhürn DH. 13. was och DH gepirg DH. 15. uff den straussen und da kund niemen überkomen, da batt der heillig vater DH. 16. Armenia durch gottes willen DH und sprach fehlt DH wann er DH. 17. man was DH und fehlt DH das durch bis und fehlt DH versuchte DH. 18. tötten DH also ND allein H. 19. beschouet DH. 20. sich fehlt DH. 22. uß einem hol in

ainen felsen DH. 23. in dem hol DH sich des einhürns DH. 24. in
heruß ziehen DH. 25. das einhüren und DH. 26. das doch das ain-
hürn den lintwurm [begraiff und in D] heruß bis an den (dem H) hals
soch DH. 27. mit dem loufft DH. 28. zu in DH hals DH. 30. im
fehlt DH hin nach DH. 31 dornach fehlt DH er bis stadt fehlt DH.
32. und das geschach fehlt DH. 33. allein gnug DH. 34. von den
würmen, dorumb im die statt und besunder der heillig vater gros ere
erbutten DH.

S. 104. z. 3. zu dem bapst DH Sant Silvester DH. 4. artickel,
die zu dem glouben gehörtin DH und also zugen sie DH. 5. hin in
DH. 6. leret DH sein bis Armeny fehlt DH. 7. als er in (im der H)
von dem bapst empfangen hett (gegeben was H), das nit mer haltent
als vor berürt stät (ist H) DH unnd bis Rom fehlt DH. 9. sie ma-
chent nun selbs patriarchen; und wenn sie einen machen wollent, so
müssens zwölff bischoff haben und vier ertzbischoff und DH. 12. es
bis mercken fehlt DH und der artickel habens DH. 13. von Rom DH.
14. yetzo verteilt DH heiligen fehlt DH.

65.

Ohne überschrift NDH. 17. och niemant, dann die DH. 18. mer
wenn ains D. 19. die wil lesent DH gantz uß DH. 20. er in gantz
uß sprechen DH. 21. lay, es sey fehlt DH mach, davon das haillig
sacrament gemacht würt DH. 24. haillig sacrament nun DH und nit
mit wasser DH. 25. Ouch die [die D] meß haben wöllent, die stond
all mit einander über und dar keiner nit gewandlen (wandlen H), bis
[der D] der DH. 27. der der auff N wandelt DH wandern N wandlent
sie dann all mit einander DH. 28. lesent och DH. 29. nach mitter-
nacht DH. 30. schlauffen DH. 31. by sinem wip [nit D] ligen DH.
32. dyacken DH gewichten DH man fehlt DH. 34. frou och nit, er
hab dann bichtet DH. 35. gon die ir recht hab DH Und wer gegen
dem andern ain haß oder vintschafft hat DH. 37. tar bis er fehlt DH.

S. 105. z. 1. hinnen DH mit seinem widertayl fehlt DH. 2. inn
der kirchen fehlt DH. 3. dann fehlt DH. 4. och den DH das fehlt D
5. haben dem N. 6. chönig fehlt DH. dem soldan DH. 7. denn
DH. 8. ein DH. dornach fehlt DH. 9. wenn denn DH vergond sind
DH. 10. denn DH denn hinnuß mit DH. 11. husfrou und sin kint
DH. 12. denn den D. 13. und der frouen DH und och die die dahin
DH. 14. und dann ist grosse fröd da und hochezit mer, dann da er
sie zu der ee nam DH. 18. auß der tauff fehlt DH. 20. hab ouch
mit mer (me H) denn (dann H) ein man DH grosse sünd DH. 21. in
den toff DH habent den toff DH. 22. kompt DH. 23. naigt sich och

DH ·gegen im fehlt DH sie haltent ir DH. 24. hyracz hincz D **hiras** hintz H. 25. vil gevar .. (lücke für zwei buchstaben) D vil **gevar**cieri H. 26. irs DH. 27. und des unsern H glaubens fehlt H **unnd** bis irs glauben fehlt D. 27. har etzwischen H. 28. gros DH brech D prech H. 29. die mitwochen DH. 30. zu ostern DH. 31. nun DH von fehlt DH in dem tag DH. 32. Sant Gregorien DH. 33. **Auxen**cius DH artzat DH. 34. des heilligen crütz tag DH. 35. den **gros**sen DH.

S. 106. z. 1. der lieben unser D unser liben H. 3. Zerkichis D **Zer**lichis H. 4. gar fehlt DH andern nöten DH. 5. edellüt DH. 7. in Schen**ary** D in schenarn H. 8. nun einen DH. 9. heylligen fehlt DH vesper DH. 11. Sie habent och vor den DH. 12 die ander heillig zit haltens be**sunder DH. 14. halten DH nach vesperzyt DH. 15. got DH. 16. wi**der getöfft DH. 17. sin toff DH. 19. in nun DH. 20. einest **DH.** 22. ee fehlt DH siech fehlt DH. 23. ir fehlt DH. 25. gantz und **gar** fehlt DH miteinander, so das yetlichs einen andern gemahel **niemen** (nieman H) mag DH. 28. erben DH. 30. von seinen erben fehlt **DH.** 31. noch ze schaffen fehlt DH. 32. oder umssens D oder umb**sös** H der bis müssen fehlt DH. 33. ouch also puwen, das niemant doruff **ze** sprechent hab DH. 34. nach seinem tod fehlt DH. 35. habent **sin** erben die selben DH in der maß fehlt DH als ander sin gut DH. 36. hingelihen DH. 37. ir fehlt DH abgetan DH.

S. 107. z. 3. es gond DH ze mettin DH. 4. recht lüt DH **sich** DH. 5. lebtagen DH. 6. zünd eins sin liecht selbs DH dann das **im** ain ander (anders H) mensch antzündet DH. 7. meind DH by **sinen** leptagen DH. 8. die werdent hernach hart DH. 9. nur N vor **DH** gelt DH. 12. ein armer DH 13. kirchoff D kirchhof H von bis **oder** fehlt DH den sinen (seinen H) enwalt DH. 14. kirchhoff DH **einen** grossen DH. 15. daran DH. 16. der da DH unter dem stain **fehlt** DH das er DH. 17. bischoff DH 18. und die DH. 19. uff einen **sessel** DH. 20. untz DH. 21. singent und lesent DH ob im bis ein DH. 22. ein schuffel ertrichs DH. 23. achtenden tag DH. 24. die bis **an** fehlt DH. 25. sydin und samattin DH guldin DH. 26. ring in **oren,** an den vingern DH. 27. noch nit DH. 28. einer ein junckfrouen DH. 29. dem vater heim DH und muter fehlt DH. 30. ir dann mer **DH** als vor guter mauß berürt ist DH. 31. so bis gen fehlt DH. 34. **man** sünd DH. herrn NaDH crütz DH ainest NaDH. 35. uffmacht DH. 36. bischoff DH applas D ablaus H. 37. ablas H alles D.

S. 108. z. 1. ablas DH sünd DH. 4. ye einem DH thog DH. 5. thu DH mieck D niechk H 6. und sie DH. 7. in der meß **fehlt** DH und umb das dorumb sie dann bitten sullent umb geistliche **und**

weltliche ordnung der gantzen cristenheit und bittent für den römi-
schen DH. 9. und umb alle fehlt DH ritter DH. 10. bett DH. 11. he-
bent DH agornika D ogornicka H. 12. dich über uns DH. 13. wort
ymer mer DH. 14. und redent och nit in ir kirchen sunder die wil
DH. 16. guten fehlt DH. 17. und och allerley DH. 18. es getar och
kein ley das DH als dann DH. 19. so sie DH. 20. das getar ir keiner
nit tun, läs er aber ein ewangeli, er wär in der patriarchen DH.
22. niemat D niemen H. 23. rochent DH nach in DH. 24. Arbia H.
25. Indea DH. 30 gewalt (nach: hatt er) fehlt DH. 30. 34. bischoff
DH. 31. barthabiet N barchabiet D varthabiet H. 34. in DH.
35. wort tut und das nit verstand und vernim (verniement H) DH.

66.

S. 109. z. 1. Worumb die Kriechen den Armani vind sint DH.
2. Armeni DH und was das mach, das will ich sagen, wann ich es
von armenischen wol gehört hon DH. 4. Thartaren D Tartharen H.
8. Armenia [umb H] viertzig ritter, die besten als er hett in sinem
land und batt im DH. 11. und bis poten fehlt DH. 13. die heiden
DH. 15. kamen DH im empfolhen was DH. 17. spottottin D spötet H.
darmit fehlt DH. 18. datz er sie zu den vinden liesse und erloupte
DH. 21. nach in zu schlüss DH. 22. empfor haben DH. 23 gelou-
bens DH. 24. dahin komen DH er erlobt in und sie kament heruß
under DH. 25. und bis veinden fehlt DH. 26. tod on die gefangen, die
sie brachten an das tor DH. 29. gefangen och DH und das deten sie
fehlt DH. 30. gefangen fehlt DH alle ze tod DH und bis verprachten
fehlt DH. 31. keiser DH darab D dorab H. 32. erbot H er bott D.
33. tetten inen och täglichs DH. 33. an den lüten DH. 34. och die
DH. 35. und schlugents mit gewalt DH fromen ritter DH Tartary
nun DH. 36. sie nun D und woltent urloub haben und woltent hin
zu irem künig ziehen DH.

· S 110. z. 2. zu bis er sie fehlt DH. 4. und also rufft er einen
hoff uß, wer dry tag DH. 6. do bis hett fehlt DH schickt DH.
11. houen; und meint DH. 12. getöt het DH zu Ermenia DH. 13. und
nun DH. 14. ritter in den herbergen DH beschach DH. 15. der kam
hin und clagt dem künig DH. 17. durch den keiser; der künig erschrack
und clagt ser sin frum ritter DH. 19. die bis hett fehlt DH schraib DH
von Constantinopel fehlt DH. 20. viertzig man DH und gelihen fehlt
DH die wol DH. 21 22. im fehlt D. 22. wolt ye D für der sinen
ainen D. 21. das ich komen wil und ye für minen der viertzig ritter
einen töten viertzig tusent man H. 23. Ermenia DH Babilony DH
kaliphat DH. 25. und dornach zugen sie [mit einander H] DH. 27. uff

den DH von Const. fehlt DH. 28. keiser zu Constantinoppel DH.
31. gegen fehlt DH Constantinopoli DH. 33. in kriechen hett. Das
beschach. Der künig bracht die gefangen gegen der stat über und
töttet on ein DH.

S. 111. z. 1. ze tot fehlt DH rotvarb mit DH 2. plutfarw DH.
3. noch dann so vil DH. 4. zwibel DH und fehlt DH das geschach
dem DH. 5. gesprechen DH. 6. zwibel DH oder verkaufft bis mit
im (z. 12) fehlt DH. 13. Die Armeni sint getrüw lüt DH wa DH
wonent DH. 14. Chrichen Na so bis pey fehlt DH. 15. arbeit, wann
alle die clugen arbeit die die heiden künden von guldin, purperen,
syden oder sameten tuchern, das kündent die Armeni all wol und gut
scharlach würcken DH. 17. Bei DH ist diésem kapitel noch folgendes
angefügt. Ir habent (habt H) vor verstanden und vernommen die land,
stett und gegent, dorinn ich in der heidenschafft gewesen bin. Ich
hab och nun geschriben die strit, daby ich bin geweseu und den hei-
denschen globen, den ich och erfaren hon mit vil mer anderen wun-
deren als die dann vor begriffen sint. Nun sond ir hören und verston
wie und durch welche land ich heruß komen bin.

67.

z. 18. [Wie und D] durch wölche (welche H) land ich heruß [ko-
men bin H] DH. 19. Bej DH ist als anfang dieses kapitels der erste teil
des 30ten kapitels hier eingefügt. 19. nun bis sey fehlt DH. 20. Und
nun nach den dryen monaten schickt uns der Kriechen keiser DH
galien DH. 21. Tunou DH. 22. schwartz mer DH. 11. die bis waren
fehlt DH. 25 die weisse statt DH. 26. Asparseri H unnd cham fehlt
DH mer fehlt DH in ein DH. 27. Sedschoff DH Walachy DH ich
cham auch fehlt DH. 28. in eine DH stadt fehlt DH deuchtz D
deutsch H Limburgch DH. 29. ein fehlt DH in weissen Reissen des
kleinen DH. 30 Krackou DH Pelen D Polan H. 31. cham bis landt
fehlt DH gen Sachsen DH dornach, dornach fehlt DH. 32. Neich-
sen H und in die statt Bressla DH Glesy D Slesy H ain fehlt DH.

S. 112. z. 1. Lantzhut DH 2. Frisingen, daby ich nachen ge-
poren bin. 3 Und mit der hilff gots wieder heim bin komen und zu
cristenlichem gelouben komen bin. Gedauckt sy got dem almächtigen
und allen den, die mir des geholffen habent. Und wenn ich mich
schier verwegen hett, das ich von den heidenschen lüten und von irem
bösen glouben, daby ich XXXII jar hon wonung haben müssen, ny-
mer komen, noch och nit fürbas mer gemeinschafft der hailgen cristen
[heit H] han gelögnet und mich der hon also ellentlich verwegen und
davon gescheiden müst [hon H]; dann das [got H] der almächtig an-

gesehen (angehen D) hat min gros belangen und verdrissen, so ich
nach cristenlichem gelouben und nach siner himelscher fröd gehapt
hon und hat mich von den sorgen, verderbens an lib und an sel gnä-
diglich enpunden. Dorumb bit ich alle die die disß buch habent ge-
lesen (lesent H) oder hörent lesen, das sie min gegen got gütlich ge-
denckent, damit sie sollicher schwärer und oncristenlicher vancknus
hie, dort und öwiglich vertragen werden. Amen.

z. 7. Hier am schlusse sind bei DH das armenische und das tata-
rische vaterunser angefügt, während bei N nur das letztere im 27ten
kapitel mitgeteilt ist.

In der ausgabe von Neumann sind die beiden vaterunser wegge-
lassen; Telfer teilt sie aus einer der inkunabeln mit sehr entstellten
lesarten mit. DH haben folgenden fast ganz übereinstimmenden text[1]:

Das armenisch (ermenisch H) pater noster.

Har myer ur ergink; es surp eytza annun chu; ka archawun chu;
jegetzy kam chu (thu DH) [worpes] hyerginckch yep ergory; [es] hatz
meyr anhabas tur myes eisor; yep theug (cheug D) meys perdanatz
hentz myengkch (myenglich H) theugunch meyrokch perdabanatz;
yep my theug myes y phurtzuthiun (phwerczuchin D phwetzuchin H);
haba prige (bryge D) myes y tzscharen (czscheren D tzscheren H).
Amen.

Dieser von den handschriften mitgeteilte wortlaut enthält manche
dialektische ausdrücke und unterscheidet sich deshalb teilweise von
dem gleichfalls aus der alten sprache entnommenen liturgischen text,
welcher (mit hinzufügung der doxologie) folgendermaßen lautet:

Hhair mer wor hjerkins; surb jeghitzi anun kho; jekestze arkha-
juthiun kho; jeghitzin kamkh kho worpes hjerkins jev hjerkri, es hhatz
mer hhanapasord tur mes aisor; jev thogh mes es partis mer, worpes
jev mekh thoghumkh merotz partapanatz; jev mi tanir es mes i phord-
suthiun; ail pherkea esmes i tscharen; si kho e arkhajuthiun jev
soruthiun jev pharrkh baviteans. Amen.

*

1 Die richtige widergabe des textes wurde durch herrn Leon
Moutafian aus Armenien gütigst besorgt.

Die handschriften und ausgaben von Schiltbergers reisebuch.

Über Hans Schiltberger finden sich bibliographische mitteilungen in den litterargeschichtlichen werken von Panzer [1], Ebert [2], Hain [3], Ternaux-Compans [4], Gräße [5] und Brunet [6]; aber alle darin gebrachten notizen sind mehr oder weniger unvollständig. Etwas ausführlicher, jedoch ebenfalls nicht erschöpfend, ist die von Tobler [7] gelieferte zusammenstellung. Als einleitung zu seiner englischen übersetzung Schiltbergers brachte Telfer [8] eine vorzügliche bibliographische skizze, in welcher uns eine sorgfältige aufzählung aller früheren bearbeitungen geboten ist, die aber trotzdem immer noch nicht vollständig genannt werden kann. Etwas lückenhafter sind sodann wider die bei Röhricht-Meißner [9] und bei Kertbeny [10] sich vorfindenden darstellungen.

Im nachstehenden soll versucht werden, die unrichtigkeiten der vorausgegangenen arbeiten zu vermeiden, ohne dabei selbst einen anspruch auf vollständige genauigkeit erheben zu wollen.

I. Die handschriften.

Es sind vier handschriften unseres autors vorhanden, welche insgesamt der zweiten hälfte des fünfzehnten jahrhunderts angehören.

*

1 Panzer, annalen der älteren deutschen litteratur. 1 band. Nürnberg 1788.   2 Ebert, allgemeines bibliographisches lexikon. 2 band. Leipzig 1830.   3 Hain, repertorium bibliographicum. 2 band. Stuttgart und Paris 1831.   4 Ternaux-Compans, bibliothèque asiatique. Paris 1841.   5 Gräße, lehrbuch einer allgemeinen litterärgeschichte. II, 2b. Dresden und Leipzig 1842. Gräße, handbuch der allgemeinen litteraturgeschichte, II. Leipzig 1850. Gräße, trésor de livres rares et précieux. VI. 1. Dresden, Genf, London und Paris 1864.   6 Brunet, manuel du libraire, V, fünfte auflage. Paris 1864.   7 Tobler, bibliographia geographica Palæstinæ. Leipzig 1867.   8 Sieh nachher IV, 5.   9 Röhricht und Meißner, deutsche pilgerreisen nach dem heiligen lande. Berlin 1880.   10 Kertbeny, bibliographie der ungarischen nationalen und internationalen litteratur. Budapest 1880.

1. Die in der Nürnberger stadtbibliothek befindliche handschrift [1], welche hinsichtlich des kritischen wertes den drei anderen weit vorzuziehen ist, wenn schon letztere der abfassungszeit nach älter sein mögen.

Diese handschrift schließt sich an den bis jetzt nicht bekannten codex archetypus unbedingt weit näher an, als die übrigen, indem sie bessere lesarten, besonders bei den eigennamen, und eine größere vollständigkeit des textes bietet und überdies bei ihr die einzelnen kapitel in einer mehr systematischen ordnung auf einander folgen.

In der vorrede zur ausgabe von Neumann [2] wird irrtümlich mitgeteilt, daß diese Nürnberger handschrift verloren gegangen sei; hingegen wird sie bei Tobler wider erwähnt. Telfer führt zwei Nürnberger handschriften an und unterscheidet diese wirklich vorhandene von der bei Neumann als verloren bezeichneten; zu dieser ansicht wurde er durch einen (partial-) katalog der Nürnberger bibliothek [3] bestimmt, worin unter nr 66 ein sammelband von handschriften (darunter Schiltberger) verzeichnet ist, welcher sich nicht vorfindet. Höchst wahrscheinlich haben wir es aber hier bloß mit einem irrtum beim katalogisieren zu thun; denn die einzelnen bestandtheile dieses kollektivbandes, welche im katalog aufgeführt sind, stimmen ganz genau mit dem inhalt eines anderen sammelbandes, nr 34, überein, welcher sich wohlerhalten in der bibliothek befindet und der u. a. auch unseren wertvollen Schiltbergercodex enthält. Da außerdem auch Panzer nur eine handschrift und zwar die hier erwähnte aufführt, so ist man zu dieser annahme wohl doppelt berechtigt.

Von dieser Nürnberger handschrift weichen nun die drei anderen bedeutend ab. Dagegen stehen sie unter sich in engerem zusammenhang und gleichen sich vollständig hinsichtlich der reihenfolge und abteilung, sowie des inhalts der einzelnen kapitel; abgesehen von einigen durch ein versehen bewirkten auslassungen zeigen sie nur hinsichtlich der lesarten teilweise eine verschiedenheit. Sie müssen deshalb eine vorlage benutzt haben, welche ohne das medium des Nürnberger codex mit dem archetypus in verbindung stand. Leider sind nur zwei von diesen handschriften vollständig auf uns gekommen, während die dritte unvollendet geblieben ist. Jene ersteren reihen sich hinsichtlich

---

1 Papierhandschrift des 15 jahrhunderts in groß quart, aus 60 blättern bestehend. Sie befindet sich in einem starken sammelband gemeinschaftlich mit drei anderen handschriften, den reisewerken des hl. Brandan, des Johann von Montafilla und des bruders Ulrich von Friaul; am anfang ist eine ausgabe von Marco Polo (Augsburg 1481 bei Sorg) beigebunden. 2 Sieh nachher IV, 3. 3 Bibliotheca sive supellex librorum etc. Nuremberg.

der korrektheit des textes in folgender ordnung an die Nürnberger handschrift an:

2. Die handschrift von Donaueschingen [1], im besitze der fürstlich fürstenbergischen bibliothek.

3. Die Heidelberger handschrift [2], eigentum der universitäts-bibliothek.

4. Den schluß dieser reihe bildet die fragment gebliebene hand-schrift von st Gallen [3], im besitze der stiftsbibliothek daselbst. Sie ent-hält nur die ersten 28 kapitel, d. i. etwas über ein drittel des gan-zen; es fehlen demnach die wichtigsten geographischen partien des werkes, was um so mehr zu beklagen ist, als diese handschrift selbst vor der Nürnberger den vorzug besitzt, daß bei ihr die zahlenan-gaben nicht zu einer allzu maßlosen höhe gesteigert sind. In bezug auf die übrigen lesarten steht sie der Donaueschinger handschrift näher, als der Heidelberger.

Die Donaueschinger handschrift war die (wenn auch nur mittel-bare) quelle für die (mutmaßliche) editio princeps, von der wider die anderen inkunabeln und in weiterer folge die späteren drucke ausge-gangen sind, während von der Nürnberger handschrift, so viel bis jetzt bekannt ist, keine ausgaben existieren.

II. Die inkunabeln.

Die inkunabelausgaben, von denen ich einsicht nehmen konnte, sind sämtlich in folio s. l. a. e. typ. n. und mit je 15 holzschnitten versehen, die in allen ausgaben gleich sind. Bezüglich ihrer verwandt-schaft mit dem handschriftlichen texte folgen sie in nachstehender weise auf einander:

1. Ausgabe von 48 blättern (zu 32 bis 36 zeilen die seite) [4].
Der anfang lautet:

Ich Schildtberger zoche auß von meiner heimet mit Namen auß der stat münchen etc.

Am schlusse steht:

Ein end hatt der Schiltberger.

1 Papierhandschrift des 15 jahrhunderts, aus 96 blättern in klein quart bestehend. 2 Papierhandschrift des 15 jahrhunderts, 134 blätter in klein quart. 3 Papierhandschrift des 15 jahrhunderts in folio, zweispaltig, aus 22 blättern bestehend. Sie befindet sich in einem (940 blätter starken) sammelband, welcher außerdem noch eine welt-chronik, den briefwechsel Alexanders des großen mit Dindymus, die legende der hl. drei könige und J. de Mandevilles pilgerfahrt enthält. 4 Diese ausgabe ist bei A. Sorg in Augsburg gedruckt, wie sich aus der vergleichung mit andern drucken dieses meisters ergibt.

Obwohl bei dieser ausgabe der wortlaut des textes im allgemeinen mit dem der Donaueschinger handschrift übereinstimmt, so finden sich dabei doch manche verschiedenheiten darin, so daß man zwischen beiden wenigstens noch ein mittelglied annehmen muß, entweder eine ältere inkunabel (vielleicht eine der unten erwähnten nrn 4 bis 6) oder eine spätere handschrift. Diese ausgabe wird nur bei Brunet aufgeführt; daß er ihr statt 48 blätter nur 47 und statt 15 holzschnitte nur 14 zuschreibt, erklärt sich wohl daraus, daß er ein defektes exemplar flüchtig kontrolierte. Exemplare dieser ausgabe finden sich in München (hof- und staatsbibliothek), Bamberg (kgl. bibliothek), Augsburg (kreis- und stadtbibliothek), Berlin (kgl. bibliothek), Leipzig (universitätsbibliothek), Zürich (stadtbibliothek).

2. Ausgabe von 58 blättern (die seite zu 33 bis 34 zeilen). Sie ist ein nachdruck der vorhergehenden, von der sie im text nur ganz unbedeutend abweicht. Vor dem eigentlichen anfang hat sie noch eine art überschrift mit dem wortlaut:

Hye vahet an der Schiltberger, der vil wunders erfaren hat in der heydenschafft und in der Türckey.

Sodann folgt erst die eigentliche erzählung:

Ich Schildtberger czohe auß von meiner Heymet mit namen auß der stat München etc.

Der Schluß lautet:

Ein ende hat der Schiltberger.

Diese ausgabe wird in keiner der älteren bibliographieen, sondern zum ersten mal von Telfer erwähnt. Sie befindet sich in zwei exemplaren auf der Münchener hof- und staatsbibliothek.

3. Ausgabe von 45 blättern, zweispaltig gedruckt (die seite zu 37 zeilen). Sie ist ein nachdruck von nr 2 und gleich dieser mit einer überschrift versehen:

Hie vahet an der schildberger, der vil wunders erfaren hatt in der heydenschaft und in der türckey.

Der anfang lautet sodann:

Ich schildberger zohe aus vonn meiner Heymet mit namen auß der Stadt München etc.

und der schluß:

Ein ende hat der Schildtberger.

Von dieser ausgabe ist ein exemplar in Berlin (kgl. bibliothek) und eines (jedoch sehr defekt) in München (hof- und staatsbibliothek). Sie wird zuerst erwähnt in dem katalog der bibliothek des kaiserl. pfalzgrafen und geschichtsprofessors in Altdorf, Christian Gottlieb

Schwarz [1]. Nach diesem werke zitierte sie Panzer, jedoch mit der irrigen variante ›heidenschafft‹; aus Panzer schöpften sodann Hain und Gräße (lehrbuch), natürlich mit derselben irrtümlichen lesart.

Außer diesen drei inkunabeln, welche ich selbst einsehen und vergleichen konnte, werden in den erwähnten bibliographischen werken noch einige andere aufgeführt, jedoch ohne nennung ihres aufbewahrungsortes:

4. Ausgabe von 40 blättern (33 zeilen die seite). Mit holzschnitten s. l. e. a. folio. Die überschrift lautet:

Hie vachet an der schildberger der vil wunders erfaren hatt in der heydenschafft und in der türckey.

Sie wird zuerst erwähnt von Ebert, der dazu in klammern beisetzt: Ulm J. Zainer 1473? Dieselbe notiz (aber schon mit hinweglassung des fragezeichens) gibt Gräße (trésor). Sodann wird sie bei Brunet angeführt, der sie folgendermaßen charakterisiert: Edition précieuse sans lieu ni date, mais qui, probablement, a été imprimée à Ulm par Jean Zainer vers 1473.

5. Folioausgabe s. l. e. a. zweispaltig gedruckt (die seite zu 33 bis 34 zeilen) mit folgender überschrift:

Hier vahet an der Schildtberger, der vil wunders erfaren hat in der heydenschafft und in der Türckey.

Sie ist von Tobler verzeichnet.

6. Quartausgabe. Frankfurt. 1494.

Sie wird bei Gräße (lehrbuch) erwähnt; vielleicht ist sie auch identisch mit einer zweiten, im schwarzischen katalog folgendermaßen aufgeführten ausgabe:

›Nr 103. Der Schildberger, der vil wunders erfaren hatt in der heydenschafft und in der Türckey. Folio.‹

III. Die ausgaben des 16 und 17 jahrhunderts.

Diese unterscheiden sich von den älteren ausgaben darin, daß sie mit einem ausführlichen titel, außerdem mit dem namen des druckers und bisweilen auch mit angabe des druckjahres versehen sind, während die seitenzahl noch meistens fehlt. Das format ist im 16 jahrhundert quart, im 17 oktav und duodez. Ihre chronologische aufeinanderfolge ist die nachstehende:

1. Die Nürnberger ausgabe s. a. Gedruckt bei Johann vom Berg und Ulrich Newber [2].

*

1 Bibliothecæ Schwarzianæ pars II. Altdorf und Nürnberg 1769.
2 Tobler erwähnt eine ältere ausgabe von 1513, ohne jedoch für

Der vollständige. Titel lautet:

Schildtberger,

Ein wunderbarliche unnd kürtzweylige Histori, wie Schildtberger, einer auß der Stat München in Bayern, von den Türcken gefangen, in die Heydenschafft gefüret und wider heym kommen.

Item, was sich für krieg unnd wunderbarlicher thaten, dieweyl er inn der Heydenschafft gewesen, zugetragen, gantz kürtzweylig zu lesen.

Von den inkunabeln unterscheidet sich diese ausgabe außerdem noch durch die beifügung einer einleitung von vierzehn seiten mit dem titel:

»Ein güttlicher unterricht denen, so diß büchlin lesen, zu vermercken.«

Darin werden anfänglich die verdienste Schiltbergers hervorgehoben, seine glaubwürdigkeit wird gerühmt und in bezug auf seine legendenhaften berichte wenigstens der vorwurf einer absichtlichen täuschung zurückgewiesen; alsdann folgt eine geschichte des türkischen reiches in kurzem auszuge, wobei dessen gefahr für die abendländische welt betont wird; den schluß bilden moralische betrachtungen allgemeiner natur.

Der holzschnitte in dieser ausgabe sind 15 an der zahl, einer davon auf dem titelblatt; sie sind von denen der inkunabeln verschieden, sind jedoch gleich jenen dem text angepast, wenngleich sie auch eine etwas mehr anachronistische form angenommen haben. Exemplare dieser ausgabe besitzen die hof- und staats-, sowie die universitätsbibliothek in München, desgleichen die in Leipzig, ferner die kgl. bibliotheken in Stuttgart, Dresden und Berlin (letztere zweimal), das germanische museum in Nürnberg, die kreis- und stadtbibliothek in Augsburg, so wie die stadtbibliothek in Zürich; nach Ebert auch die bibliothek in Wolfenbüttel.

*

deren existenz erschöpfende beweise beizubringen. Er fand die erwähnte jahrzahl gedruckt am ende eines sammelbandes, aber bloß bei dem zuletzt beigebundenen reisewerk des »Petrus, pfarrer zu Suochen«, während bei den vorhergehenden büchern, worunter »Schildtberger«, kein datum angegeben war; hingegen stand bei unserem autor eine randbemerkung geschrieben: »1473 in Ulm von Johannes Zeiner gedruckt.« Der von Tobler mitgetheilte anfang dieser ausgabe läßt erkennen, daß er hier die älteste inkunabel vorfand; wenn er das format derselben als quart statt folio bezeichnet, so widerspricht das dieser vermutung nicht, indem beim wegschneiden des sehr breiten randes sämmtliche inkunabeln das aussehen von groß quart erhalten können.

2. Die Frankfurter ausgabe von 1549. Gedruckt bei Hermann Gülfferich in der Schnurgasse zum Krug.

Sie ist ein nachdruck der vorhergehenden, mit der sie daher im text vollständig übereinstimmt. Im titel wurde eine geringe änderung vorgenommen und es wurde demselben eine kürzere form gegeben.

Schildtberger,

Ein wunderbarliche unnd kurtzweilige History, Wie Schildtberger, einer auß der Stad München in Beyern, von den Türcken gefangen, inn die Heydenschafft gefüret und widder heimkommen ist, sehr lüstig zu lesen.

Desgleichen wurde die einleitung gegen den schluß hin etwas abgekürzt.

Statt der 15 holzschnitte der früheren ausgaben enthält diese 37, welche gröstenteils aus dem (ein jahr vorher ebenfalls bei Gülfferich gedruckten) reisewerk des Ludovico Vartomans von Bolonia ganz systemlos entlehnt sind und an beinahe keiner stelle mehr zum texte passen. Exemplare dieser ausgabe sind in München (hof- und staatsbibliothek) und Berlin (kgl. bibliothek).

3. Die Frankfurter ausgabe von 1553. Vollständig übereinstimmend mit der vorhergebenden ausgabe und gedruckt, wie diese, bei Hermann Gülfferich.

Ein exemplar davon ist in Berlin (kgl. bibliothek).

4. Die Frankfurter ausgabe von 1554. In derselben unveränderten weise gedruckt bei Hermann Gülfferich.

Exemplare dieser ausgabe befinden sich auf der universitäts-bibliothek in Tübingen, sowie auf der stadtbibliothek in Zürich.

5. Die Frankfurter ausgabe s. a. Gedruckt bei Weigand Han zum krug in der schnurgasse. (Han war der stiefsohn und geschäftsnachfolger Gülfferichs, welch letzterer mutmaßlich 1556 starb.)[1]

Diese ausgabe ist ein nachdruck derjenigen von Gülfferich, von der sie sich nur hinsichtlich der orthographie (besonders der eigennamen) in ganz geringem maß unterscheidet. Exemplare davon sind in der hof- und staatsbibliothek zu München, in den kgl. bibliotheken zu Berlin und Dresden und im germanischen museum zu Nürnberg. Ebert zitiert diese ausgabe nach Panzer, fügt aber noch bei: (um 1554)[2]; dieser zusatz findet sich sodann ebenfalls bei Gräße (trésor): vers 1554.

6. Frankfurter ausgabe von 1557 (in quart). Erwähnt bei Ternaux-

*

1 Vergl. allgemeine deutsche biographie unter Han.   2 Schon früher findet sich diese mutmaßliche zeitangabe in Kobolts bairischem gelehrtenlexikon Landshut 1795.

Compans, woselbst der titel (offenbar verkürzt) folgendermaßen angegeben ist:

Schildberger [1]. Gefangenschaft in der Türckey.

7. Frankfurter ausgabe s. a. Gedruckt durch Weyandt Hanen erben. (Weigand Han starb 1562.) [2]

Ein exemplar dieser ausgabe befindet sich auf der stadtbibliothek zu Basel.

Zwischen diesen Frankfurter ausgaben führt Telfer noch eine andere gleichzeitige edition auf.

»in klein quart s. l. e. a. Angeblich München 1551.«

Die quelle für diese angabe ist Joseph Scheiger [3], welcher nach dieser also bezeichneten edition einen kurzen auszug aus Schiltberger in »Hormayrs Taschenbuch für die vaterländische geschichte.« (VII Jahrg. 1827) lieferte. Da jedoch Scheiger für dieses beigefügte »angeblich« keine beweise bringt, so ist wohl anzunehmen, daß er eine ausgabe s. a. vor sich hatte, in welcher die letzte seite mit dem namen des herausgebers fehlte.

Einer irrtümlichen randbemerkung in dem ihm vorliegenden exemplar legte Scheiger übrigens ganz unbedenklich beweiskraft bei, wie er selbst in dem oben zitierten bande, s. 168, in der anmerkung berichtet: »[Schiltberger war 1380 geboren] nach einer handschriftlichen note in dem vorliegenden alten exemplar zu Wels in Oberösterreich am 9 May um die mittagsstunde.« Obwohl Schiltberger selbst in seinem reisebericht seine heimat in die nähe von Freising verlegt, pflichtet Scheiger jener unkritischen randglosse bei und führt unseren landsmann infolge dessen als österreichischen reisenden auf. Erst in einem späteren bande derselben zeitschrift (neue folge III, 1832) gibt ein ungenannter diese lokalpatriotischen ansprüche auf und reiht Schiltberger gebührendermaßen wider bei den bairischen reisenden ein, wobei er versichert, der frühere fehler sei hervorgerufen worden »durch den kaum erklärbaren irrtum einer aus dem nachlasse des berühmten genealogen und topographen Österreichs ob der Enns, Hanns Georg Adam Frhrn. v. Hoheneck etc. herstammenden handschrift [4].«

*

1 Gegen diese schreibweise darf man übrigens gerechtes mistrauen hegen, da Ternaux-Compans auch bei der ausgabe von Gülfferich die falsche lesart »Schiltberger« bringt. 2 Vergl. allgemeine deutsche biographie unter Han. 3 Scheiger (geboren 1801) war österreichischer postbeamter, zuletzt direktor in Graz (vergl. Wurzbach, österr. biogr. lexikon). 4 Unter dem ausdrucke »handschrift« ist offenbar die im früheren jahrgange (1827) erwähnte »handschriftliche note in dem alten [druck-]exemplar« zu verstehen.

Die von Scheiger in der anmerkung gebrachte notiz veranlaßte ihrerseits wider ein misverständnis von seite Telfers, indem dieser die worte »zu Wels« auf das unmittelbar vorhergehende wort »exemplar«, statt auf den aus dem darüber stehenden text zu ergänzenden ausdruck, »war geboren« bezog und infolge dessen übersetzte: »Scheiger saw at Wels, in Austria, a copy which was supposed to be of the year 1551, and published at Munich. It was stated in a M. S. marginal note, that Schiltberger was born at mid-day, on the 8th day of May [1] «

8. Magdeburger ausgabe s. a. in klein oktav. (Ternaux-Compans fügt die jahrzahl 1606 bei). Gedruckt bei Johann Franncken.

Sie ist ein nachdruck der Frankfurter ausgaben und hat deren verkürzung des titels und der vorrede ebenfalls angenommen. Abgesehen von der veränderung des formats bringt sie eine weitere neuerung durch weglassung der holzschnitte [2]. Ein exemplar dieser ausgabe besitzt die universitätsbibliothek zu Straßburg.

9. Frankfurter ausgabe 1606 in oktav.

Titel: Schildberger. Reise in die Heydenschaft.

Sie wird erwähnt bei Ternaux-Compans.

10. Ausgabe s. l. 1678 in duodez.

Der text ist dem der Magdeburger ausgabe gleich, ebenso die vorrede; hingegen ist der titel etwas erweitert und lautet:

Schildberger.

Eine Wunderbarliche / und. kurtzweilige Historie / wie Schildberger / einer aus der Stadt München in Bayern, von den Türcken gefangen / in die Heydenschafft geführet / und wiederum heim kommen ist / sehr lustig zu lesen.

Widerum auf's neu an Tag gegeben.

Gedruckt / im Jahre 1678.

Diese ausgabe enthält wider holzschnitte und zwar 44, einige da-

*

1 Dieses misverstehen des deutschen textes gibt demnach die einfachste erklärung, weshalb ein zweimaliger versuch Telfers, von seite der (nicht existierenden) bibliothek zu Wels näheren aufschluß über die erwähnte randbemerkung zu erhalten, von keinem erfolg begleitet war. Auch ein anderes mal wurde Telfer auf falsche spuren geleitet und zwar durch eine bei Tobler sich findende irrtümliche notiz, nach welcher die unter II, 1. 3. und III, 1. 2. 3. 5. 10. angeführten ausgaben als im besitz der universitätsbibliothek befindlich bezeichnet werden, statt in dem der kgl. bibliothek; auch diesmal musten natürlich die bei der ersteren erfolgten anfragen ergebnislos bleiben. 2 Die angabe »with woodcuts« bei Telfer ist offenbar ein druckfehler statt »without woodcuts«.

runter in mehrfachen widerholungen; fast alle haben jedoch nicht die mindeste beziehung zum text, sondern sind von anderwärts, wahrscheinlich aus einem katholischen gebetbuche, entlehnt. Zum ersten mal sind in dieser ausgabe die seiten, 170 an der zahl, bezeichnet.

Ein exemplar dieser ausgabe befindet sich in der kgl. bibliothek zu Berlin.

11. Eine weitere ausgabe erwähnt Tobler folgendermaßen:

Neuer abdruck (der ausgabe von 1513) ohne angabe des druckjahres, gegen 1700.

IV. Die ausgaben des 19 jahrhunderts.

1. Ausgabe von A. J. Penzel 1813 in klein oktav. München. (Ohne verlagsangabe.)

Der vollständige titel lautet:

Schiltberger's

aus München, von den Türken in der Schlacht von Nikopolis 1395 gefangen, in das Heidenthum geführt und 1427 wieder heimgekommen, Reise in den Orient und wunderbare Begebenheiten, von ihm selbst geschrieben. Aus einer alten Handschrift übersetzt und herausgegeben von A. J. Penzel [1].

2. Dieselbe ausgabe in neuer (sog. titel-) auflage 1814. München. Bei E. A. Fleischmann.

Beide auflagen sind im text ganz übereinstimmend.

Die übersetzung ins Neuhochdeutsche, welche diese ausgabe bringt, ist nicht wie der titel besagt, nach einer alten handschrift, sondern wie sich aus einer vergleichung des beiderseitigen textes ergibt, nach den ausgaben des 15 jahrhunderts hergestellt [2]. Penzel hat

*

1 Gräße (handbuch) erwähnt eine Münchner ausgabe mit dem nemlichen titel, jedoch ohne namen des herausgebers, vom jahre 1823. Offenbar ist dies die ausgabe von Penzel und die jahrzahl bloß verdruckt (statt 1813). 2 Diese vermutung wird vollständig bestätigt durch einen auf der bibliothek zu Bamberg aufbewahrten brief Penzels an den dortigen bibliothekar Jäck, worin der schreiber als seine vorlagen die Nürnberger ausgabe, die Frankfurter von 1549 und die Magdeburger bezeichnet Allerdings erklärt Penzel in einem zweiten briefe, daß ihm das »bei Panzer erwähnte« und »einzige« manuscript Schiltbergers seitens der Nürnberger stadtbibliothek mitgeteilt worden sei und er dasselbe behufs vergleichung mit den gedruckten ausgaben abzuschreiben gedenke. Wahrscheinlich wollte er aber diesen handschriftlichen text nur für seine größere ausgabe verwerten, die er neben der »volksausgabe« herauszugeben beabsichtigte, wie ein im September 1812 er-

Schiltbergers reisebericht zwar durch eine leichte und gefällige schreib-
weise sehr lesbar gemacht, denselben aber gleichzeitig durch den ge-
brauch zahlloser moderner ausdrücke seines mittelalterlichen gepräges
vollständig beraubt, wobei die vielfach beabsichtigten textverbesse-
rungen überdies fast ausnahmslos als misglückt bezeichnet werden
müssen.

Sehr bedauerlich ist, daß der orientalist Hammer-Purgstall durch
den trügerischen titel dieser ausgabe bestimmt wurde, ihr einen wissen-
schaftlichen wert beizulegen und sie seiner untersuchung [1] über die bei
Schiltberger sich findenden orts- und personennamen zu grunde zu le-
gen, so daß trotz der vielen bei dieser arbeit bethätigten scharfsinnigen
forschungen dieselbe wegen des verfehlten ausgangspunktes dennoch
nahezu ergebnislos bleiben muste.

3. Ausgabe von K. F. Neumann. München 1859. Klein oktav.
Der vollständige titel lautet:

Reisen des Johannes Schiltberger aus München in Europa, Asia
und Afrika von 1394 bis 1427.

Zum ersten mal nach der gleichzeitigen Heidelberger Handschrift
herausgegeben und erläutert von Karl Friedrich Neumann.

Mit Zusätzen von Fallmerayer und Hammer-Purgstall.

Dieser ausgabe gebührt das unbestrittene verdienst, daß sie, viel-
leicht seit der editio princeps zum ersten mal wider, aus einer hand-
schriftlichen quelle schöpfte und infolge dessen einen höheren kritischen
wert beanspruchen kann, als alle früheren editionen. Außerdem ist
sie die erste ausgabe, welche mit einem kommentar ausgestattet ist,
indem Neumann zur hebung verschiedener textschwierigkeiten einige
noten beifügte. Wie er auf dem titel angibt, gab er außerdem
die früheren erklärungsversuche Hammers zum teil wider und fügte
ebenso verschiedene erläuterungen Fallmerayers an, welche dieser
unter benutzung der oben erwähnten inkunabelausgabe nr 1 verfaßt
hatte [2]. Da Fallmerayer ein weit besserer text, als seinem vorgänger,
zur verfügungung stand, so können seine konjekturen einen höheren

*

schienener prospekt ankündigte; diese ausgabe sollte auf Ostern 1813
(nach einer späteren brieflichen mitteilung »unmöglich eher, als 1814«)
mit anmerkungen, lesarten und einer karte versehen, in groß quart
bei M. J. Stöger in München erscheinen, welcher plan jedoch nicht zur
ausführung gelangte.   1 Berichtigung der orientalischen namen
Schiltbergers (Denkschriften der Münchener akademie der wissenschaf-
ten, band IX).   2 Dieselben finden sich von Fallmerayers hand in dem
von ihm benutzten exemplar dieser ausgabe, das sich auf der Münchener
hof- und staatsbibliothek befindet, als randbemerkungen eingetragen.

wert, als die von Hammer beanspruchen, obwohl auch bei ihnen manche schwierige frage ungelöst bleiben muste, da der falschen lesarten in der zu grunde liegenden edition sich noch genug vorfinden. Aber auch die von Neumann selbst beigefügten erklärungen sind häufig resultatlos, da die von ihm benutzte Heidelberger handschrift keinen allzu hohen kritischen wert beanspruchen kann. Bedenklicher, als die geringe brauchbarkeit des kommentars, wofür der herausgeber nicht immer verantwortlich gemacht werden kann, ist der umstand, daß der text der Heidelberger handschrift an vielen stellen infolge von druckfehlern [1] oft in der sinnlosesten weise entstellt ist.

4. Russische übersetzung von Philipp Bruun. Odessa. 1866.

Titel: Pouteshestvy 'ye Ivana Schiltbergera pa Yevrope, Asii y Afrike.

Als vorlage diente für diese übersetzung die ausgabe von Neumann.

Außerdem reichte Bruun verschiedene texterklärungen (in deutscher sprache) der Münchener akademie der wissenschaften ein, welche dieselbe in den sitzungsberichten von 1869 und 1870 zur publikation gelangen ließ; leider sind jedoch die scharfsinnigen untersuchungen dieses forschers wegen der schlechten lesarten, die er vor sich hatte, teilweise ganz gegenstandslos.

5. Englische übersetzung in der sammlung der Hakluyt Society als 58 band erschienen mit nachstehendem titel:

The bondage and travels of Johann Schiltberger, a native of Bavaria, in Europe, Asia and Africa 1396—1427.

Translated from the Heidelberg M. S. edited in 1859 by Professor Neumann, by commander J. Buchan Telfer, R. N.

Diese englische übersetzung muß in der hauptsache als eine äußerst korrekte bezeichnet werden. Daß an einigen wenigen stellen misverständnisse des textes sich vorfinden, erklärt sich leicht aus der älteren sprache, die für den ausländer doppelte schwierigkeiten bietet.

Ein vorzug dieser ausgabe besteht darin, daß sie einen äußerst wertvollen kommentar besitzt; denn der text ist nicht bloß vom übersetzer selbst mit gediegenen erläuterungen bereichert worden, sondern es wurden diesem auch von professor Bruun viele wissenschaftliche notizen geliefert; diese, samt den früheren erklärungsversuchen von Neumann, Fallmerayer und Hammer-Purgstall hat Telfer ebenfalls in sein werk aufgenommen; eine weitere anerkennung verdient auch die dem buche beigefügte, vorzüglich ausgeführte karte, auf welcher der reiseweg Schiltbergers eingetragen ist.

1 Sie wurden teilweise durch Neumanns schwer lesbare schriftzüge verursacht.

Über das leben des Hans Schiltberger.

Von seinen lebensumständen gibt uns Schiltberger in seinem reise-
buch nur wenig kunde Nach seinen mitteilungen war er in der nähe
von Freising zu hause (kap. 67), zog als knappe eines bairischen edlen
mit könig Siegmund von Ungarn gegen die Türken, nahm an der
schlacht bei Nikopolis (28 September 1396) teil und geriet dabei in
türkische gefangenschaft, nachdem er kurze zeit vorher sechzehn jahre
alt geworden war (kap. 1). Mit den andern gefangenen, welche dem
blutbad nach der schlacht entronnen waren, wurde er nach Brussa
gebracht, wo er vorläufer und später reiter im dienste des sultans
Bajasid ward (kap. 2. 3). Von hier aus mag er nach einiger zeit mit
einer anzahl schicksalsgenossen den so anschaulich geschilderten flucht-
versuch unternommen haben (kap. 6). Als türkischer kriegsmann nahm
er an der einnahme von Siwas teil (kap. 9); desgleichen befand er sich
bei dem hilfsheer, das Bajasid dem ägyptischen sultan Faradsch zur
dämpfung eines aufstandes sandte (kap. 12. 43); mit seinem gebieter
wohnte er wahrscheinlich auch der belagerung von Konstantinopel bei
(kap. 30, s. 47).

In der schlacht bei Angora (1402) wurde die türkische macht
durch Timur zertrümmert und Bajasid selbst zum gefangenen gemacht
Auch Schiltberger teilte dies loos und muste in folge dessen mit sei-
nen neuen herren weiter ostwärts ziehen (kap. 14). Nach dem bald
darauf (1405) erfolgten tode Timurs kam er zu dessen sohne Schah Roch,
dem herrscher von Herat, welcher ihn später seinem bruder Miran-
Schah, dem gebieter der westhälfte des Mongolenreiches, überließ
(kap. 22. 23). Doch auch hier sollte Schiltberger nicht auf die dauer
verweilen. Der thronprätendent Tschekra, welcher bei Miran-Schahs
sohne, Abu Bekr, am hofe zu Tabris aufnahme gefunden hatte, zog mit
einer kleinen streitmacht aus, um die ihm entrissene herrschaft über die
goldene horde wider zu gewinnen. Schiltberger begleitete den Tataren-
fürsten bei diesem unternehmen, indem Abu Bekr ihn wahrscheinlich

mit andern genossen seinem scheidenden gastfreunde zum geschenke machte (kap. 27).

Auch in Kiptschak fand Schiltberger noch nicht das ende seiner wanderzüge. Sein neuer herr unterlag einem nebenbuhler und fand den tod auf dem schlachtfelde, worauf seine anhänger, in deren reihen sich unser berichterstatter befand, ins ausland flüchteten, aber auch hier noch durch die drohende haltung des Tatarenkhans von ort zu ort gescheucht wurden. Auf diese weise gelangte Schiltberger zunächst in die Krim und von da in die Kaukasusländer am schwarzen meer; in Mingrelien entschloß er sich mit vier andern abendländischen Christen zur flucht aus dem machtbereich des Islam. Unter gefahren aller art gelangte er mit seinen begleitern zunächst nach Konstantinopel, von wo aus er mit unterstützung des griechischen kaisers glücklich die heimat erreichen konnte (kap. 30. 67).

Über seine weiteren schicksale nach der heimkehr erhalten wir in dem reisebuche keine kenntnis und von anderer seite sind uns nur kurze notizen übermittelt.

Die älteste nachricht über Schiltberger enthält der codex der Nürnberger bibliothek, welcher in einen sammelband mit andern reisewerken vereinigt ist; der frühere eigentümer dieses buches, Mattheus Brätzel, rentmeister des herzogs Albrecht IV [1], hat eigenhändig ein inhaltsverzeichnis beigefügt, worin er von unserem autor folgendes angibt: »Item Hanns Schildperger, ain warhafftiger frumer edlman, der unnser zeyt gelebt hat und ain Diener ist gewesen des durchleuchtigsten fürsten und herren hern Albrechten, pfalltzgraven bei Rein, hertzog in oberen und nideren Bayern, graven zu Vohburg etc., den man nennt den guetigen Hertzog Albrecht [2].«

Die nächste kunde gibt Aventinus, der Schiltbergers in den annalen [3] bei erwähnung der schlacht von Nikopolis folgendermaßen gedenkt: »Joannes Schiltbergerus, tum puer, Monachio, oppido Boiariæ, ortus, captus, ob elegantiam formæ ab filio Basaitis servatus, in aula Turcarumque educatus et victo Basaite a Tamerlano, rege Persarum, arma victoris sequutus est et tandem mortuo Tamerlano in patriam postliminio reversus a cubiculo Alberto, avo principum nostrorum, fuit.«

Derselbe geschichtschreiber erwähnt Schiltberger noch zweimal in seinen werken, wobei er auch seine schriftstellerische thätigkeit hervorhebt, nemlich in der »Bayerischen Chronik« und in einer kleinern schrift:

*

1 Derselbe regierte von 1463 bis 1508. 2 Albrecht III der fromme 1438 bis 1460. 3 Annales Boiorum. Ingolstadt 1554 (Liber VII, s. 805).

»Ursachen des Türkenkrieges«. An ersterer stelle [1] sagt er: »Hans Schiltberger von München, der fürsten daselbst camerer, ist in diesem krieg gefangen worden, lang in der Türckey und Tartarey umbgezogen, hats alles beschriben; sein puech ist druckt.« Die andere stelle [2] lautet: »Hans Schiltberger von München, deß alten Herzog Albrechts von München, diser fürsten anherrens, kemerling, ist in obgenanter schlacht gefangen worden, ist in diesen kriegen allen gewesen, hats auch nach der leng wol beschriben.«

Auch in der wahrscheinlich von Aventinus verfaßten umarbeitung der baierischen chronik des Ulrich Fütrer [3] findet sich eine notiz über unsern reisenden, welche übrigens mit der einen oben angeführten stelle, bis auf die schreibweise, übereinstimmt: »Hans Schultperger von München, der fursten daselbs kamerer, ist in diesem krieg gefangen worden, lanng in der Turckhey und Tartarej umbzogen, hat alles beschriben, sein puech ist druckht.«

Alle späteren nachrichten über Schiltberger liefern kein neues biographisches material [4]. Auch in den seine familie betreffenden urkundlichen dokumenten findet sich keine mitteilung über ihn.

Diese seine familie [5], welche auf der festen burg über dem orte Schiltberg (bei Aichach) wohnte, gehörte zum ältesten baierischen adel und war im erblichen besitze des marschalkenamtes der wittelsbachischen pfalzgrafen und späteren herzoge. Die jüngere linie des geschlechtes, welche allein noch fortblüht, siedelte später nach München über und erwarb daselbst das bürgerrecht, worauf sie im laufe der zeiten ihre erbgüter veräußerte.

In einer urkunde von 1407 erscheint Friedrich Schiltperger, welcher widerholt als prokurator und sekretär des herzogs Ludwig von Baiern-Ingolstadt erwähnt wird, im besitze des landgutes Holern; da dieses in der mitte zwischen Freising und München gelegene gut höchst wahrscheinlich auch der geburtsort unseres Hans Schiltberger ist [6], so könnte in diesen beiden vielleicht ein brüderpaar erblickt werden, das seine namen, nach landesbrauch, in übereinstimmung mit

*

1 Bayer. Chronik, VIII buch (ausg. der Münchener akademie der wissenschaften, band V, s. 528) 2 s. 237 (ausg. d. M. ak. band I). 3 Rockinger, Über ältere arbeiten u. s. w. s. 34. 4 Manchmal ist jedoch sein leben in phantastischer weise ausgeschmückt worden; so wird er z. b. von Brandt (Taktik der drei waffen. Dritte auflage. Berlin 1859. s. 239) als Timurs geheimschreiber bezeichnet. 5 Von hier an bin ich so glücklich, den von herrn oberstabsarzt ritter von Schiltberg unternommenen quellenforschungen folgen zu dürfen. 6 Vergl. kap. 67, anm.

den zwei jüngeren söhnen des damals regierenden herzogs Stephan II
(1375 bis 1392), nemlich Friedrich und Johann, führte; der ältere dürfte
alsdann gelehrte erziehung genossen und das väterliche besitztum er-
erbt haben, während der jüngere gezwungen war, sein glück auf kriegs-
zügen zu suchen.

Als Schiltberger 1427 nach Baiern zurückkehrte, war herzog Al-
brecht III, in dessen dienste er trat, noch nicht zur regierung gelangt,
sondern verweilte meistenteils zu Vohburg. Bei der übersiedlung
seines herrn nach München, im jahre seiner thronbesteigung 1438,
scheint Schiltberger, welcher damals schon hochbetagt war, an seinem
seitherigen wohnsitze zurückgeblieben zu sein, um hier seine tage zu
beschließen.

Die spätern glieder der familie finden wir nicht mehr im hof- und
waffendienste

Ein urenkel des Hans Schiltberger, Johannes Schiltberger, verließ im
laufe des sechzehnten jahrhunderts zufolge der religionswirren das land
seiner geburt. In den acten der ehemaligen freien reichsstadt Dinkelsbühl
findet sich dessen einwanderung aus Baiern und seine annahme des luthe-
rischen bekenntnisses aufgezeichnet. Schiltberger, in den inneren rat
und als bürgermeister an die spitze des reichsstädtischen regimentes ge-
langt, ist zu Dinkelsbühl 1583 gestorben. Seine nachkommen kehrten
im siebenzehnten jahrhundert wider nach Altbaiern zurück. Sie begeg-
nen uns im achtzehnten jahrhundert zum teil als höhere staatsbeamte,
zum teil als vertreter der wissenschaft, in der stellung als professoren
der universität Ingolstadt.

In berücksichtigung der überlieferungen des geschlechtes wurde
seinen angehörigen durch allerhöchsten erlaß vom jahre 1877 das recht
verliehen, den vormaligen namen »Marschalk von Schiltberg« zu führen.

Über Schiltbergers reisebuch.

Das vorliegende reisebuch ist keineswegs in allen seinen teilen ein originalwerk zu nennen. Viele kapitel geographischen inhalts sind aus Johann von Montevilla entnommen und im auszug widergegeben, so u. a. die beschreibungen Babylons (kap. 30), des Katharinenklosters (kap. 41), Jerusalems (kap. 43), Indiens (kap. 45); andere partien sind aus Marco Polo und aus Clavijo entlehnt und höchst wahrscheinlich sind noch sonstige quellen benutzt worden. Diese art der abfassung scheint bei den reiseschriftstellern des mittelalters allgemeiner brauch gewesen zu sein; so war Montevilla wider teilweise plagiator des Odorico von Friaul [1] und Ludolf von Sudheim macht in der einleitung zu seiner reisebeschreibung ganz unbefangen das eingeständnis, andere werke benutzt zu haben. Ebenso müssen unserm autor beim historischen teil seines buches ältere werke vorgelegen haben, da eine große anzahl der darin berichteten begebenheiten sich mehrere jahre vor Schiltbergers aufenthalt im orient zugetragen hat und es andererseits wenig wahrscheinlich ist, daß er sich an ort und stelle eingehend mit orientalischer geschichte vertraut gemacht habe [2].

*

1 Peschel, geschichte der erdkunde s. 180.   2 Aufmerksame leser des werkes waren von jeher über das darin, besonders im geschichtlichen teil, niedergelegte reiche material höchlich verwundert, ohne allerdings dem gedanken an eine entlehnung raum zu geben; so sagt z. b. Jac. Frieder. Reimmann in seinem »Versuch einer einleitung in die historiam literariam derer Teutschen« (III, 3. Halle 1710. s. 537, anm.) über unsern autor folgendes: »Dieser Joh. Schiltberger ist ein gebohrner Bayer und aus München bürtig gewesen. Und dä er in der unglückseeligen schlacht, die der ungarische könig Sigismundus an. 1396 mit dem damahligen türckischen kayser Bajazeth gehalten, gefangen worden, da hat er mitten in diesem unglück eine materie zu seinem glücke gefunden. Denn er hat hiedurch nicht allein eine gelegenheit bekommen, sich in Persien, Arabien und andern dergleichen morgenländischen provincien wacker umzusehen, besonderen auch die historie des Timuri mit einer solchen accuratesse zu beschreiben, daß man dergleichen von einem gemeinen manne, wie er gewesen, kaum hätte hoffen können.«

Es werden sogar manche dieser früheren ereignisse in unserm
reisebuch in die zeit der gefangenschaft Schiltbergers verlegt; wenn
man hier nicht eine absichtliche täuschung von seite des verfassers an-
nehmen will, so kann man diese bemerkungen nur als einschaltungen
eines spätern überarbeiters ansehen.

Als Schiltbergers eigene arbeit können daher mit bestimmtheit
nur diejenigen teile des buches angesehen werden, in welchen er ent-
weder über seine schicksale während der dauer seiner gefangenschaft
berichtet oder eine beschreibung von ländern gibt, welche er durch
längeren aufenthalt genauer kennen lernte.

Daß bei keinem der früheren erklärer dieses werkes zweifel an der
vollständigen originalität desselben auftauchten, mag seinen grund
darin haben, daß die verschiedenen bestandteile desselben höchst ge-
schickt mit einander in verbindung gebracht sind und dadurch aller-
dings der eindruck einer gleichmäßigen und einheitlichen arbeit ge-
wonnen wird.

Wenn auf diese betrachtungen hin Schiltbergers reisebuch einen
teil des ihm früher beigelegten wertes einbüßen muß, so werden hin-
gegen auch fernerhin seine autobiographischen bestandteile zweifels-
ohne in derselben weise als original- und quellenwerk erachtet werden,
wie dies seit Aventinus vorgange bis jetzt geschehen ist.

Verzeichnis

der in den anmerkungen angeführten werke.

Bädeker, C., Ägypten. Leipzig 1877.

Bädecker, C., Syrien und Palästina. Leipzig 1875.

Baudrand, M. A., Dictionnaire géographique et historique. 2 bände. Paris 1705.

Brauner, A., Die schlacht bei Nikopolis. Breslau 1876.

Bruun, Ph., Erläuterungen zu Schiltbergers reisen (in Telfers Schiltbergerausgabe).

Bruun, Ph., Geographische bemerkungen zu Schiltbergers reisen. (Sitzungsberichte der k. akademie der wissenschaften su München. 1869. 1870.)

Deguignes, J., Allgemeine geschichte der Türcken, Mongolen u. s. w. Aus dem Französischen übersetzt von J. C. Dähnert. 5 bände. Greifswalde. 1770.

Ebers, G., Ägypten in bild und wort. Stuttgart und Leipzig 1878.

Ebers, G., Durch Gosen zum Sinai. Leipzig 1872.

Fallmerayer, Ph., Geschichte des kaisertums von Trapezunt. München 1827.

Fejér, G., Codex diplomaticus Hungariae. Ofen 1829 bis 1838.

Hammer, J. v., Berichtigung der orientalischen namen Schiltbergers. (Denkschriften der k. Akademie der wissenschaften zu München IX.)

Hammer, J. v., Geschichte der goldenen horde in Kiptschak. Pesth 1840.

Hammer, J. v., Geschichte des osmanischen reiches. I. Pesth 1827.

Haxthausen, A. v., Transkaukasia. 2 teile. Leipzig 1856.

Hoffmann, W., Encyklopädie der erd-, völker- und staatenkunde. 3 bände Leipzig 1854 bis 1862.

Howorth, H., History of the Mongols. 2 bände. London 1876.

Hundt, W., Bayrisches stammbuch. 2 teile. Ingolstadt 1585. 1586.

Jehan d'Arras, Mélusine. Nouvelle édition corrigée par Ch. Brunet. Paris 1854.

Jiritschek, K. J., Geschichte der Bulgaren. Prag 1876.

Kanitz, F., Donau-Bulgarien. Leipzig 1875.

Karamsin, N. M., Geschichte des russischen reiches. Übersetzt von Hauenschild. 11 bände. Riga 1820 bis 1833.

Kertbeny, K. M., Bibliographie der ungarischen nationalen und internationalen litteratur. Budapest 1880.

Klöden, G. A., Handbuch der erdkunde. III. Zweite auflage Berlin 1869.

Krafft, W., Die topographie Jerusalems. Bonn 1846.

Meier, H. J., Der Orient. Leipzig 1882

d'Ohsson, C., Histoire des Mongols. 4 bände. Haag und Amsterdam 1834.

Petzholdt, A., Der Kaukasus. 2 bände. Leipzig 1866. 1867.

Rehm, F., Handbuch der geschichte des mittelalters Kassel 1831.

Rockinger. L., Über ältere arbeiten zur baierischen und pfälzischen geschichte im geheimen haus- und staatsarchive. 2te abteilung. München 1880.

Scheref-eddin, Histoire de Timur-Bec. Trad. du Persan par Fr. Pétis de la Croix. 4 bände. Paris 1772.

Scherer, W., Geschichte der deutschen litteratur. Berlin 1884.

Sepp, J., Jerusalem und das heilige land. 2 bände. Zweite auflage. Regensburg 1875.

Telfer, J., The bondage and travels of Johann Schiltberger. London 1879.

Tournefort, J. de, Beschreibung einer reise nach der Levante. Aus dem Französischen. 3 bände. Nürnberg 1776.

Weil, G., Geschichte der chalifen. IV. V. Mannheim 1860. 1862.

Weil, G., Mohammed, sein leben und seine lehre. Stuttgart 1843.

Wolff, O., Geschichte der Mongolen oder Tataren. Breslau 1872.

[Zedler], Großes vollständiges universallexikon. Halle und Leipzig 1732 ff.

Zinkeisen, J. W., Geschichte des osmanischen reiches in Europa. I. Gotha 1840.

Wörterverzeichnis.

Die beigefügten zahlen beziehen sich auf seite und zeile; diese bezeichnung
ist indessen bei den mehrmals vorkommenden ausdrücken meistens unterblieben.

A.

aber: abermals
abhin 27, 30: hinab.
abnemen 106, 37: abändern.
abstehen 13, 23: absteigen.
abtgot, aptgot: abgott, götzenbild.
achtede, achtete 107, 23. der achte.
ächter: verfolger, feind.
ainest s. einest.
ainstund s. stund.
alle 31, 26. 47, 2. 16. 60, 9. 73, 19:
    vollständig.
alleweg, allweg, allwegen: immer,
    überall.
als, adv.: so. conj.: wie. 76, 3: wo.
alsbald, alspald, conj.: sobald.
    adv. 11, 5: sogleich.
also, adv.. so.
an, præp. wie nhd. 62, 13: von.
    94, 32: in. 110, 27: gegen.
an, ane: ohne.
anchönten, anchünten: anzünden.
angesigen 28, 71: besiegen.
angewinnen (mit dat.): besiegen,
    durch sieg etwas abgewinnen.
anheben: anfangen.
anheber 67, 4: stifter, gründer.
anheim: heim. (anheim werden:
    heim kehren).
anhin: hin.
ankommen, anchomen: antreffen.

antlaß 107, 36: ablaß.
antwerk, hantwerch 11, 31: be-
    lagerungsmaschine (entwürken:
    zerstören).
antworten s. einantworten.
anvordern 20, 26: abfordern.
auf 60, 24. an.
aufbieten 82, 4: bekannt machen.
aufhaben 108, 11: aufheben.
aufheben 8, 2: einnehmen, ero-
    bern. 85, 16: ' beginnen. reflex.
    13, 14: sich aufmachen.
aufsetzen 86, 19: auferlegen, ver-
    ordnen.
aufthuen 81, 1: öffnen:
aufwerfen 13,12: erheben, erwählen.
außgenommen 53, 19: abgesehen
    von (?).
ausrichten 28, 28: ausführen, voll-
    bringen.

B.

bald, pald 50, 21: schnell.
baß, paß (comp. von wol): besser,
    mehr, weiter.
bedachen, bedacken 75, 10: be-
    decken.
begreifen 103, 25: ergreifen.
beiten, peytten 11, 6: zögern, war-
    ten.
belder, pelder, peller s. bald.
bereit, berait, adj. 24, 6. 28, 9:

gerüstet, ausgerüstet. adv. 33,17: bereits (dial. für bestimmt).

besameln: sich zum kriege rüsten.

beschaffen 92, 5: vorausbestimmen.

beschatzen, 25, 12: mit schwerer steuer belegen.

besingen 107, 5. besungen 50, 1: messe halten (für einen verstorbenen).

bestät: beständig, fest, anhaltend.

bestäten 101, 19. bestetten 100, 5: befestigen.

bestehen, bestan 16,17: mieten, pachten. (mit dat.) 9, 16: stand halten.

besungen s. besingen.

bettris, pettris 75, 17: bettlägerig, krank.

beuten, peuten s. bieten.

bewaren, refl. wie nhd. 17, 14: sich in acht nehmen.

bewären 79, 11: erproben.

bewarmunder (?) 67, 4.

bieten, pieten, peuten: gebieten, entbieten, sagen lassen.

bischolf: bischof.

bogenschuß, 16, 4. 83, 8: bogenschußweite.

brein, prein: hirse, buchweizen, hafer.

bringen 88, 8: vollbringen.

büchse, püchse 11, 31: wurfgeschoß.

C.

Die mit c oder ch beginnenden wörter sind unter K zu suchen.

D.

dalest, dalast 43, 17: endlich, wenigstens.

dar 83, 15: da.

degenkind, thegenk. 86, 20: knabe.

denk, tenk: link.

denn 50, 29: continuativpartikel (fällt im nhd. weg).

der worten, do w., dor w. (da worten): in der absicht, daß.

dester: desto.

dingen 98, 3: bedingen.

dinnen, dynnen, 99, 16: da innen.

dirne, dyern 94, 10: dienerin, magd.

dörren s. turren.

dorfen, dörffen s. dürfen.

dor worten, do w. s. der worten.

drystund s. stund.

du 27, 29: da.

durch willen s. willen.

dürfen, dorfen 73, 5. dörffen 15, 11: wohl irrtümlich statt türren (s.d.) ·gesetzt.

E.

einantworten: überantworten,übergeben.

einest, ainest 107, 34: einmal (zahladv.).

einfart 54, 10: einmal (zeitadv.).

einhin: hinein, hin.

einstund s. stund.

eitel, eyttel: ausschließlich, ganz, bloß, nur.

elend 84, 13: die fremde.

enpieten: entbieten.

enhalbs 77, 1: jenseit, auf der andern seite.

entgegenen 105, 22: begegnen.

entpfechen 55, 15: empfangen.

entpfelhen: empfehlen, (zu sorge, gunst oder geneigtheit) übergeben.

entvor, 109, 22: vorher.

entzwischen: dazwischen.

erbel, 68, 3: ärmel.

erbieten: erweisen. wol erb. (mit dat. d. pers.) 109, 32: freundlichkeit erweisen.

erchönten 73, 26: entzünden.

ergetzen 12, 1: entschädigen, vergüten (mit gen. der sache).

erkrumpen 54, 11: erlahmen.

erledigen: frei machen.

erquicken 77, 2: erwecken.

erwinden an jemand 20, 6: ablassen von jemand.

etwan 72, 29: vormals.

F.

fahen, vahen, vechen: fangen.

fallend, vallet siechtum 72, 24: epilepsie.

fanknuß s. gefancknuß.

faren (neutr.) 28, 20: nachstellung, hinterlist.

fart s. einfart.

fast, vast (adv.): fest. recht, sehr.

ferre, verre, fer, ver, verr, adv.: fern, entfernt, weit.

foder, fuder s. fürter.

fordern 12, 22: vorfordern, kommen lassen. an jemand vodern 47, 21: von jemand f.

frauensiechtum (masc.) 104, 35: menstruation.

freithoff 107, 13: friedhof.

fressen, 32, 21. 38, 13: sich abhärmen.

freund, freundschaft: verwandter, verwandtschaft.

fride: friede, waffenstillstand.

fristen: erhalten, schonen.

fromm, frum 110, 18: tüchtig.

frümen 48, 19 · stiften, bestellen.

fürbaß, fürpaß: weiter.

fürnemen (eigentl fürnennen) 15, 27: erklären.

fürter, foder, fuder: weiter.

fußgengel: fußgänger, fußsoldat.

G.

galein: galeere, ruderschiff mit niedrigem borde.

gar: gänzlich, völlig.

gaß, gäß 40, 26. 33: geäße, aftergetreid (abfall beim reinigen des getreides, der zum futter für geflügel verwendet wird).

gütlich, göttlich 49, 15. 94, 26. 29: passend, schicklich.

gedenken (refl.) 101, 34: etwas ausdenken, eingedenk sein.

gefancknuß, fancknuß: gefangenschaft, gefängniß.

gefert, gewert: fahrt, reise, art zu fahren, art und weise.

geflügel (coll. zu vogel) 70, 1: die vögel, geflügel.

gegen 93, 36: gegend.

gehaben s. haben.

geittigkeit 55, 20. 56, 18: gierigkeit, habgier, geiz.

gelangen 77, 7: sich erstrecken.

geleiden, geleyden, 62, 3. 79, 6: ertragen.

gelüb 103, 4: gelöbniß, gelübde.

gelvar, 79, 2: gelbfarb.

gemainiglich, mainiglich: gemeinsam, insgesammt.

gemel 87, 21: gemälde.

genesen 11, 28. 13, 9: am leben bleiben.

geprest: gebrechen, mangel, beschwerde, krankheit.

geraisig, geraising: zum kriegszug gehörig, beritten.

gerecht: recht, richtig, rechtmäßig.

geren: gern.

gerenne 1, 5: reiterdienst. gerennesweis: als reiter.

geschöph, geschepff: geschöpf, werk.

gesind: gefolge, dienerschaft, kriegsleute.

gesmach: geruch, geschmack.

gestalt 70, 9: aussehen.

gesuchen 73, 12: besuchen, aufsuchen.

geswelt 50, 2: part. von schwellen: weich sieden.

gevancknuß s. gefancknuß.

gevert s. gefert.

gewalt (masc.) 107, 18: stellver-
treter, vikar.

gewalt (m. und f.) wie nhd. mit
gewalt: gewaltsam, durch einen
gewaltstreich, sehr schnell, wi-
derrechtlich.

geweren (zuweilen mit acc. d. pers.
u. gen. d. sache): gewähren, zu
teil werden lassen.

geweren 67, 15: wehren, verwehren.

gewunt 8, 17: wund, verwundet.

gewürm s. wurm.

göttlich 70, 21: gottesfürchtig,
fromm.

gottesgabe, gotsgab 50, 14: geist-
liches beneficium.

gülte, gült 58, 3: einkommen.

güß (fem.) 59,34: hochwasser, über-
schwemmung.

H.

haben, gehaben: haben, halten.

hand s. zu hand.

handbogen, hantpogen 43, 9:
leichter, mit der hand zu span-
nender bogen.

hantwerch s. antwerk.

hart: sehr, schwer.

haußfrau: gattin.

heben (refl.) 81, 22: sich erheben,
sich aufmachen.

heide,haide: heide,Mohammedaner.

heidenschaft, haidensch.: sämmt-
liche Nichtchristen, das gebiet
der Mohammedaner, Orient.

heidnisch, haidenisch: heidnisch,
mohammedanisch, orientalisch.

heiligtum, heiltum 70, 10. 15: hei-
ligtum, reliquie.

heiligtag 106, 8: festtag.

herberig 68, 8. 13: herberge.

herderhalb 52, 19: diesseits.

hergehen 86, 25: zum vorschein
kommen.

himmel 40, 18: baldachin.

himellkint 6, 24: himmelsbewohner.

hin: weg. (hinziehen, hinführen).

hindan 10, 29: hinweg.

hinkommen 56, 2: fortkommen,
durchkommen.

hinnach 104, 31: später, nachher.

hinter 92, 36: unter.

hintersich: rückwärts.

hintz, hüntz, huntz (d. i. hin zu): bis.

hochzeit, hohzeit: hochzeit, hohes
fest.

hof 110, 4: festliche versammlung.

holz: wald.

holzig, holtzing: waldig, waldreich.

hönen, honen 33, 17. 20, 27: heu-
len, schreien, weinen.

hor 13, 26: stunde.

huntz, hünts s. hintz.

hüten: bewachen (mit gen. d.
sache.

I.

ider, yder, idermann, yderman:
jeder, jedermann.

idlich, ydlich: jeder.

iglich, yglich: jeder, jeglich.

indechtig, 1, 10: eingedenk.

inder, (adj.) 63, 8: inner, inwendig.

inderhalb 74, 18: innerhalb.

irrung: irrung, schaden, ketzerei,
streit, zwistigkeit.

K.

kämmeltier, chämelldier, chamel-
dier 22, 2. 4. chamel 22,5. 54,2:
die Angoraziege, deren langes,
seidenartiges haar das beste so-
genannte kameelgarn gibt.

kaufmannschaft, kaufmannschatz:
handelsgut, waare.

keren· bekehren, umkehren.

kiel, chyel 50, 17: ein größeres
schiff.

kirchverten: wallfahrten.

klafter, cloffter: ein längenmaß
(länge der ausgebreiteten arme).
klauben auflesen, zusammenlesen.
klause 13, 21: felskluft.
kocke, chocke, kocken, kock, chock,
koche: breitgebautes schiff (im
gegensatz zu den länglichen ga-
leeren).
komen, von jemand 14,17: loskom-
men, befreit werden.
könnten, chönten s. anchönten.
kor, chor. zu chor stehen 49, 27:
ein hochamt halten.
kot, (neutr.): erde.
kragen, 92, 7: hals.
krench 69, 31: kranich.
krencken 56, 11: erniedrigen, zu
nichte machen.
kriegen 107, 9: trachten, sich an-
strengen.
krisampfaidlein 49, 33; taufhemd-
chen (welches der mit chrisam
gesalbte täufling als pathenge-
schenk erhält).
kristen, christen adj. 81, 27. 84, 21:
christlich.
krorach 64, 13: (ge)röhricht.
kubite, cubite 60, 7: elle.
künden, chünden 38, 22: können.
künten, chünten s. anchönten.
kürtzlich 109, 3. kurtzlich 1, 14:
kurz.

L.

land s. zu land.
landfahrer, landtfarer 79, 27: rei-
sender, pilger.
landsherr, landßherre: vornehmer
vasall, statthalter.
landzins, landtzinß, 29, 21: tribut.
lassen 11, 28: hinterlassen.
leb 61, 2: löwe.
lebtag 82, 1: lebenszeit.
leg 60, 6. 78, 8: meile (fremdwort
aus dem romanischen).

leiblich, leypplich 32, 7: persönlich.
leichnam, 88, 32: wie nhd. gottes
leichnam: leib gottes.
leicht 89, 8: vielleicht.
leilach 98, 20: betttuch.
limon 80, 19: citrone.

M.

machen, mit doppeltem accus. 42,9.
mächtigen, sich jemands mäch-
tigen 11, 8: eigenmächtig für
einen abwesenden handeln in
hoffnung auf dessen genehmi-
gung.
mag: blutsverwandter in der sei-
tenlinie, dienstmann, vasall.
mainiglich s. gemainiglich.
mainst, smainst (d. i. des mainst):
meist, meistens.
mar 62, 13: mürb, reif, zart.
marter 107, 34: crucifix.
marterwoche 111, 8: karwoche.
maß: art und weise.
meinung, maynung: meinung, be-
deutung.
mer, 111, 26: ferner.
merbel 47, 4: mermel, marmor.
merer adj. 76, 2: größer.
mette 104, 29: mitternacht. 107, 3:
chorgesang.
mitich: mittwoch.
mögen: können.
mutwille 67, 13: der eigene freie
wille.

N.

nachend, nachendt, nachent, nä-
chent, nachant, nohent, nohandt:
beinahe.
nahen 68, 11: sich nähern.
neff: neffe, verwandter, vetter.
nemen 84, 5: ergreifen.
niedergehen 97, 8: untergehen.
niederlegen 4, 17. 17, 17: besiegen.

niederlegung 52, 9: waarennie-
derlage.

niederschlagen, refl : niederlassen,
sich lagern.

nifftel 66,8: nahe verwandte, nichte.

nindert, nyndert: nirgend, oft nur
ein verstärktes nicht.

niemands nimandts: niemand.

nissen, nyssen 48, 3: genießen.

noch 30, 9. 100, 30: dennoch. 19,
24: doch

nohandt, nohent s. nahend.

O.

ob, präp. 107, 21. 109, 31: über.
107, 18: bei.

ob, conj.: wenn, falls, ob.

obligen: obsiegen.

öl 48, 15: ölung.

ölbeere, ölper 70, 24: olive.

ort 60, 12: himmelsgegend, seite.
73, 20: ende.

osterabend 73, 26: karsamstag.

P.
(vergl. auch B.)

porte 102, 9: pforte.

porte 81, 4: hafen.

R.

rach, roch 88, 12: rache, verfol-
gung (ohne den sinn der wider-
vergeltung).

ratherre, rottherre 43, 23: ratsherr,
senator.

rauch 39, 29: haaricht.

rauchen 108, 28: räuchern.

recke, reck 82, 21: riese.

recken 69, 23: darreichen.

regniren 41, 12. 42, 4: regieren.

reis, rayß: kriegszug.

reisspieß: spieß der reisigen (im
gegensatz zum landsknechtspieß,
pike).

renner 4, 7. 9: reitknecht, knappe.

richen, 86, 3: regieren.

roch s. rach.

rottherre s. ratherre.

rufen 13, 26: ausrufen.

S.

sach 32, 22: ursache.

sälig, salig, 92, 17. 100, 10: glück-
lich, heilsam, fromm, selig, heilig.

sam, adv. u. conj.: ebenso, sowie,
wie wenn.

samen, 94, 13: sammeln.

sammlung 15, 10: vereinigung.

schad adj. 62, 12: schädlich, ver-
derblich.

schaffen, einem oder mit einem
(elliptisch für: seinen willen mit
einem schaffen): jemand befehlen,
gebieten.

scheiblich, scheublich 73, 19. 75,6:
rund, kreisförmig (mit einer
kuppel versehen?).

scheib umb: rings um.

schein 70, 17: strahl, glanz.

scheinig 70, 16: leuchtend, glän-
zend.

scherch 92, 28: gerichtsdiener.

schir 50, 23: beinahe, fast.

schlafweib 92, 1: beischläferin.

schlagen, sich zu einem, an einen:
zu einem übertreten; sich von
einem schlagen: von einem ab-
fallen; sich zu veld schlagen, sich
niederschlagen: lagern.

schüten 89, 7: schütteln.

schwach 18, 9: unedel.

schweiß, 71, 12: blut. (in schweiß
geweyß: wie blut)

schwören, sich zu einander 18, 8:
sich verschwören.

seind, 103, 6: seitdem, darnach.

setzen: einsetzen. 1, 15: angeben.

seu, sew 77, 20: see.

siechtum, sichtumb 72, 25: krank-

heit s. frauensiechtum, sunder-
siechtum, fallend s.

sin haben (ellipt. für: dessen sinn
haben) 13, 5. 19, 2: willens sein.

sipp 105, 24: verwandtschaftsgrad.

sitich 61, 10: papagei.

smähe 111,5: schmähung, schmach,
schimpf.

smainst s. mainst.

so 73, 26: dann.

sönlich 18, 7: versönlich, ausge-
söhnt.

sprechen. das spricht, das ist ge-
sprochen: das bedeutet.

stechen 44, 23: turnieren.

stein, stain 71, 29. 72, 1: fels.

steinen, stainen 74, 13: steinigen.

stellen, sich von jemand, 14, 17:
abwenden.

stillmeß, 108, 6: die deutsche be-
zeichnung für den kanon d. i.
den der konsekration unmittel-
bar vorhergehenden teil der
messe.

stund: zeitabschnitt, mal (z. b.
ein stund, dry stund: einmal,
dreimal). an der stund 100, 32:
auf der stelle, sogleich.

suchen 92, 34: heimsuchen.

sundersiechtum 101, 30: aussatz,
weil die aussätzigen in abge-
sonderten häusern untergebracht
wurden.

sweher 18, 29: schwiegervater.

swelen s. geswelt.

T.
(vergl. auch D.)

tagweide, tagweyt: tagreise (ur-
sprünglich: so weit vieh an einem
tage weiden kann).

tagzeit 86, 23. 27: das gebet zur
vorgeschriebenen zeit.

teidingen, taydingen (tagedingen)
29, 10: verhandeln, unterhandeln.

thür, 25, 26. 47, 16: thüre, eingang.

thuren, turn: turm.

tot, adj. 36, 27: tot, getötet.

tratz, 7, 22: ärger.

trayd, treyd 61, 64. 63, 6: ge-
treide.

trösten, mit gen. 14, 8: sich ver-
lassen auf etwas, seine zuversicht
worauf setzen.

trumete 9, 22: trompete.

trumeter 94, 4: trompeter.

tugend 72, 24. 26: gute eigenschaft.

tüll 51, 3: pfahlwerk, palissaden-
zaun.

turren (präs. tar, prät. torste):
wagen, sich getrauen (manch-
mal auch mit »dürfen« in der
nhd. bedeutung vermengt).

tzille s. zille.

U.

übel 33, 5: schlechtigkeit, bosheit.

über, präp. 49, 28. 53, 7. 73, 25:
während. adv. 89, 29: überaus.

übereilen 17, 15: einholen, über-
fallen.

übergehen, übergan, 97, 9: überfal-
len, sich über etwas ausbreiten.

überkommen 65, 12: überwinden.

umblegen: umlagern, umstellen,
rings besetzen.

umschlagen 100, 17: sich von einer
seite auf die andere wenden.

und: conj. vor zeitlichen nach-
sätzen (während, wann). 48, 18:
pleonastisch (darnach und: dar-
nach).

unerhaben 104, 16: ungesäuert.

ungesund, (masc.), 57, 20: krank-
heit. (von des ungesunds wegen:
mit rücksicht auf eine krankheit.)

unkeusch 55, 20. 100, 29: unkeusch-
heit.

unterwinden, unterwinten 10, 26.

29. 11, 8: sich bemächtigen, über sich nehmen, in besitz, verwahrung nehmen.
untz 60, 21: ein längenmaß, zoll.
unz, untz 50, 26: bis.
unzifer 60, 30: ungeziefer.
urfar 46, 14: überfahrtstelle, landeplatz.
urhaben 48, 3: gesäuert, aus sauerteig bereitet.
urlaub, urlab: erlaubnis, besonders die erlaubnis, zu gehen.

V.

vallet s. fallend.
vechen s. fahen.
verainader (?) 67, 4.
verbringen: vollbringen, zu ende bringen.
verkeren: verändern, bekehren.
verkommen, verchemmen 68, 28: sich befreunden.
verlassen, 10,16. 13,12: verabreden.
verlieren 56, 27: zu grunde richten, dem verderben hingeben.
vermachen 61, 1: zumachen, umfriedigen.
vermessen: verwegen, verabredet, angesagt.
verrichten 28, 7: verhandeln, auseinandersetzen. 29, 13. 105, 1: versöhnen.
verschlagen 17, 9 verstecken, verbergen.
verschreiben 23, 18: abtreten. 18, 31. 29, 25. 39, 6: schreiben.
versuchen: erproben, erfahren.
verzichen, verzigen 19, 25. 44, 13: versagen, abschlagen.
volk: leute.
völkel 84, 11: geringe leute.
vollbringen 47, 7: ausführen.
vor an hin: voran, voraus.
vorbringen: vollbringen.
vorgesin s. vorsein.
vorhaben, vorgehaben 32, 2: vorenthalten.
vorschreiben: niederschreiben.
vorsein, vorgesin 11, 34: schützen. 12, 27. 20, 1: überlegen sein.
vorsteen 108, 36: verstehen.

W.

wagensun 37, 10 · pflugschar.
wär das 81, 13. 93, 15. wärs sach 11, 18: im fall.
watsack, wotsac 40, 4: mantelsack, felleisen.
weide, wayd: weideplatz.
weis, weyß: art und weise. (in feuerweyß 71, 5: als feuer. in schweiß geweyß 71, 12: wie blut.)
weite, weit: ebene.
wer das, wers sach s. wär das, wärs sach.
wesen 112, 2: anwesen, aufenthaltsort.
widerteil, widerthayl 22, 14 105, 1: gegner.
widerwertigkeit: feindseligkeit, zwietracht.
willen. um willen, durch willen: wegen.
wirtschaft 49, 6: gastmal, fest.
woitz 48, 16: fegfeuer.
wotsac s. watsack.
wunder 37, 12. 71, 16: wie nhd. 83, 16: neugierde, fürwitz.
wurm, gewürm: schlange, drachen.

Z.

zebrechen s. zubrechen.
ze handt s. zu hand.
zeheren 5, 20. zahern 10, 32: weinen, thränen vergießen (zeheren werden: zu weinen beginnen).
zeiechen 68, 29: zeichnen, bezeichnen.

zente 29, 11 : zentner.

zerinnen 26, 32 : zu ende gehen, ausgehen, mangeln

zetragen 22, 2. 26, 28. 106, 23 : uneins werden, in zwist geraten.

zeuchen, ziehen (prät. zug) : ziehen, aufziehen, ernähren, füttern.

zeug, zeuch : gerüstete kriegerschaar.

zille, tzille 44, 21 : boot, nachen.

zins 32, 1 : tribut.

zu 99, 24 : bei.

zubrechen, zebrechen, zurprechen : zerstören.

zucht 110, 4 : höflichkeit.

zucken , 68, 3 : schnell ziehen, rasch zurückziehen.

zugehen 67, 2 : untergehen.

zugehör 61, 29. 68, 9 : die dazu gehörenden leute. 18,22 : das dazu gehörige gebiet.

zu handt, ze handt : auf der stelle, sogleich.

zu land : heimwärts, heim.

zumögen 33, 12 : beikommen können.

zunahen 12, 6 : nahen, sich nähern.

zuschaffen 21, 17 : hinzubefehlen.

zwagen (prät. zwug) 76, 12 : waschen, baden.

zwelfbot, zwelffpot : apostel.

zwir : zweimal.

Verzeichnis der eigennamen.

Die alphabetische zusammenstellung der namen wurde auf grund der heute angewendeten schreibweise vorgenommen. Im falle sich die korrekten namensformen in der handschrift nicht vorfanden, wurden sie in ( ) gesetzt und die ihnen entsprechenden lesarten daneben gestellt, z. b. (Bajasid) Weyasit. Bei einem unvollständig gegebenen namen wurde der fehlende teil in [ ] eingeschlossen, z. b. Suchum[-Kaleh].

A.

(Abchasen oder Abasen) Apkas, Abuckasan 97, 22: ein volk des Kaukasus.

(Abchasien oder byzantinisch Abasia) Abasa 44, 4. Abkas 57, 17.

Abel, sein opfer 84, 4.

(Abessinien) s. priester Johann.

Abraham, sein grab 78, 9. sein tempel 91, 1. gottes freund 95,30. Sant Abraham 90, 30.

(Abu Bekr, der kalif) Abubäck, 86, 12.

(Abu Bekr, enkel Timurs) Abubackir 37, 22. Abubarckir 36, 26. Abubarkir 37, 1.

Abuckasan s. Abchasen.

Achchum s. Akkum.

Adalia 21, 25. 53, 31: stadt an der südküste von Kleinasien (Pamphylien).

Adam 84, 4. 91, 11. sein grab 78,9.

(Adrianopel) Andraanapoli 53, 2. Andranopoli 7, 12.

Agrisch s. Ardschisch.

(Ägypten) Egipten 85, 16. Egiptenland 82, 23. 94,14. s. auch Arabia.

(Aidin) Eydin 53, 23: provinz im westen Kleinasiens.

(Aintab) Anthap 25, 15: stadt in Syrien nördlich von Aleppo.

(Akkum) Achchum 36, 16: schlachtfeld in Aserbeidschan.

Alathena s. Tana.

(Albostan oder Elbostan) Bastan 57, 17: stadt in Kappadokien, das alte Komana.

Alexander der große 46, 6.

Alexandria, Allexandria 80, 25. Allexander 67, 4: stadt in Agypten.

Ali 88, 23. Aly 58, 10. 86, 13: der kalif.

(Alindscha oder Alendscheh) Alintze 59, 4 (auch im 16 kap. erwähnt ohne namensnennung): stadt in Aserbeidschan südlich von Nachitschewan.

Alkkeyr s. Kairo.

Allankassar (?) 82, 22: ein riese.

Amasia 12, 20: stadt in Kleinasien (Pontus).

(Amasra) Samastria 45, 1: das alte Amastris, küstenstadt in Kleinasien (Paphlagonien).

(Angora) Angury 21, 14. 24, 1. 54,
6. Engury 54, 5 : stadt in Klein-
asien (Galatien).
(Anna) Sant Anne; die ihr ge-
weihte kirche 75, 14.
Annas, sein haus 76, 10.
Anthap s. Aintab.
(Antiochia) Anthiochia 59, 1: stadt
in Syrien.
Apkas s. Abchasen.
Arabia 69, 26. 70, 10. 84, 12. 86, 14.
Agypten 64, 16. Arabistan oder
Irak Arabi 60, 13.
Arbuss (?) 39, 23· der Ural.
(Ardschisch, Argisch) Agrisch 52, 7 :
stadt in der Walachei.
Armenia 8, 22. 29, 23. 56, 4. 73, 28.
79, 19. 99, 13. 100, 10. 102, 8.
109, 8. Ermenia 99, 8. Armeny
110, 23. (Klein-Armenia 23, 25.
57, 4. 79, 20 99, 30. Klein-Ar-
meny· 35, 2: Ost-Kappadokien.)
(Armenier) Armenig 63, 10. 99, 24.
100, 3. 109, 2. Armeny 85, 29.
104, 6. 107, 12. 109, 4. adjectiv-
form 99, 23.
(Arnauten) Arrnaut 97, 17: türk.
name für ·Albanesen; im texte
gleichbedeutend mit Winden.
Asia 53, 23 : die römische provinz
Asien, im texte gleichbedeutend
mit Aidin; s. auch Assyrien.
(Asow, türk. Asak) Asach 63, 1·
handelsstadt am asowschen meer;
im texte gleichbedeutend mit Ala-
thena.
Aspasery (?) 111, 26 : stadt in der
Moldau auf dem wege von Bol-
grad nach Suczawa.
Aß s. Osseten.
(Assyrien?) im texte Asia 79, 19.
(Astrachan, verdorben aus Had-
schi Terchan) Hatziterchon 62, 28:
stadt an der Wolgamündung.
(Auxentius) Dauexencius 105, 33:

armenischer heiliger. Letztere
namensform hat sich aus Sant
Auxentius gebildet.

B.

Babilon, Babiloni, Babilony s.
Bagdad.
(Babylon am Euphrat) Babilony
67, 5. Groß-Babilon 60, 9.
(Badakschan oder Balachschan)
Wolachschon 59, 31: gebirgsland
im nordosten Afghanistans.
(Bagdad) Wagdatt 60, 5. Wadach
(Baldach) 67, 4. Babilon 27, 1.
36, 14. 60, 4. 86, 1. 90, 30. 101,
15. 102, 7. 110, 23. Babiloni 27,
21. 36, 4. 37, 2. 102, 13. Babi-
lony 93, 3. Neu-Babilon 60, 23:
hauptstadt von Irak Arabi.
(Bajasid) Weyasit, Weyasitt kap. 1.
2. 4. 5. 6. 7. 8. 9. 10. 11. 12. 13.
14. 30: türkischer sultan.
(Baiburt) Baywurt 56, 37: stadt,
nördlich von Ersingan.
(Baiern) Pairen, Payren 1, 3. 6, 19.
52, 3.
(Bartholomeus) Bartholmeß 100, 6·
apostel Armeniens.
(Basilius) Basily 54, 23: Basilius
der große, bischof von Cäsarea.
Bastan s. Albostan.
(Batum) Wathan 44, 11. Loathon
57, 22: stadt am schwarzen meere.
(Begbazar) Wegbasary 54, 13: stadt
nordwestlich von Angora.
(Behesni) Wehessnin 25, 17 : stadt
nördlich von Aintab.
(Berkuk oder Barkok) Warchoch
22, 8. Warachhoch 64, 29: ägypt.
sultan.
(Beschtau) Bestau 62, 26: auf der
nordseite des Kaukasus gelegene
bergmasse, im text als landes-
name gebraucht.

Dan 77, 19: irrig als quellfluß des Jordan bezeichnet.

Dauexencius s. Auxentius.

David, sein grab 76, 20.

(Day) Thei 93, 18: missionär, im texte bezeichnung der Assassinen.

(Dehli oder Dilli, fälschlich Delhi) Dili 61, 5: hauptstadt von Kleinindien (Hindustan).

(Demetrius) Timiter 53, 5: proconsul von Achaja und märtyrer († 306).

(Demirkapu) Temurcapu 38, 14: das eiserne thor am Kaukasus.

(Denislu) Donguslu 53, 28: stadt in Kleinasien, südöstlich von Smyrna.

Derthat s. Tiridates.

(Descht Kiptschak d. i. ebene oder steppe von Kiptschak) Deschipschach 42, 13: das gebiet am Terek.

Despot 4, 14: byzantinische benennung des fürsten von Serbien.

(Dewletberdi) Dobladberdi 42, 19: khan von Kiptschak.

Dili s. Dehli.

(Don) Tena 62, 2: fluß, welcher bei Asow ins asowsche meer mündet.

(Donau) Thonau, Tonau 2, 8. 4, 24. 46, 9. 52, 9. 23. 53, 10. 111, 21.

Donguslu s. Denislu.

(Dschagatai) s. Tschagatai.

(Dschakam) Zecham 65, 8: ägyptischer sultan.

(Dschanik) Ganick 14, 21. Z[e]nigkh 16, 12. Czegnick 54, 26. Tzienikh 15, 9: küstenprovinz Kleinasiens am schwarzen meer.

(Dschelal-eddin) Segelladin 41, 13: khan von Kiptschak.

(Dschihangir) Zihanger 35, 18: sohn Timurs.

(Dschulad) Zulat 62, 27. Stzulet 38, 19: stadt am Terek bei Je-

katerinograd, jetzt in ruinen.

(Dschuneid) Zineyd 14, 24: nach dem texte der letzte unabhängige herrscher von Dschanik, der aber in wirklichkeit anders hieß.

Duschan s. Toscana.

E.

Ebron s. Hebron.

(Edigei, Jedigei, Edegu, Ydegu, Jdiku) Edigi 39, 6. 14. 33. 41, 2. 8. 42, 7. 13. 43, 4: fürst des Nogaistammes, majordomus und »königsmacher« in Kiptschak.

Edil 38, 18. 62, 24: türkisches wort für fluß, dient auch als eigenname zur bezeichnung der Wolga, während in unserm texte der Oxus darunter zu verstehen ist.

Effes s. Ephesus.

Eger 111, 33: von Schiltberger auf seiner heimreise berührt.

Egipten s. Ägypten.

(Eiserne pforte) eysne porte 102, 9: engpass am Kaspisee.

(Eisernes thor) eysnes thor 2, 7: 52, 25: stromenge der Donau.

(Elias) Helias 67, 1; seine kapelle auf dem Sinai 71, 31.

Emarad s. Imaret.

Enoch 67, 1; wird häufig mit Elias zusammengestellt, da er gleich diesem in den himmel entrückt wurde.

(Ephesus) Effes 53, 23: hauptstadt des türkischen paschaliks Aidin, welches der römischen provinz Asia entspricht.

(Erah, arabische form für Irak) Erei 37, 1: entweder Irak Arabi oder Irak Adschemi (Medien).

Erchey s. Kairo.

(Eriwan) Erban 37, 4: stadt und provinz in Armenien.

Ermenia s. Armenia.

(Ersingan oder Jersingan) Ersing-
gan 23, 27. 56, 36. Ersingen
99, 29. Zesingkan 99, 29: stadt
und provinz in Armenien.
(Euphrat) Eufrates 57, 3. 60, 8.
79, 20.
Eydin s. Aidin.

F.

(Farsang) Ferrsengh, Ferrsengch
83, 7: ein wegmaß, die altper-
sische parasange.
Frankreich 5, 10.
Freising 112, 2: stadt nahe bei
Schiltbergers heimat.
(Friaul) Firgaul 102, 11: der nord-
östliche teil Venetiens.

G.

Gabriel 73, 2: der erzengel.
(Galata) Kalathan 46, 1: vorstadt
von Konstantinopel.
Galgarien (?) 66, 17: als neben-
land Ägyptens angegeben, viel-
leicht Ghazaria d. i. die Krim.
(Galiläa) Galilea 77, 12: im mittel-
alter gebräuchlicher name für
die nördliche kuppe des Ölberges,
s. die anmerkungen.
(Gallipoli) Kalipoli 7, 14. 8, 9. 53,
12: stadt am Hellespont.
Ganik s. Dschanik.
Gassaria, Gayssaria s. Kaissarieh.
(Genua) Genau 16, 2. 46, 6. 63, 4.
80, 30: italiänische handelsstadt.
(Georg) Sant Jörg 38, 2. 105, 32:
landespatron von Georgien.
(Georgier, umgeformt aus Gurd-
schi) Gurscy 38, 1. Kurtzy 97, 23.
99, 10. Gursy 57, 14. Gorgiter
97, 22. 99, 10. Gorgetter 98, 2:
christliches volk im Kaukasus.
Germani s. Hermon.
(Gez) Geß 58, 27: stadt am Kaspi-
see, in der nähe von Asterabad.

Gilan (oder Ghilan) 58, 24: küsten-
gebiet am südrande des Kaspisees.
Gily s. Kilia.
Glat s. Khelat.
Gonia s. Konia.
Gorgetter, Gorgiter s. Georgier.
Gregorius, Gregory 100, 9. 101, 9.
103, 5. 104, 3: Gregor der er-
leuchter, begründer der arme-
nischen kirche.
Greyff, Hans, 6, 19: bairischer edler,
der bei Nikopolis mitkämpfte.
(Griechen) Kriechen, Krichen, Chrie-
chen, Chrichen, Crichen kap. 30.
31. 34. 38. 41. 43. 60. 65. 66.
(Griechenland) Kriechenlandt, Kri-
chenl., Criechenl., 7, 12. 8, 7. 50,
18. 53, 3. 109, 4. Chriechen 53, 1:
Rumelien.
Großes meer 46, 8. 53, 12: das
schwarze meer.
Gurscy, Gursy s. Georgier.

H.

(Haleb, Aleppo) Hallap 24, 28:
stadt in Syrien.
(Hamid, Amid) Hammit 57, 11:
stadt in Kurdistan, auf welche
jetzt der frühere landesname
Diarbekr, d. i. land des Bekr,
übergegangen ist.
Hans, burggraf von Nürnberg 4, 19:
nimmt an der schlacht von Ni-
kopolis teil.
Hatziterchon s. Astrachan.
(Hebron) Ebron 72, 15. 78, 8: stadt
in Palästina südlich von Jeru-
salem.
Helias s. Elias.
(Hellespont) Hellespandt 46, 13: im
texte statt des Bosporus gesetzt,
eine im mittelalter häufig vor-
kommende verwechslung.
(Herat) Here 59, 16. Herrenn 34, 7:
hauptstadt von Chorassan.

(Hermannstadt) Hermonstadt 52,
17: hauptstadt von Siebenbürgen,
worunter im texte das Sachsen-
land verstanden wird.

(Hermon, Chermon) Germani 66,10:
höchster gipfel des Antilibanon.

Herodes, sein haus in Jerusalem
75, 18.

Hispahan, Hyspahan s. Isfahan.

(Horeb) Oreb 71, 32: ein gipfel der
Sinaigruppe.

(Hormus oder Ormus) Horgmuß
59, 24: insel am eingange des per-
sischen meerbusens, im mittel-
alter ein bedeutender handels-
platz.

Horosma s. Chorasmia.

Horosson s. Chorassan.

I. Y.

Yassen, Yessen s. Osseten.

Ibissibur s. Sibirien.

(Ibrail oder Braila) Übereyl 52, 8:
walachische stadt an der Donau.

(Iflak) Yfflach 97, 18: türkischer
name der Walachei, dient im
texte zur bezeichnung des volkes.

(Imaret) Emarad 88,22: spital oder
armenküche in der nähe einer
moschee.

India 78, 19. 79, 16. Groß-Indien
59, 25. 79, 26: Dekan. Klein-In-
dien 27, 23. 18, 10. 61, 4: Hin-
dustan.

Indisches meer 60, 26.

(Isaak) Ysaack, sein grab in Hebron
78, 10. Symbolische nachahmung
seiner opferung 90, 33.

(Indschil) Inzil 96, 28. 31: Evange-
lium.

Ysaias s. Jesaja.

(Isfahan, Ispahan) Hispahan, Hy-
spahan, Hyspaan 30, 16. 17. 59,
13: hauptstadt von Irak Ad-
schemi, im text auch statt des

landesnamens angewendet.

Ismira s. Myra.

Istimboli s. Constantinopel.

J.

Jabu (?) 64, 10: einer der drei
stämme der roten Tataren.

Jacobiter s. Jakobitische kirche.

Jakob, der patriarch, sein grab zu
Hebron 78, 10.

Jakob, der prophet, sein grab bei
Jerusalem 77, 10.

Jakob, der apostel, seine kirche auf
Zion 76, 4.

(Jakobitische kirche) Sant Jacobs
glauben 97, 28: die nach dem
mönche Jakob Baradai benannte,
in Syrien und Mesopotamien ver-
breitete monophysitische kirche.

Janol, türkische namensform für
Johann, 47,11: Johannes, titular-
kaiser und reichsverweser in Kon-
stantinopel 1399 bis 1402.

Jassen s. Osseten.

(Jerusalem) Jherusalem 66, 6. 72,
28. 106, 11. kap. 43.

(Jesaja) Ysaias, sein grab bei Je-
rusalem 77, 3.

(Jesus) Jhesus, 74, 4. 106, 15. kap.
57.

Johann der presbyter, gewöhnlich
der erzpriester, 67, 3: die im mit-
telalter gebräuchliche benennung
des negus von Abessinien. Prie-
ster Johanns land 73, 29: Abes-
sinien.

(Johanniterorden) Joniterorden 56,
13: geistlicher ritterorden.

Johanns, im mittelalter gebräuch-
liche form für Johannes; der
evangelist 53, 21 74, 10. der
täufer 74, 16. 77, 15. Chrysosto-
mus 76, 1.

Jor 77, 19: fälschlich als quellfluß
des Jordan angegeben.

Jordan 66, 6. 77, 17: der haupt-
fluß Palästinas.

Jörg s. Georg.

Josaphat 66, 10. 77, 7 : thal bei Je-
rusalem.

Justinian, römischer kaiser; sein
standbild in Konstantinopel 46,24.

(Jusuf, ägyptischer sultan) Jo-
seph 22, 9. 65, 5. Josep 22, 11.

(Jusuf, turkomanischer emir) Jo-
seph 34, 14. Josep 34, 21. 35, 10.
20. 36, 2. 15. 24.

K.

Kaff (?) 59, 28: handelsstadt am
indischen meer, im gleichnamigen
lande gelegen.

Kaffa, Caffa 38, 8. 43, 24. 63, 7:
genuesische colonie auf der Krim,
das heutige Feodosia.

(Kairo) Kair, Cair 78, 17. 82, 24.
Alkkeyr 25, 32. Erchey 68, 22:
hauptstadt von Ägypten; s auch
Misr.

(Kaissarieh) Gayssaria 18,22. Gas-
saria 54, 22: stadt in Kappa-
dokien, das alte Cäsarea.

Kalathan s. Galata.

Kaldea s. Chaldæa.

(Kaliakra) Kallakrea 52, 29: bul-
garisches kastell am schwarzen
meere nordöstlich von Varna, jetzt
in ruinen; im text als haupt-
stadt von Ostbulgarien ange-
geben.

(Kalif) Kalipha 110, 23. Calpha
86, 5: nach dem texte gleichbe-
deutend mit könig, bei DH mit
pabst.

Kalipoli s. Gallipoli

Kamakh (Kamach) 57, 1: stadt in
Armenien am Euphrat unterhalb
Ersingan.

(Kappadokien) Capadocie 66, 6. 15:

landschaft im osten Kleinasiens;
s. auch Kleinarmenien.

Karabag, Charabach 35, 13. 99, 22:
bergland zwischen dem unter-
lauf der Kur und des Aras.

(Karaserah oder Karadereh d. i.
schwarzes thal) Karasser 57, 8:
das gebiet zwischen Diarbekr
und Nisib.

(Karaman) Caraman, Charaman
kap. 4. 5. landschaft im innern
Kleinasiens; im texte hauptsäch-
lich als name des letzten be-
herrschers dieses gebietes, der
aber Ali Beg hieß, gebraucht.

Karkery s. Kyrkyer.

(Katai) Kattey, Chattey 31,33. 32,9:
der durch Marco Polo in Europa
eingeführte türkische name für
China. Der mongolische name
ist Khitan, woraus vielleicht die
lesart Ketten bei N entstellt ist.

Kathagaes s. Katholikos.

(Katharina) Sant Katherin, ihr
leichnam 71, 10.

(Katharinenberg, Dschebel Katerin)
Sant Katherinperg 70, 11: einer
der gipfel der Sinaigruppe; im
text ist unter diesem namen der
Dschebel Musa zu verstehen.

Kathey s. Kjutahia.

Katholikos (Kathagaes) 103,8: titel
des oberhauptes der armenischen
kirche.

Kaykamer (?) 66, 16: nebenland
der ägyptischen sultane.

Kepstzach s Kiptschak.

Kereson s. Kiresun.

(Kerimberdi) Cherimberdin, Che-
rimwerdin 42, 3. 5: khan von
Kiptschak.

Kerman s Kirman.

Kermian 54, 4: landschaft im west-
lichen Kleinasien.

Kesschon s. Kischem.

(Khelat oder Ghelat) Glat 58, 18:
stadt in Armenien, nördlich vom
Wansee.

(Kibak) Cheback 41, 19: khan von
Kiptschak.

(Kibak?) Cheback 29, 20: ein statt-
halter Timurs.

(Kilia) Gily 111, 21· stadt an der
Donaumündung.

(Kiptschak oder Kaptschak) Keps-
tzach 63, 5: das khanat der gol-
denen horde; im texte bezeich-
nung der Krim.

(Kiresun) Kereson, Kureson 55, 6.
56, 31: stadt an der nordküste
Kleinasiens (Pontus).

(Kirman) Kerman 59, 21: landschaft
in Iran, das alte Caramanien.

Kirna (?) 58, 19: stadt in Vorder-
asien, in oder nahe bei Persien
gelegen.

(Kischem, Kischm) Kesschon 59, 22:
insel am eingange zum persischen
meerbusen.

(Kjutahia oder Kutahia) Kathey
54, 3: stadt im westlichen Klein-
asien (Phrygien).

(Klammstein) Clamenstainer 5, 3:
bairischer edler, bei Nikopolis
gefallen.

Kodor 8, 14: ungarischer edler, bei
Nikopolis in gefangenschaft ge-
raten.

(Kolyba) Koloba 50, 4: gekochte wei-
zenkörner mit verschiedenen zu-
thaten.

(Konia) Gonia 9, 17. 10, 8 11, 12.
54, 17: stadt in der landschaft
Karaman, das alte Ikonium.

(Krakau) Krokau 111, 30: haupt-
stadt von Polen (bis 1587).

Krat (?) 64, 10: im text als einer
der drei stämme der roten Ta-
taren angegeben.

Küchler, Ulrich 5, 3: bairischer

edler, gefallen bei Nikopolis.

Kurma 60, 28: dattelpflaume.

(Kur oder Kura) Kurman (?) 99, 20:
fluß in Transkaukasien, wird im
text auch Tigris genannt.

(Kurdistan) Churtten, Churt 35, 2.
57, 12: das gebiet am obern
Tigris.

Kureson s. Kiresun.

(Kürinen) Churin 97, 20· kaukasi-
sches volk im südöstlichen Dag-
hestan.

Kurman s. Kur.

(Kurudiracht) Kurruthereck 72, 16:
türkische benennung des »dürren
baums« bei Hebron

Kurtzy Chalil (?) 73, 16: einheimi-
scher name für Jerusalem.

Kurtzy s. Georgier.

(Kyrkyer) Karkery 63, 19: stadt
auf der Krim in der nähe von
Baktschiserai, das heutige Tschu-
fut-Kaleh.

L.

(Lahidschan?) Lohinschan 38, 4:
landschaft im süden des Ur-
miasees, grenzgebiet zwischen
Aserbeidschan und Kurdistan.

Lambe (?) 80, 1: stadt in Indien.

Lamparten 102, 11: im mittel-
alter gebräuchlicher name der
Lombardei.

(Landshut) Landßhuett 112, 1: von
Schiltberger auf seiner heimreise
berührt.

Laranda 9, 10 11, 13. 54, 16:
hauptstadt der landschaft Kara-
man, heutiges tages mit letz-
terem namen von den Türken
benannt.

(Lasistan, im mittelalter Lasia
genannt) Laßa 56, 33: das alte
Kolchis.

Pilatus, sein haus zu Jerusalem 75, 18.

(Pienzenau) Pintzenauer, Werner 5, 3: bairischer edler, gefallen in der schlacht bei Nikopolis.

(Polen) Polandt 111,30: von Schiltberger auf seiner heimreise berührt.

Pogas s. Bogas.

(Prosphora) Prossvora 48, 12: das nicht consecrierte abendmahlbrot.

Pudein s. Widdin.

(Pulad[-Beg]) Polet 41, 11: khan von Kiptschak.

Putzukards s. Boucicaut.

Puspillen (?) 66, 5: nebenland des ägyptischen sultans.

R.

(Raphadschy) Raphatzy 58, 12· abschwörer, renegaten, im texte bezeichnung der Schiiten.

Raussen s. Russen.

Rebekka, ihr grab 78, 10.

Regensburg 112, 1: von Schiltberger auf seiner heimreise berührt.

Reicharting 4, 5. 5, 2: altes bairisches geschlecht, jetzt ausgestorben, ehedem bei Trostberg ansässig, mehrfach in urkunden erwähnt.

Reussen, Reyssen s. Rußland.

(Rhey) Rei 58, 8: stadt in Persien.

Rom, Rome 47, 7. 48, 1. 81, 15. 101, 36. 102, 13. 103, 13: hauptstadt der Christenheit.

Rotes meer 70, 7.

(Rum) Urrum 97, 14: im texte der türkischer name für die Griechen.

(Rum?) Rom 66,1 türkischer name für die europäische Türkei.

(Rumkaleh) Urumkala 25, 13: stadt am Euphrat, nordöstlich von Aintab.

Rumoney (?) 67, 3: Abessynien.

(Russen) Raussen, türkisch Orrus 97, 15.

(Rußland) Reussen 102, 10. Reyssen 64, 7. (Klein-Reyssen 111, 29: im texte Galizien.)

S.

Sachsen 111, 31: von Schiltberger auf seiner heimreise durchzogen.

Sacka [kutschu] 69, 26: türkischer name für den pelikan, von saka, d. i. wasserträger (Telf. s. 198).

Sadurmelick (?) 43, 3: tatarische fürstin.

Salomon, sein tempel zu Jerusalem 75, 11. sein stuhl 75, 10. sein grab 76, 20.

Salonik 53, 4: stadt am meerbusen gleiches namens.

(Samarkand) Samerchandt 37, 13. 61, 13. Semerchant 31, 28: Timurs hauptstadt in Tschagatai.

Samastria s. Amasra.

(Samsun) Samson, Sámpson 14, 22. 15, 4. 16, 1. 46, 12. 54, 27: stadt am schwarzen meer, das alte Amisus in Pontus.

Samuel, sein grab bei Jerusalem 77, 4.

Sara, ihr grab 78, 10.

(Sarai) Sarei 62, 29· hauptstadt von Kiptschak.

(Sarokhan) Sarracen, Serrochon 53, 29. 54, 1: provinz im westen Kleinasiens, nach dem ersten herrscher genannt.

Sarracen (?) 66, 5: vielleicht die Sarrazenen.

(Sarykerman) Serucherman 63, 24: stadt in der nähe von Sebastopol, das alte Chersonesos.

(Save oder) Sau 8, 1: nebenfluß der Donau, von Bajasid überschritten.

Sawram s. Tschawram.

(Sayid) Seit 26, 12: nachkommen des propheten, durch grünen turban ausgezeichnet.

Scerckas s. Tscherkessen.

(Schadibeg-Khan) Schedigbechan, 41, 6: khan von Kiptschak.

(Schah Roch) Scharoch 34, 1. 16. 35, 3. 99, 17. Scaroch 33, 33: sohn Timurs.

(Schah Schedscha) Schachisster 30, 22: schah von Persien.

Schärchäs s. Tscherkessien.

Schat 60, 25: arabischer name des Tigris.

Schedigbechan s. Schadibeg-Khan.

(Scheki) Scheckchi 59, 8: kaukasische landschaft westlich von Schirwan, durch die Kur von Karabag getrennt.

(Schemacha oder Schamachie) Scomachi 59, 11: hauptstadt von Schirwan.

Schemß 54, 17: zum Christentum übergetretener moslimischer priester, nach Hammer der große mystische scheich Schems Tebrisi (d. i. von Täbris), der lehrer des persischen dichters Dschelaleddin Rumi.

([Dschebel es] Scherki d. i. ostgebirge) Scherch 26, 28: arabischer name des Antilibanon.

Schiachy (?) 65, 9: ägyptischer sultan.

Schiltau 2, 19: stadt in Bulgarien, gleichbedeutend mit Nikopolis.

Schiltberger, Schiltperger 1, 1. 4, 7. 112, 5.

(Schiras) Schires 59, 18: hauptstadt von Farsistan.

(Schirwan) Schurban, Schurvan 38, 6. 59, 10: landschaft in Kaukasien am kaspischen meere, nördlich der Kur.

(Schischman, byz. Susmanos) Schusmanos 16, 6: zar von Bulgarien.

(Schlesien) Schlesy 111, 32: von Schiltberger auf seiner heimreise durchzogen.

(Schmicher) Smicher, Stephan 6, 11: bairischer edler, bei Nikopolis gefangen.

Schoruntzy s. Soruntschi.

Schuter s. Skutari.

Schwarzes meer 63, 7. 26; s. auch Großes meer.

Scomachi s. Schemacha.

Sebast s. Siwas.

Sedschopff s. Suczawa.

Segelladin s. Dschelal-eddin.

Seit s. Sayid.

Semerchant s. Samarkand.

Sephia s. Zawiya.

(Serbien) Sirifey 4, 13: vasallenstaat der Türkei.

(Sergius, arm.Sarghis) Serchis 106,3: armenischer heiliger.

Seres 58, 9: stadt in Makedonien nordöstlich von Salonik.

Serochon s. Sarokhan.

Serucherman s. Sarykerman.

Sewast s. Siwas.

(Sibirien) Ibissibur 62, 32. Wissibur 39, 11. 41, 2. Wussibur 40, 3: nachbarland der Tatarei.

Siebenbürgen 52,15: im texte gleichbedeutend mit dem Sachsenland.

Siegmund 1, 4. 2, 3. 5, 16. 7, 22. -45, 28 könig von Ungarn.

Sigum s. Zichen.

Silvester kap. 63. 64: pabst.

Sinai 66, 9. 70, 11. 72, 11: der berg der gesetzgebung.

(Sinub, Sinope) Sinop 45, 7: stadt an der nordküste Kleinasiens.

Sion s. Zion.

Siria s. Syrien.

Sirifey s. Serbien.

Sirpe 72, 17: türkischer name der

Abrahamseiche bei Hebron, nach
Fallmerayer verwandt mit dem
persisch-türkischen serw,cypresse.
Siß 99, 29. 101, 24: stadt in Ar-
menien.
(Siwas, arm. Sjewasd) Sewast, Se-
bast kap. 9. 13: stadt im östli-
chen Kleinasien, das alte Sebaste.
(Skutari) Schuter 46, 15: vorstadt
von Konstantinopel.
Smicher s. Schmicher.
(Solkhat) Solchat 63, 6: einst große
stadt auf der Krim, westlich von
Kaffa, das heutige Starüi-Krim,
im texte hauptstadt von Kipt-
schak genannt.
Solomander (?) 66, 4: name, den
sich der sultan Malek al Asch-
raf in einem rundschreiben bei-
legt.
Soltania 29, 21. 58, 7: stadt und
provinz in Persien.
(Sophienkirche) Sant Sophia 47, 1.
111, 8 schönste kirche der welt.
(Soraphe, Zorafeh) Suruafa 61, 6:
giraffe.
(Soruntschi?) Schoruntzy 89, 5: die
frageengel an den mohammeda-
nischen gräbern.
Stadium 60, 11. 77, 13: ein weg-
maß.
Stambol s. Constantinopel.
Strava 37, 29. Strauba 58, 29: im
mittelalter die gebräuchliche be-
zeichnung für Hyrkanien oder
für Caspiana, d. i. den an der
küste des kaspischen meeres ge-
legenen teil Hyrkaniens.
Stzulet s. Dschulad.
(Suchum[-Kaleh]) Zuchum 57, 18:
stadt in Abchasien.
(Suczawa spr. Sutschawa) Sed-
schopff 111, 27: stadt in der Bu-
kowina, welche früher ein be-
standteil der Moldau war.

Suleyman 28, 22: feldherr Timurs.
Surdent (?) mer 66, 7: vielleicht
surion (syrisches) meer, arabi-
scher name für Mittelmeer, oder
Syrtenmeer.
Suria, Surion s. Syrien, Syrier.
Suruafa s. Soraphe.
Susanna 100, 27· keusche armeni-
sche jungfrau, irrtümlich statt
Rypsime.
Sutti (?) 63, 20: das zu Kyrkyer
gehörende gebiet, gleichbedeu-
tend mit Thatt.
(Syrien) Siria 25, 20. Suria 73, 30.
(Syrier) Surion 97, 25.

T.

(Täbris oder Tabris) Thabres 58, 3.
Thawres 34, 13. 35, 24: haupt-
stadt von Aserbeidschan, auch
als landesname gebraucht.
Takchaw[o]r 103, 9: armenisches
wort für könig.
(Taherten) Tarachan 23, 28: be-
herrscher von Ersingan.
(Tana oder Alatena) Alathena 46,
11. 63, 1: jetzt nicht mehr vor-
handene stadt an der mündung
des Don in der nähe von Asow.
(Tat) That 97, 20: kaukasisches
volk in der provinz Baku, im
texte gleichbedeutend mit Kü-
rinen.
Tatarei, Thartarei, Tatrei, That-
rey, Tartaria, Thartaria 61, 22.
62, 22. 102, 10. kap. 27: das
tiefland nördlich von Turan und
vom Kaspisee. Über den aus-
druck »weiße Tatarei« 8, 21. 18,
30 s. die anmerkungen.
(Tataren) Tatteren, Thatteren,
Tattern, Thattern, Tatern, Tha-
tern 109, 4. 35. Weiße Tataren
. 21, 18. 20. 24, 3. Rote (?) Ta-

Walachen 97, 18. s. auch Ýfflach.
Walche, Walen, Walhan s.Welsche.
Waler s. Bulgarei (an der Wolga)
Warach s. Borrak.
Warachhoch, Warchoch s. Berkuk.
(Wartapied) Warthabiet 108, 31:
  ein armenischer mönch, welcher
  theologische gelehrsamkeit be-
  sitzt.
Wathán s. Batum.
Wegbasary s. Begbazar.
Wehessnin s. Behesna.
Weißes meer 59, 9: georgische be-
  zeichnung des kaspischen meeres.
(Welsche) Walen 63, 10. Walche
  80, 33. Walhan 16, 2: Italiäner.
Welsches meer 53, 3: der Archipel.
(Welschland) Wälsche, wellische
  land 80, 30. 45, 15: Italien.
Weyasit s. Bajasid.
Weyßstadt 111,25: deutscher name
  einer walachischen stadt, offen-
  bar Bolgrad.
(Widdin, byzantinisch Bodene, bul-
  garisch Bdyn) Pudein 2, 9. 52, 26:
  stadt in Bulgarien.
Winden 97, 17: im texte gleichbe-
  deutend mit Arnauten.
Windischland 7, 19: Slavonien im
  weiteren sinne, s. die anmerkun-
  gen.
Wissibur, Wussibur s. Sibirien.

Wolachschon s. Badakschan.
Wullgar s. Bulgaren.
Wurchanadin s. Burhan-eddin.
Wurssa s. Brussa.
Wurtzenland s. Burzenland.

Y s. I.

Z.

Zacharias, sein grab bei Jerusalem
  77, 10.
(Zawiya) sephia 88,20: eine kleine
  moschee, die gewöhnlich nur aus
  einem zimmer besteht, im texte
  gleichbedeutend mit kloster.
Zecham s. Dschakam.
Zekathai s. Tschagataì.
Zegra, Zeggra s. Tschekra.
Zeprem s. Tschawram.
Zesingkan s. Ersingan.
(Zichen, Zichier) Sigum 97, 21:
  name der Tscherkessen im alter-
  tum.
Zibanger s Dschihangir.
Zineyd s. Dschuneid.
(Zion) Sion 76, 3: anhöhe in Je-
  rusalem.
Zipern s. Cypern.
Z[e]nigkh s. Dschanik.
Zuchum s. Suchum.
Zulat s. Dschulad.

Vergleichende übersicht der kapitelnumern in der ausgabe von Neumann und in der Nürnberger handschrift.

Neumann	Nürnberger handschrift	Neumann	Nürnberger handschrift
1	1	26	28
2	2	27	29
3	3	28	32
4	4	29	33
5	5	30	
6	6	31 }	34
7	7	32	
8	8	33	35
9	9	34	36
10	{ 10 / 11	35	37
11	12	36	38
12	13	37	{ 39 / 40
13	14	38	41
14	15	39	42
15	16	40	43
16	17	41	44
17	18	42	45
18	19	43	46
19	20	44	47
20	21	45	48
21	{ 22 / 23	46	49 / 50 / 51
22	24		
23	25	47 }	52
24	26	48	
25	27		

Neumann	Nürnberger handschrift	Neumann	Nürnberger handschrift
49 } 50	53	59 } 60	31
51	54	61	61
52	{ 55 56	62	62
53	57	63 } 64	63
54 } 55	58	65	{ 64 65
56	{ 59 60	66	66
57 } 58	30	67	{ 30 67

Inhalt.

Berichtigungen.

Seite 11, zeile 34 lies wir statt mir.

» 19, » 5 lies das statt des.

» 28, » 19 lies ; statt :.

» 29, » 7 lies elevanten statt elevauten.

» 29, » 25 lies ainem statt ainen.

» 52, » 8 lies Übereyl statt Uebereyl.

» 60, » 2 lies ainhoren statt ainhorn.

» 60, » 14 lies zeucht statt zeueht.

» 142, » 7 v. u. ist einzufügen: talchawr N.

Von mitgliedern sind mit tod abgegangen:

Herr dr Arnold, professor in Marburg.
Herr kaufmann Glitsch in Königsfeld.

Neu eingetretene mitglieder sind:

Herr Joh. Pet. Backes in Köln.
Boston: Public Library of Boston.
Herr Engelbert Günthner, gymnasialprofessor in Rotweil
Herr major v. Kessel auf schloß Bellevue bei Berlin.
Herr L. A. Kittler, buchhändler in Leipzig.
Herr J. Kohlmann in Greifswald.
Herr dr G. v. Loeper, geheimer oberregierungsrath in Berlin.
Montpellier: Universitätsbibliothek.
Herr Franz Pietzcker, buchhändler in Tübingen.
Herr dr Sievers, professor in Tübingen.

Tübingen, den 17 April 1885.

Der kassier des litterarischen vereins
kanzleirath **Roller.**

Die richtigkeit der rechnung bezeugt
der rechnungsrevident
oberamtspfleger **Wörner.**

BIBLIOLIFE

Old Books Deserve a New Life
www.bibliolife.com

Did you know that you can get most of our titles in our trademark **EasyScript**™ print format? **EasyScript**™ provides readers with a larger than average typeface, for a reading experience that's easier on the eyes.

Did you know that we have an ever-growing collection of books in many languages?

Order online:
www.bibliolife.com/store

Or to exclusively browse our **EasyScript**™ collection:
www.bibliogrande.com

At BiblioLife, we aim to make knowledge more accessible by making thousands of titles available to you – quickly and affordably.

Contact us:
BiblioLife
PO Box 21206
Charleston, SC 29413

Lightning Source UK Ltd.
Milton Keynes UK
UKHW021853190721
387437UK00003B/296